REMARQUES

SUR

DIFFERENS ARTICLES

DU SECOND VOLUME

DU DICTIONAIRE

DE MORERI,

De l'Edition de **M. DCCXVIII.**

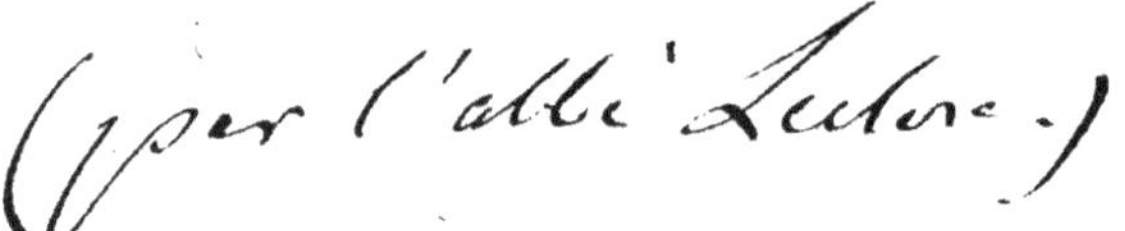

M: DCCXX.

AVERTISSEMENT.

J'AY promis à l'Article de Dagobert I. une suite Chronologique des
Rois de France de la premiere Race:
mais j'ai depuis jugé plus convenable
de la renvoyer au Tome suivant, où
elle sera mieux placée à l'article
FRANCE.

REMARQUES

SUR
DIFFERENS ARTICLES
DE LA LETTRE
C,
DU DICTIONAIRE
DE MORERI

De l'Edition de 1718.

CABADE *Roy de Perse, succeda l'an de J. C. 486.
à Obalas. Cabade fut chassé du Trône..... Blase
Frere de son Pere, fut élû en sa place, mais peu de
tems après, Cabade remonta sur le Trône.... & mourut
l'an 532. aprés un regne de 41. an en deux fois. D'autres ne lui donnent que 35. ans. Son fils Cosroës lui succeda.* Cette expression, *peu de tems aprés,* est une faute, & broüille entierement la suite de ces faits, que voicy.
Cabade succeda à Obalas ou Obolas en 486. Il fut chassé
en 497. *la onziéme année de son regne,* comme le dit
Agathias. Blase fut mis en sa place, & regna *pendant* 4.
ans. Aprés ces 4. ans & en 501. Cabade fut rétabli,
regna depuis son retablissement l'espace de 30. *ans,* &
mourut *la cinquiéme année de l'Empire de Justinien, l'an*
531. Voyez le P. Pagi ad An. 481. n. v. 496. XI. 501. VI.
530. XI. Observez que le Dictionaire a suivi les dates que
je marque icy, dans la suite Chronologique des Roys

A

de Perſe, qui eſt au tome IV. p. 679. Ceux qui ne donnent à Cabade que 35. ans de regne, ſe trompent. Une
autre faute que fait icy le Dictionaire, eſt de ſupoſer
que Blaſe étoit *Frere du Peré* de Cabade. Il étoit Frere
de Cabade même. Ils étoient tous deux enfans de Peréſez & neveux d'Obalas; c'eſt ce que dit Agathias *liv. 4.*

CABALLO, *Illuſtre Genois, a immortaliſé ſon nom
par une entrepriſe trés hardie,* &c. On donne le détail
de cette entrepriſe, mais on ne met pas une ſeule date
dans tout l'article, & il n'y a rien qui puiſſe aider le
Lecteur à découvrir en quel ſiécle Caballo a vécu. Je
n'ai pû avoir Ubert de Foglietta pour ſupléer cette date.

CABASSOLE (*Philippe de*) ... *fut Evêque de Cavaillon en 1334... Il fut honoré de la qualité de Chancelier de Jeanne Reine de Sicile, par ſon Mari Robert, en
1341. Quelque tems aprés, il fut nommé Patriarche de
Jeruſalem, l'an 1360. & fut chargé de l'adminiſtration
de l'Evêché de Marſeille. Enfin Urbain V. l'éleva à la
dignité de Cardinal, & l'envoya Légat en Italie, puis
en Allemagne. Gregoire XI. lui donna le gouvernement
des terres du Saint Siege, dans le tems que les Papes
reſidoient à Avignon. Il mourut à Peruſe en 1382.* Il y
a icy plus d'une faute.

Premierement, Jeanne Reine de Sicile n'avoit point
Robert pour mari. Elle étoit ſa petite fille. Robert avoit
pour épouſe Sanche (*Sanciam*:) & Jeanne avoit pour
époux, André. Robert, ſentant ſa fin aprocher, & voïant
bien que Jeanne & André étoient incapables à cauſe de
leur grande Jeuneſſe & de leur méſintelligence, de gouverner les Etats qu'il leur laiſſoit, leur donna un Conſeil,
à la tête duquel étoient Sanche ſon épouſe, & Philippe
de Cabaſſole ſon Chancelier. Ce fut en 1343. Voyez le
Dictionaire au mot *Robert*, tom. V. p. 83. col. 1.

2°. C'eſt une faute de joindre l'année 1341. avec l'année 1360. par un *quelque tems aprés*.

3°. La date de 1360. eſt fort douteuſe.

4°. Philippe ne fut Adminiſtrateur de l'Evêché de Marſeille, qu'en 1366.

5° On ſupoſe que Philippe ne fut envoyé en Allemagne que par Urbain V. & qu'aprés avoir été fait Cardinal par ce Pape. Cette supofition eft fans fondement. Philippe ne fut fait Cardinal qu'en 1368. Il avoit été envoyé en Allemagne par Innocent VI. en 1358. & il n'y fut point envoyé de nouveau, aprés qu'il eût été fait Cardinal.

6ª. Cette phrafe, *Gregoire XI. lui donna le Gouvernement des terres du Saint Siege*, ne fait pas fuffifamment entendre que ces terres étoient celles que le Saint Siege poffedoit en Italie, & non pas celles du Comtat d'Avignon.

7°. Ce ne fut point en 1382. que mourut Philippe de Cabaffole, mais le 27. Aouft, 1372. comme le porte expreffement fon Epitaphe, raportée par Meffieurs de Ste, Marthe, *Gall. Chrift. in Epifc. Cavallicens.*

8° On ne devoit pas oublier qu'il fut Vicaire General, pour le Spirituel & pour le Temporel, du Diocefe d'Avignon, fous Urbain V. qui étoit à Rome en 1367. & qu'il fut fait Evêque de Sabine en 1370. Voyez fur tout ces faits, M. Baluze, *Vita Papar. Avenion. tom.* 1. *p.* 1019. *& feq.*

CABIGIAK. Cet article eft fans date auffi bien que beaucoup d'autres. Je ne remarquerai plus dans la fuite ces fortes de fautes, à moins que l'article ne foit de quelque conféquence, où que je n'en puiffe donner l'époque. Ces défauts de dates s'aperçoivent aifément par tout Lecteur tant foit peu attentif.

CACA, *Sœur de Cacus, découvrit à Hercule, le larcin que fon Frere avoit fait de fes Bœufs ; & mérita d'être honorée par les Veftales, dans une petite Chapelle bâtie à Rome fous fon nom.* Le mot de, *Chapelle* eft un terme inconnu dans l'Antiquité Romaine, & d'ailleurs particulier aux Chrétiens. Il eft par conféquent emploié icy contre toutes les regles.

CACAUS, *Berger,* &c. il faut, *Cacus.*

CADAVRE. Ce long article eft repeté prefque tout entier au mot, *Funerailles,* & ailleurs. Il faut le retrancher icy.

CADOUIN, *Abbaye,* &c. On cite à la fin de cet art. *Putèau in Epifc. Petroc.* On avoit mis aparemment *Putean.* Mais c'eft toûjours une incongruité de citer icy en latin un Ouvrage François, auquel l'Auteur a mis son nom aussi en françois. Il falloit donc citer, Jean Du Puis, Recollet, *Histoire des Evêques de Perigueux, &c.*

CAEN. A la fin de l'article on dit que *Mohau* fonda l'Abbaye de la Trinité de Caën. Lisez *Mahaud*, & ajoûtez, *apellée autrement Mathilde.* Cela est necessaire, parce qu'on l'a apellée *Mathilde* quinze ou vingt lignes auparavant, & qu'un Lecteur pourra ne pas concevoir que *Mathilde* & *Mahaud*, ne sont qu'une même personne.

CAGAN, *Roy des Avares, aprés avoir tué Gisulfe, Duc des Lombards, assiégea la Ville de Frioul en 612.* Gisulfe étoit Duc du Frioul, mais non pas des Lombards; car on apelle proprement Duc des Lombards celui qui étoit le chef, ou le Roy de cette nation, & c'étoit Agilulfe qui l'étoit en 612.

On cite pour unique garant des faits qu'on raporte icy, *Sabellicus.* Il falloit citer Paul Diacre ; *De gestis Langobardorum,* L. iv. c. 37.

On remet Cagan au mot *Chagan.* Il ne faut le mettre qu'à un endroit & remarquer qu'il est apellé par les anciens, Cagan, Cacan, ou Chagan. On ne devoit pas oublier qu'en 626. il assiegea Constantinople, mais sans succez. Voyez le Pere Pagi sur l'an 625. n. iv. & suivans.

CAGNOLI. *Il a laissé un Poëme de la traduction d'A- quilée.* Lisez comme dans l'édition de 1712. *de la reduction d'Aquilée.* On y cite aussi, *Le Maire,* Lis. *Le Mire.*

CAGOT. Cet article est mieux dans le Suplément du même volume p. 1039. & il faut retrancher celui-cy.

CAHORS. *Saint Geri (Desiderius) fut fait Evêque de Cahors l'an 629. aprés la mort de son fils Rustique.* 1°. Rustique n'étoit point fils de St. Geri ; mais il étoit son frere aîné, & son prédécesseur dans l'Evêché de Cahors. Observez en passant, qu'il seroit plus à propos d'apeller ce Saint Evêque Didier, puisque c'est sous ce nom qu'on lui donne un article dans le Dictionaire, & qu'on n'a point placé le nom de *Geri* dans son lieu au 3. tome.

2°. *Après la mort de Capuan qui avoit succedé à saint Geri, & qui avoit tenu le Siege pendant 50 ans entiers, jusqu'à la fin du VII. Siecle, cette Eglise demeura pendant 50. autres années dans de si grands desordres, qu'on* aime mieux croire qu'elle fut alors sans Evêques, que d'avoüer qu'elle n'en eut que de mauvais. 1°. Je voudrois sçavoir sur quelle preuve on avance que Capuan tint le Siege de l'Eglise de Cahors pendant 50. ans entiers ; car j'avoüe que je n'en trouve aucune. 2°. Il faut retrancher la virgule qui est après ces mots, *cinquante ans entiers*, parce qu'autrement les mots qui suivent deviennent équivoques, & semblent même former ce sens, qui seroit faux : *Après la mort de Capuan..... jusqu'à la fin du VII. Siecle.* 3°. Cette phrase, *qu'on aime mieux croire qu'elle fut alors sans Evêques, que d'avoüer qu'elle n'en eût que de mauvais*; ne me paroît pas fort correcte : Car elle signifie, ce me semble, que pendant ces 50. ans, Cahors eut à la verité des Evêques, mais qu'on aime mieux n'en faire aucune mention & ne les point compter au nombre des Evêques de cette Ville, que d'avoüer qu'ils n'ont été que de mauvais Prélats. Cependant il me paroît certain qu'on ne connoît aucun Evêque de Cahors pendant cet intervalle, c'est-à-dire, depuis la mort de Capuan jusqu'à l'Ordination de saint Ambroise ou Ambrois qui fut mis sur le Siege de cette Eglise, vers le milieu du VIII Siecle.

3°. *Quelques Auteurs ont pris Cahors pour l'Uxellodunum, qui fut la derniere Ville qui se défendit contre César dans les Gaules ; mais il n'y a pas d'aparence que ce soit Cahors.* On varie là-dessus ; car dans l'article, *Cadenac*, on dit que Cadenac n'est point l'*Uxellodunum* des anciens, qui est *peut-être Cahors même*.

4°. Il y a quelques noms propres à retoucher dans ce même article. On y apelle *Ursie* l'Evêque nommé en Latin *Ursicinus*, il faut le nommer *Ursice*, & c'est sous ce nom qu'on le connoît à Cahors. Dans les Citations, au lieu de *Raouldez*, lisez, *Roaldez*.

5°. Je ne dois pas oublier de remarquer qu'on semble suposer ici que Roaldez favorisa les Calvinistes, &c. *En 1562. les Huguenots, avec le secours des Ecoliers qui étudioient en Droit sous François Roaldez, commencerent à y faire des Prêches publiquement*, &c. Voilà ce que dit le Dictionaire, qui assure au contraire dans l'article de *Roaldez*, que ce Jurisconsulte *ne fut jamais soupçonné d'herefie, comme l'affure Varillas.* J'examinerai ce fait à l'article, *Roaldez.*

CAIANIDES, *feconde Dynaftie des anciens Rois de Perfe.... Elle contient neuf Rois, qui ont regné 734... ou 938.* On marque enfuite les noms de ces neuf Rois, dont le dernier fut, dit-on, *défait par Alexandre le Grand.* On donne pour garant de tout ceci, M. d'Herbelot. Il falloit ce me femble remarquer que cette Dynaftie eft aparemment une Fable, n'y ayant nulle aparence que neuf Rois de fuite ayent regné, l'un portant l'autre, chacun plus de 80. ans, fuivant le premier calcul, ou plus de 100. fuivant le fecond. D'ailleurs cette prétenduë Dynaftie ne s'accorde point avec les articles particuliers, auffi tirez de M. d'Herbelot, que l'on donne à quelques uns de ces Rois imaginaires. Confrontez cet article avec ceux d'*Ardfchir*, de *Bahaman*, &c. Elle eft auffi très opofée aux anciennes Hiftoires des Rois de Perfe.

CAIET ou CAYET (*Pierre Victor Palma*) né à *Montrichart en Touraine*, d'une famille pauvre de la religion prétenduë reformée, fut entretenu dans fes études d'humanitez par un Gentilhomme du païs. Comme il y réüffit, ceux de la Religion prétenduë reformée, le firent étudier en Theologie, & enfuite lui donnerent le titre de Miniftre, & l'établirent d'abord à Poitiers, vers l'an 1582. Il le fut enfuite à Montreüil-Bonnin.

1º. Il faut toûjours écrire, *Cayet*, qui eft le vrai nom, *Caïet*, *Cayer*, *Cahier*, *Caïete*, &c. font des noms défigurez.

2º. La date de 1582. fous laquelle on place le Minifteriat de Cayet, eft une faute ; car il fut Miniftre à Montreüil-Bonnin en 1576. après l'avoir été affez peu de tems à Poitiers. Voyez Bayle, Note, A.

3º. Je doute de ce que l'on dit ici du païs de Cayet, de la pauvreté & du Calvinifme de fa famille, & de fon éducation. Tout cela ne me paroît fondé que fur des écrits fatyriques faits contre lui par des Proteftans anonymes, qui ont dit mille fauffetez à fon fujet.

4º. On omet une circonftance fort notable de la vie de Cayet, qui ne s'accommode pas avec ce que l'on supose , que d'abord après ses études d'humanitez il étudia en Theologie, & que de là il passa consecutivement au Ministere. Voici cette circonstance, que Cayet nous aprend lui-même dans l'Epître Dedicatoire qui est à la tête de sa *Chronologie Novenaire*, dans laquelle il parle ainsi au Roy Henry IV. Vous avez apris ces maximes dès vôtre jeune âge de huit à neuf ans, où j'ai eu l'honneur de vous servir sous le Sieur de la Gaucherie, qui vous servoit de Precepteur. Henry étoit né le 31. Decembre 1553. Ainsi le fait dont parle ici Cayet est de l'an 1562. Voici l'usage qu'on peut , ce me semble , faire raisonnablement de cette particularité remarquable de la vie de Cayet. 1°. Elle nous aide à découvrir quelque chose de plus, touchant l'âge de Cayet, que ce que l'on peut en conjecturer sur le narré du Dictionaire, suivant lequel on est porté à croire que Cayet étoit encore assez jeune lors qu'il fut fait Ministre à Poitiers, en sortant des Ecoles. Le fait que je viens de raporter nous fait concevoir que Cayet ne pouvoit être né gueres plus tard que 1530. n'y ayant nulle aparence qu'il eût été placé auprès du jeune Prince Henry, pour lui servir comme de sous Precepteur, s'il n'avoit pas été pour lors dans un âge assez mure , & au moins d'environ 30. ans. 2° Ce même fait me porte à croire qu'il étoit Navarrois de naissance, comme l'assûre Colomiez, dans sa *Bibliotheca Orientalis.* 3°. Qu'il n'étoit point né Protestant , comme le Dictionaire l'assûre, ou, comme le dit M. Le Duchat cité par Bayle , né à la verité de parens Catholiques, mais qui embrasserent le Calvinisme avec leur fils encore fort jeune , ou plûtôt encore presque enfant. Car je ne puis me persuader que si Cayet eût fait profession du Calvinisme en 1562. il eût été donné au Prince Henry pour le servir comme en second sous M. de la Gaucherie, qui étoit Catholique. Observez d'ailleurs que c'est un fait certain, qu'Antoine Roy de Navarre , Pere d'Henry, étoit non seulement Catholique, mais encore ennemi juré des Calvinistes, & qu'il faisoit élever son fils en Catholique. Voyez sur ces faits M. de Perefixe dans la *Vie d'Henry IV.* sous l'an 1562. & 1566. 4°. J'en conclus encore que le Protestant qui a dit que Cayet

avoit été dans fa jeuneffe *Domeftique de Calvin à Ge-
néve*, a aparemment avancé une fauffeté. Bayle raporte ce
dernier fait, d'après M. Le Duchat qui l'a tiré d'une
autre fource. 5°. J'en conjecture que le Roy Antoine
étant mort à la fin de 1562. & M. de la Gaucherie quelque tems après. & la Reine Jeanne qui étoit de la Religion Prétenduë Reformée, ayant donné au Prince
Henry fon fils un Précepteur Huguenot, qui fut Florent
Chrétien, Cayet pour lors fe pervertit: que le jeune
Roy Henry, quelques années après áyant commencé à
porter les Armes, & n'ayant plus befoin de Précepteurs.
Cayet quitta la Cour, & étudia la Theologie & les Langues dans une Ecole Proteftante: qu'il en fut tiré vers
1574. pour être Miniftre à Poitiers, & que de là il fut
donné à M. de la Nouë à Montreüil-Bonnin, en 1576.
d'oû il fortit ayant trouvé moyen de revenir auprès du
Roy Henry. Revenons à la fuite de l'article que le
Dictionaire nous donne de la vie de Cayet.

6°. *Deux ans environ après la converfion d'Henry IV.
comme Cayet fut foupçonné de s'adonner aux Sciences
curieufes, il fut accufé de Magie, & d'avoir fait un Livre infame, & fut dépofé pour ce fujet dans un Synode:
peut-être parce que les Miniftres prévoyoient qu'il étoit dif-
pofé à fe faire Catholique. En effet il fit fon abjuration
en 1595. Ce, peut-être, eft trop foible icy, car le fait
doit paffer pour certain. Cayet nous aprend lui même
dans fa Chronologie Novenaire, fous l'an 1 5 9 5. page
5.4.6. folio verfo*, que ce qui allarma les Miniftres
fut le *Confilium pium*, &c. qu'il avoit compofé depuis la Converfion d'Henry IV. C'étoit, dit Cayet, *un
traité, pour réünir en l'Eglife les dévoyez de la Religion, afin que les François n'euffent plus qu'une Religion*, &c. Il eft d'ailleurs certain que le *Livre infame*,
que les Miniftres accuferent dans la fuite Cayet d'avoir
compofé, ne fut point un des motifs juridiques de fa
dépofition. En voicy une preuve inconteftable. Dès l'année 1595. en laquelle Cayet fut dépofé dans un Synode,
le Proteftant Montigny, ancien Miniftre de l'Eglife Cal-
vinifte de Paris, publia un ouvrage, pour juftifier la
conduite de ce Synode envers Cayet. Son but étoit de

convaincre

convaincre tous ceux à qui un coup de si grand éclat déplaisoit, (car Cayet étoit pour lors Ministre de la premiere personne du Royaume qui fit profession de la Religion Calviniste, c'est à-dire, de la Princesse Catherine, Sœur d'Henry IV.) son but étoit, dis-je, de les convaincre que Cayet avoit justement merité d'être déposé, & qu'il n'y avoit que ceux qui ignoroient les griefs sur lesquels le Synode avoit apuyé son Jugement contre lui, qui pussent y trouver à redire. On ne sçauroit par conséquent douter que cet Apologiste du Synode ne fût trés-bien informé de ce qui s'y étoit passé, & des motifs qui l'avoient fait agir. Il est encore évident qu'il n'a pas été possible, que ce même Apologiste eût passé sous silence les faits les plus désavantageux à Cayet, & ceux qui pouvoient disculper d'une maniere plus plausible la rigueur avec laquelle on l'avoit traité dans le Synode. On en peut certainement conclure, que toute accusation de quelque importance, dont il n'a fait aucune mention, n'est point un grief sur lequel le Synode se soit fondé pour faire le procès à Cayet. Or, Montigny dans son Ouvrage, qui a pour titre, *Avertissement sur la déposition du Sieur Cayet du saint Ministere*, &c. ne fait aucune mention du *Livre infame* en question, parmi les motifs juridiques qu'il raporte de la déposition du même Cayet. Il est donc certain que le Dictionaire s'est trompé, en suposant que Cayet fut accusé d'avoir composé un *Livre infame*, & *pour cela* (au moins en partie) *déposé par le Synode*. Voici les motifs de cette déposition, donnez par Montigny, & raportez par Colomiez & par Bayle. *Les plaintes contre le Sieur Cayer étoient qu'il avoit quitté l'Eglise de Poitier qui lui avoit été ordonnée, pour se fourrer par mauvais moyens, premierement en celle du Roy de Navarre, Henry, & ensuite en celle de Madame Catherine, Sœur du Roy ; qu'il s'adonnoit tellement aux sciences curieuses, qu'on l'apelloit ordinairement Petrus Magus, & qu'il s'étoit porté peu honnêtement à l'endroit d'une Damoiselle.* Bayle s'est crû en droit d'oposer le témoignage de d'Aubigné, à celui de Montigny. *Je m'étonne*, dit-il, *que Montigny ne dise rien des deux Livres qui furent, selon d'Aubigné, l'une des*

B

premieres causes de la déposition de *Cayer*. L'étonnement de *Bayle* n'est pas, ce me semble, assez digne d'un bon Critique. Bayle devoit dire tout au contraire, qu'il étoit surprenant que d'Aubigné eût osé avancer ce fait, dont Montigny ne dit pas un mot: Car enfin Montigny n'étoit pas moins intéressé à en faire usage contre Cayer, s'il eût été véritable, que d'Aubigné. D'ailleurs trois faits démontrent que le témoignage de d'Aubigné ne sçauroit contrebalancer celui de Montigny. 1°. d'Aubigné étoit un satyrique qui a inventé plusieurs faits faux, & évidemment calomnieux, pour décrier Cayer. Bayle en convient, Notes B. & C. Or un homme qui est convaincu d'en avoir notoirement calomnié un autre, ne mérite aucune croyance dans tous les autres faits diffamans qu'il peut raporter contre lui. 2°. d'Aubigné suppose dans trois écrits differens, que Cayer fut déposé principalement à cause de *deux Livres infames* qu'il étoit accusé d'avoir composé: cependant les Protestans mêmes les plus déchaînez contre Cayer, conviennent qu'il est faux qu'on l'ait jamais accusé d'avoir composé plus d'un Livre de cette espece. Voyez Bayle, Note B. Cette différence me dira-t'on est peu considérable; j'en conviens: mais elle démontre toujours évidemment que d'Aubigné n'étoit pas bien instruit, & qu'il ne sçavoit pas d'original & d'une maniere assûrée, le fait en question. 3°. D'Aubigné n'a écrit son *Histoire*, qui est la seule piece que Bayle se persuade être de quelque autorité, que plus de 20. ans après la déposition de Cayer; Montigny au contraire écrivit dans le tems même, & lorsque la chose venoit d'être faite. La raison & l'équité prouvent donc que le témoignage de Montigny doit l'emporter de beaucoup, (touchant les raisons ou les griefs pour lesquels Cayer fut déposé,) sur celui de d'Aubigné. Continuons nos réflexions sur le Dictionaire.

6°. Il fit son abjuration, & en reçut un Bref de congratulation du Pape Clement VIII. daté du 28. Mars 1596. Il se retira ensuite au Collège de Navarre, où il se mit en état d'être reçû Docteur.... Il reçut l'Ordre de Maîtrise & le Bonnet de Docteur en 1600. & fut nommé Professeur en langue hebraïque. M. De Launoy a crû

que Cayet demeuroit déja au College de Navarre, lorſqu'il reçût le Bref de Clement VIII. Bayle prouve que
non, parce que Cayet a fait un Ouvrage poſterieur à
ce Bref, quoique de la même année, lequel Ouvrage
eſt daté de Saint Martin des Champs. Sur une preuve ſemblable, je croi pouvoir aſſurer que Cayet ne fit
ſa demeure au College de Navarre, qu'aprés qu'il eût
pris le Bonnet de Docteur. Son Livre intitulé, *La Diſ-*
cipline des Miniſtres de la Religion pretenduë reformée,
&c. eſt daté *du jour de la Fête-Dieu,* 1600. *de Saint*
Martin des Champs. Voyez cette date à la fin de l'Epi-
tre qui eſt à la tête de ce Livre.

7°. C'eſt encore une méprife de ſupoſer qu'il ne fût
nommé *Profeſſeur en Langue Hebraïque* qu'aprés avoir
reçû le Bonnet de Docteur en 1600. Le Privilege dont
j'ai fait mention cy-deſſus, n. 2. le qualifie *Lecteur du*
Roy ès Langues Orientales.

8°. Il a compoſé encore deux autres Livres, dont l'un
eſt, *Conſilium,* &c. L'autre, *Remede aux diſſolutions*
publiques, préſenté à *Meſſieurs du Parlement.* C'eſt une
méprife conſidérable. Ce dernier Ouvrage n'eſt point
de Cayet; c'eſt le Livre même dont les Proteſtans l'ont
accuſé fauſſement d'être l'Auteur. Voyez Bayle, notes B
& M. Obſervez que ces mots, *préſenté à Meſſieurs du*
Parlement, ne ſont qu'une addition fauſſe. Le Livre en
queſtion, ſi l'on en doit croire la Lettre inſerée au
Tome 6. des *Memoires de la Ligue,* étoit écrit en Italien, & avoit été imprimé à Veniſe vers l'an 1555.
Cayet avouë, dans ſa *Chronol. Noven.* que j'ai déja cit-
ée, qu'il en avoit un exemplaire, & que Robert Eſtienne
Imprimeur le lui avoit *ſurpris,* mais avec promeſſe de
ne le montrer à perſonne. Il indique ce Livre par un
autre titre qui avoit raport au fait principal qui y étoit
traité, & c'eſt outrager le Parlement de dire que ce
Livre qui renfermoit des maximes infames, lui eût
été préſenté.

Bayle a donné un article fort long de Cayet, où il
a trop ſuivi ſes préjugez, ſoit contre le même Cayet,
ſoit contre les Catholiques. La réfutation de cet article
de Bayle, & de toutes les calomnies atroces contre Cayet,

B ij

qui y font raportées, me meneroit trop loin. Voici
en peu de mots quelques faits capables de démontrer
que toutes les Infamies, la Magie, le Pacte avec le Dé-
mon, &c. qui y font attribuez à Cayet, font autant de
fauffetez : auffi bien que la maniere dont quelques Proteftans ont dit qu'il mourut, ayant été, comme ils le
croyent ou font semblant de le croire, *tué par le Dia-*
ble, ou en ayant été *emporté en corps & en ame*, &c.
Premier fait. Les Proteftans n'ont dit aucun mal de
Cayet jufqu'au tems où ils eurent des preuves affûrées
qu'il étoit fur le point de fe faire Catholique, & ce n'eft
que depuis ce tems-là qu'ils en ont parlé défavantageu-
fement. Ce fait eft inconteftable. Second fait. Quoique
les Miniftres qui le dépoferent euffent tout l'interêt poffible à en dire tout le mal qu'ils en fçavoient, néanmoins ils ne trouverent rien de confidérable à lui reprocher. Ce fait eft encore certain, puifque les motifs fur
lefquels Montigny déclara que la dépofition de Cayet
étoit fondée, ne contiennent rien de fort criant contre
lui. Voyez ces motifs cy deffus, n. 5. Le premier de
ces motifs n'eft rien. Le fecond n'eft qu'une accufation
vague de forcellerie. Le troifiéme qui n'eft pas plus
déterminé ou particularifé que le fecond, eft, que Cayet
s'étoit *porté peu honnêtement à l'endroit d'une Damoi-*
felle. Cayet nous aprend dans fa *Chronol. Noven.* Tom.
3. p. 545. *fol. verfo*, que par là on l'accufoit d'avoir
été *amoureux de la Baronne d'Aros*, & de l'avoir re-
cherché en mariage, en 1588. Cayet foûtient que c'eft
une *impofture.* Mais quand la chofe feroit vraie, on n'en
pourroit rien conclure contre les bonnes mœurs de
Cayet, mais feulement d'avoir pouffé fes prétentions
bien au-delà de fa condition. On peut d'ailleurs fe tenir
affûré que s'il y avoit eu quelque chofe de plus, les
Miniftres n'euffent pas manqué de le fpecifier & même
de l'exagerer. Troifiéme fait. Les Catholiques, & entr'autres, le Pape Clement VIII. Henry IV. M. du
Perron, depuis Cardinal, &c. étoient convaincus de la
probité de Cayet. Ce fait eft encore inconteftable,
& Bayle avouë que dans les écrits des Catholiques il
n'a jamais rien trouvé au défavantage de Cayet. Je ne

parle que des Catholiques qui vivoient en même tems que Cayet, & qui le connoissoient, & ausquels sa conduite ne pouvoit être inconnuë. Quatriéme fait. Les accusations les plus criantes contre Cayet, raportées par Bayle, sont évidemment fausses. Bayle au fond en convient, Note B. & C. Ces quatre faits suffisent pour faire l'Apologie de Cayet contre les calomnies des Protestans. Au reste, j'aurois bien voulu éclaircir differens faits qui concernent Cayet, mais cela ne m'a pas été possible, n'ayant pû trouver icy ni l'écrit qu'il publia pour justifier sa conversion, ni les écrits qui furent faits pour lors contre lui, ni ceux par lesquels il se justifia de nouveau, &c.

Observez que dans l'Edition de Moreri de 1712. on avoit mis ces mots, en parlant de Cayet : *Comme il s'adonnoit aux Sciences curieuses*, &c. que l'on a changé avec raison dans l'Edition de 1718. en celles-cy, *comme il fut soupçonné de s'adonner*, &c.

CAJETAN (*Constantin*) ... *Il fit un Livre imprimé en 1612. pour soûtenir qu'Amalarius Fortunatus étoit de l'Ordre de saint Benoît. Il fit ensuite un écrit sur le Monachisme Benedictin de saint Gregoire, qui fut refuté par Gallonius, ou plûtôt par Baronius, sous le nom de Gallonius.* Cette derniere Note critique est tirée de M. Du Pin, qui n'a pas fait attention que Baronius mort dès 1607. n'a pû refuter un Ouvrage qui ne parut de son aveu qu'après 1612.

Il soûtint en 1627. un écrit pour montrer que saint Colomban avoit suivi la Regle de saint Benoît. Lisez, *il publia*, au lieu de, *il soûtint*.

Enfin il publia en 1641. un Livre, dans lequel il soûtient que Saint Ignace de Loyola a été instruit par les Benedictins, & que son Livre des Exercices est de Garcias Cisneros Abbé de Montferrat. 1°. Corrigez Montferrat, & mettez *Mont-Serrat*. 2°. Cajetan disoit seulement que le Livre des Exercices, de Saint Ignace, étoit pris, *magna ex parte*, de celui de Garcias qui porte le même titre. 3°. Pour ne pas laisser le Lecteur dans l'incertitude de ce qu'il doit croire sur ce fait, on devoit ce me semble remarquer que *la Congregation du Mont-Cassin* desavoüa Cajetan, dans le Chapitre general qu'elle tint à Ravenne l'an 1644. que celle des Benedictins de Portugal en fit autant l'année suivante. Le Pere Bouhours (*Vie de Saint Ignace*, à la fin du I. Livre:) duquel je tire ceci, ajoûte: *Les deux Livres de Garcias, & de Saint Ignace, sont entre les mains de tout le monde, & on peut juger par la seule lecture, qu'on n'en tira jamais ils n'ont rien du tout de semblable.* 4°. On oublie ici ce qu'il y a de plus plaisant dans la prétention de Cajetan, qui soutenoit non seulement que Saint Ignace avoit été instruit par les Benedictins; mais aussi qu'il avoit été Benedictin lui-même, & qu'il avoit fait Profession dans l'Ordre de S. Benoist; Cajetan en prend occasion de faire une Morale aux Jesuites, en leur adressant ces paroles du ch. 51. d'Isaïe: *Attendite ad petram unde excisi estis, & ad cavernam laci de qua pracisi estis. Attendite ad Abraham (Benedictum) Patrem vestrum, & ad Saram (Religionem Benedictinam) que peperit vos.* Voïez le XVII. siècle de la Bibliotheque de M. Du Pin, tom. 1. Ce bon Abbé étoit si étrangement zélé pour la gloire de son Ordre, qu'il prenoit par tout ailleurs de quoi grossir le Martyrologe Benedictin. Saint François d'Assise, S. Thomas, &c. étoient Benedictins selon lui: ce qui faisoit dire au Cardinal Scipion Cobellutius qu'il craignoit que bien-tôt Cajetan ne transformât aussi St. Pierre en Benedictin. Voïez le P. Theophile Raynaud *De bonis & malis Libris*, n. 230.

Dans le titre latin de l'ouvrage de Cajetan, raporté tout au long dans le Dictionaire, corrigez ces deux mots *Libero, & Montisferrati*, & mettez, *Librum, de Mauriserrati.*

GAINITES. Après en avoir donné un article assez considérable, on y joint une note critique plus longue que l'article même. Elle est plus exacte, ainsi il la faut conserver & retrancher l'article qui la précede. Dans cette note, on nomme *Quatrine*, une femme de la secte des Caïnites, que Tertullien qu'il on ôte, nomme *Quintille*. C'est dans son Livre *de Bapt.* [...]

CAIUS, *Surnommé Octavius*, &c. [On] termine son article par cette Citation, *Hist. Rom.* Elle ce sont aider [...]

un Lecteur qui voudra verifier ce que l'on raporte de ce
Caïus, de lui aprendre qu'il le trouvera dans l'*Histoire
Romaine* ? Je n'ai jusqu'ici relevé aucune de ces mauvaises Citations du second Volume du Dictionaire, &
je n'en releverai presque point dans la suite, parce
qu'elles sont en trop grand nombre, qu'elles sautent
aux yeux du Lecteur, & que je n'ay pas dessein de m'en-
gager à les rectifier.

1°. CAIUS, *Prêtre de l'Eglise de Rome sous les Papes Victor & Zephyrin, &c.* Photius fait mention de trois
Ouvrages de Caïus : le premier contre l'heresie d'Arté-
mon : le second intitulé, le Petit Labyrinthe, d'où Eusebe a tiré le Passage de la Penitence de Natalice. { interce-
tez, d'où Eusebe a tiré l'Histoire de la Penitence de
Naualis : } & le troisiéme, de l'Univers, qui étoit du
tems de Photius, sous le nom de Josephe. Photius ne parle point si décisivement. Il dit que celui qui a composé le *Labyrinthe* assure qu'il a aussi fait un Ouvrage de
la Nature de l'Univers, mais qu'il ne sçait pas bien
(*nondum mihi liquet :*) si cet Ouvrage est le même qui
portoit pour lors le nom de Josephe dans quelques Manuscrits, & dans d'autres, ceux de saint Justin ou de
saint Irenée. Il ne dit point non plus positivement que
l'Ouvrage contre *Artemon*, soit de Caïus, mais seulement, que quelques-uns l'assûroient. *Hunc Caïum affirmant scripsisse librum contra Artemonis haeresim.* Il ne
paroît pas même qu'il regardât comme un fait certain
que le Labyrinthe fût de Caïus.

2°. Quelques Auteurs conjecturent que le passage de
Josephe touchant J. C. étoit tiré du livre de *Caïus*. Je
voudrois qu'on eût marqué quels sont ces Auteurs :
car je n'ai pû en trouver aucun. Je ne sçai si celui qui a avancé ce fait dans l'article que je discute,
ne se seroit pas mépris en copiant trop à la hâte M.
Du Pin, lequel après avoir remarqué que suivant Photius, l'Auteur du traité *de la nature de l'Univers* parle
de J. C. *d'une maniere très Catholique ;* ajoûte que
cela fait douter si cet Ouvrage est de *Josephe*. Remarquons en passant une faute de M. Du Pin, qui dit :
Photius assure qu'il a trouvé & remarqué que ce Livre

(& de la nature de l'Univers) étoit de Caïus. Photius ne dit point qu'il a trouvé & remarqué, &c. mais qu'il a trouvé que quelqu'un avoit remarqué, &c. ce qui est fort different. *Comperi annotatum fuisse non esse Josephi hoc opus, sed Caii cujusdam Presbiteri,* &c. Le même M. Du Pin n'a pas pris assez le sens de Photius dans le reste de l'article, & est tombé à peu prés dans les mêmes défauts que j'ai marquez, N. 1.

*°. Le Dictionaire a cité trois fois de suite l'Hhistoire d'Eusebe ; mais il cite le I. Livre pour le II. le II. pour le III. & le III. pour le VI. A la fin de l'article il y a, Photius *col.* 48. lisez *Cod.* c'est-à-dire, *Codice.*

S. CAIUS, *fut élu Pape l'an 283. ou plûtôt, selon Eusebe & les anciens Catalogues des Papes, en 276. Il mourut en 296. après avoir gouverné l'Eglise 12. ans, 4. mois, & 17. jours, au plûtôt 15. ans ou environ.*

1°. Eusebe ne met point la premiere année du Pontificat de Caïus en 276. mais à la fin de l'an 281. Voiez sa Chronique de l'édition de Scaliger de 1658. p. 174.

2°. Comment celui qui a retouché cet article, ne s'est-il pas aperçû qu'en mettant le commencement de l'Episcopat de Caïus en 276. & fixant sa durée à 15. ans ou environ, il falloit nécessairement changer l'année de la mort de ce Pape, & ne la pas laisser comme elle étoit auparavant, placée sous l'année 296 !

3°. Mais en la mettant, suivant ce nouveau calcul, à l'an 291. on tombe dans un inconvenient considérable ; car il se trouvera un vuide d'environ 5. ans entre la mort de Caïus, & le commencement du Pontificat de son Successeur Marcellin, que l'on place icy & à l'art. *Marcellin,* & dans l'article, *Rome,* à l'an 296.

4°. D'ailleurs par le nouveau calcul que les Reviseurs nous donnent icy, comme meilleur que celui qui étoit auparavant dans cet article, on met le Dictionaire en contradiction avec lui-même, puisqu'au Tome 5. page 128. dans la *Suite Chronologique des Papes,* on ne donne que 12. ans 4. mois & 5. jours à Caïus, & qu'on y fixe le commencement de son Pontificat à l'année 283. J'éclaircirai cecy dans l'article, *Eutychien,* où se trouve la source de la méprise dans laquelle sont tombez les Reviseurs,

viſeurs, & j'y ferai voir qu'Euſebe s'eſt trompé très certainement en ne donnant que huit à dix mois de Pontificat à Eutychien prédéceſſeur de Caïus.

5°. *Caïus ordonna que les Evêques paſſeroient par tous les ſept Ordres inferieurs de l'Egliſe, avant que de pouvoir parvenir à l'Epiſcopat.* Il falloit omettre cecy, dont il n'eſt pas poſſible de trouver aucune preuve dans l'antiquité.

CALABER (*Quintus.*) On l'a remis au 4. tome au mot, *Quintus.* Il me paroît qu'on varie ſur ſa Patrie. Comparez ces deux articles.

CALCAGGINI [*Celio*] *Chanoine de Ferrare, Poëte & Orateur …. mourut en* 1540. *& fut enterré dans l'Egliſe des Dominicains de Ferrare, auſquels il laiſſa ſa Bibliotheque.* Calcagnini [*Calcaggini* eſt une faute d'impreſſion:] ne fut point enterré dans l'Egliſe des Dominicains; mais dans leur Bibliotheque, comme le marque l'inſcription qui eſt ſur la porte de cette même Bibliotheque, en ces termes: *Index Tumuli Cœlii Calcagnini, qui ibidem ſepeliri voluit, ubi ſemper vixit.* Ce même fait eſt encore marqué dans une autre inſcription qui eſt dans cette Bibliotheque. Il y eſt dit outre cela, & c'eſt un fait qui devoit être remarqué, que Calcagnini en laiſſant ſa Bibliotheque aux Dominicains de Ferrare, voulut qu'elle fût publique & ouverte à tous les gens de Lettres de cette Ville. Voyez ſur ces faits M. Teiſſier dans ſes *Eloges des Hommes Sçavans,* &c. tom. 1. de l'Edit. de 1715. p. 240.

CALDERINUS, (*Domitius*) *celebre Grammairien, naquit à Caldera près de Veronne, vers l'an* 1451. *Le Cardinal Beſſarion qui l'avoit connu particulierement, & qui l'avoit mis au nombre de ſes domeſtiques, ſe fit un plaiſir de le produire à Rome….. Calderinus mourut vers l'an* 1495. Bayle a été fort en peine ſur la date de la mort & ſur l'âge de Calderinus. Il a ſupoſé qu'il vivoit encore en 1495. & que par conſéquent ayant été Auteur dès 1474. il n'eſt pas poſſible qu'il ſoit mort âgé ſeulement de 30. ans comme l'aſſûre *Volaterran,* ou de 34. comme le dit M. de Boiſſieu. Voici l'éclairciſſement de ces faits, & la correction des dates marquées dans

C

le Dictionaire. *Calderinus mourut en 1477. sous le Pon-*
tificat de Sixte IV. duquel il avoit été Secretaire. C'est
ce qu'en dit Tritheme qui écrivoit son Catalogue en
1492. Philippe de Bergame qui étoit comme Tritheme
contemporain de Calderinus, assûre aussi que ce dernier mourut en 1477. il ajoûte qu'il fut enterré dans sa
patrie, *in patria solo.* Dans le Recüeil des Lettres des
Hommes Illustres, imprimé en 1520. par Badius, sous
ce titre, *Illustrium Virorum Epistolæ ab Angelo Politiano*
partim scripta, partim collecta, il y en a plusieurs dans
lesquelles il est fait mention de Domitius Calderinus
comme d'un homme déja mort. Voyez sur tout la 10.
du 3 Livre, laquelle est datée du 13. Mars de l'an 1485. Volaterran a pû connoître Calderinus, & ainsi il me semble qu'on peut croire sur son témoignage que Calderinus n'avoit qu'environ 30. ans quand il mourut en 1477.
Pour ce qui est du Commentaire du même Calderinus
sur l'*Ibis d'Ovide,* que ~~Gesner~~ assûre avoir été imprimé en 1495. Il faut, ou qu'il n'ait pas été imprimé en
cette année là pour la premiere fois, ou, ce qui est
plus vrai-semblable, que ce soit un Ouvrage posthume.

CALENDION. On y lit dans les Citations, *Liberatus,*
lisez, *Liberatus*: Theodore *le Luteur,* lisez, *le Lecteur*:
Victor *Turonens.* Lisez *Tunonens.*

CALIFE. *Ce nom étoit propre aux successeurs de Ma-*
homet, &c. Dans cet article on donne une nouvelle *suite*
Chronologique des *Califes Abbassides,* dont le premier
est *Abdalla,* &c. Elle est fort differente de celle que l'on
avoit déja donnée dans le premier Tome du Dictionaire pag. 1097.

CALIGARI *écrivit un Traité d'Algebre qu'il dedia*
à Jules de Medicis, depuis Pape sous le nom de Clement
VIII. Lisez, *Clement VII.*

CALLISTE, *ou Callixte I. de ce nom, Pape,* &c. Il
faut retrancher tout l'article & ne mettre que la Note
Critique que l'on y a jointe. On y remarque avec raison que le vrai nom de ce Pape est *Callixte,* ainsi il
ne le faut point mettre sous le nom défiguré de *Cal-*
liste. Il faut faire la même correction dans les trois
articles suivans du Dictionaire.

CALLISTE I. *de ce nom, Patriarche de Constantino-ple succeda à Isidore l'an* 1354. *Il présida au Concile tenu contre les adversaires de Palamas en* 1355. *& n'ayant pas voulu couronner le fils de Cantacuzene, il se retira dans un Monastere ; mais il fut rétabli peu de tems après par Jean Paleologue. Il mourut en* 1358. *aïant tenu le Siege environ* 4. *ans, bien que Pontanus en mette dix. La Methode ou la Regle Monastique, n'est pas de lui, mais d'un autre Calliste, Patriarche de Constantinop.e vers l'an* 1406. On contredit toutes ces dates qui touchent Calliste I. dans la *suite Chronologique des Patriarches de Constantinople*, où l'on met Calliste Patriarche en 1349. pendant 5. ans, hors de son Siége pendant un an, rétabli en 1355. & mort en 1362.

CALLIXTE II. *Patriarche de Constantinople . . . . On dit qu'il succeda à Angelus Corarius l'an* 1419. *& qu'il mourut en* 14?2. Ange Corario fut fait Pape en 1406. & ainsi l'on a eu raison dans l'article précédent de dire que Calliste fut Patriarche vers cette année 1406.

Dans la suite Chronologique on contredit toutes les dates précédentes. On y met Calliste en 1396. & on ne lui donne que *trois mois* de Patriarcat.

CALLOT, *celebre Graveur*, &c. *Il ne se trouve aucun Graveur, qui ait gravé un si grand nombre de planches que lui, & dans l'espace d'une vie aussi courte qu'a été la sienne ; car on en compte jusqu'à* 1380. *Il mourut en* 1635. *âgé de* 42. *ans.* On doit prendre garde à ne point faire ces sortes de comparaisons ; à moins d'être fort assuré des faits sur lesquels on les fonde. Autrement on court risque de se tromper, comme l'on fait icy. Sebastien Le Clerc, graveur du premier ordre, a gravé plus de 2800. planches ; c'est-à-dire, plus du double que Callot, & cependant il n'a pas vécu le double plus que lui. Quand je dis que M. Le Clerc a gravé plus de 2800. piéces, je ne parle que de celles que je connois ; & je ne doute point qu'il n'en ait gravé un assez bon nombre que je ne connois point. Un curieux, qui a recherché avec soin toutes les Estampes de M. Le Clerc, m'a assuré que ce qu'il en a ramassé passe le nombre de quatre mille, en y comprenant celles qui sont doubles ou triples, mais avec des differences notables: Il est dans la disposition d'en donner au public un Catalogue exact.

CALPRENEDE, *Gautier de la.* Voyez au mot *Costes,* cy-dessous.

S. CALTRY, *Evêque de Chartres, assista au troisiéme Concile de Paris en* 567. Ce Concile est de 557. S. Caltry mourut en 567. Voyez M. Baillet, *Vie des Saints,* au 8. Octobre.

CALVIN. On y met p. 40. col. 2. ligne derniere, *la Conference de Wormes en* 1560. Lisez, *en* 1540. Dans l'abregé de l'Histoire du *Calvinisme* qui se trouve aprés l'article de Calvin, en parlant de l'assassinat du Président Minard, on nomme mal ce Président, *Meynard.*

CAMALDOLI, *Ordre Religieux ... Il n'y a en France qu'un Couvent de Camaldules auprès de Grôsbois,* Il n'est pas vrai que ce Couvent des Camaldules qui est à environ quatre lieuës de Paris & à l'entrée de la Brie, soit le seul qu'ils aient en France. Ils y en ont certainement plusieurs autres, au nombre de 6. ou 7. J'en marquerois le nombre au juste, si j'avois *l'Histoire des Ordres Religieux* du P. Helyot, qui a relevé cette faute.

CAMERARIUS (*Guillaume*) *Prêtre de l'Oratoire, &c. Il a fait un traité pour soutenir la Prémotion Physique, imprimé en* 1634. *Il y repond à un Livre imprimé à Cahors en* 1627. *contre son livre, & contre celui du P. Gibieuf.* Cette date de 1627. est fautive, le livre du P. Gibieuf n'aïant été imprimé qu'en 1630.

CAMERON [*Jean*] Calviniste. *En* 1608. *l'Eglise de Bourdeaux le rapella. Il se retira à Montauban, mais s'étant opposé à la fureur du Peuple qui se souleva en* 1625. *contre le Roy Loüis XIII. il irrita tellement les rebelles, qu'un d'entr'eux l'assomma presque à coups de poing & à coups de bâton, & l'eût même achevé, sans le secours d'une femme qui se mit entre deux. Cameron se retira à Moissac pour s'y faire panser & étant revenu quelque tems aprés à Montauban, il y mourut de chagrin à l'âge de* 46. *Ans. Il fut Auteur d'un nouveau systeme de la Grace, car les Calvinistes étoient alors partagez entr'eux, à cause des mauvaises opinions d'Armi-*

pius .... *Cameron est diffus dans son style, & s'exprime avec beaucoup de netteté* .... *Il a fait des remarques sçavantes & judicieuses sur tout le Nouveau Testament,* &c. Pour toutes citations on met : *Mem. Hist.* Je ne sçai ce que c'est que ces *Memoires Historiques :* mais ils me paroissent suspects, & je croi qu'on les a copiez un peu servilement.

1º. On ne devoit pas se servir de cette expression, *l'Eglise de Bourdeaux,* mais dire, *l'Eglise Protestante de Bourdeaux,* ou se servir de quelqu'autre formule semblable.

2º. On a omis une circonstance trés remarquable & d'ailleurs de conséquence, en parlant des rebelles, l'un desquels pensa assommer Cameron. En lisant ce trait tel que le raporte le Dictionaire, on s'imaginera d'abord que celui qui maltraita si fort le Ministre étoit un Catholique. Cependant c'est un fait constant que c'étoit un Calviniste, & que les rebelles en question qui s'étoient soulevez à Montauban contre le Roy, étoient les prétendus reformez, comme *Bayle* en convient dans l'article, *Cameron,* où il remarque aussi qu'aparemment l'Auteur du Panegyrique de Cameron avoit suprimé cette particularité, *par un principe de charité pour tout le parti.*

3º. Ces termes, *à cause des mauvaises opinions d'Arminius,* marquent assez la prévention de l'Auteur des *Mémoires Historiques* copiez par le Dictionaire. Car en parlant du different des Calvinistes & des Arminiens sur la Grace & en taxant ces derniers comme gens qui tenoient de *mauvaises opinions,* c'est donner assez clairement à entendre que les sentimens des Calvinistes combattus par les Arminiens, étoient orthodoxes. Cependant c'est ce que jamais Catholique ne dira, pour peu qu'il ait de lumiéres, & qu'il fasse refléxion à ce qu'il dit. En éfet, lisez les cinq articles des Arminiens dans *l'Histoire des Variations des Eglises Protestantes,* &c. par feu M. Bossüet Evêque de Meaux l. 14. n. 22. & suivans, & vous verrez que (comme ce sçavant Prélat en convient :) les cinq points du Calvinisme combattus par les cinq articles des Arminiens, sont cinq hérésies grossiéres & détestées par tout les Catholiques:

& qu'au contraire des cinq articles des Arminiens, les Catholiques en soutiennent quatre, & qu'il n'y a que du premier dont ils ne conviennent pas, quoi qu'ils ne le regardent point comme une hérésie. Enfin il est clair que Cameron est un peu flaté dans cet article. On pouvoit remarquer que Cameron convenoit qu'on pouvoit se sauver dans l'Eglise Romaine. Voyez Bayle.

CAMOENS, *Poëte, dédia un Poëme en* 1596. *à Dom Sebastien Roy de Portugal* &c. Cette date est certainement fautive, Camoens étant mort en 1579. Peut être n'est-ce qu'une transposition de chifres, pour 1569.

CAMPANUS [*Jean Antoine*] *Evêque de Teramo. On ne doit pas omettre icy une circonstance curieuse, sçavoir que Campanus avoit été correcteur de Bericus Gallus fameux Imprimeur, dans le tems qu'il* [Campanus] *étoit Evêque de Teramo.* Bayle soutient la même chose, & prétend être en droit de le conclure des paroles même de M. Chevillier, qui conteste ce fait. Voicy les paroles de M. Chevillier: *environ l'an* 1466. *deux Allemands vinrent à Rome établir la premiere Imprimerie ..... Ce fut l'Evêque d'Aleria, Bibliothecaire de Paul I I. qui prépara les manuscrits de la plûpart de ces Auteurs, que les deux Allemands imprimoient, qui fit les Epitres dedicatoires, ou Prefaces à quelques éditions, & qui avoit le soin de la correction ..... Un autre Imprimeur nommé Vdalricus* [M. Chevillier met Uldaricus, c'est peut-être une faute d'impression:] *vint presque en même tems à Rome établir une seconde Imprimerie. L'Evêque de Teramo fit dans celle-cy tout ce que faisoit l'Evêque d'Aleria dans la premiere. Vdalricus imprimoit avec tant de diligence, que Campanus, qui s'étoit engagé d'entretenir les Presses, en fournissant les copies, & corrigeant les épreuves, ne pouvoit prendre aucun repos. De tout cecy,* M. Chevillier conclut que Jean André Evêque d'Aleria, & Jean Antoine Campanus, *furent les Auteurs des premieres éditions qui furent faites à Rome par ces Allemands, & qu'ils corrigeoient seulement leurs propres Ouvrages ... Et qu'on les doit plûtôt apeller Auteurs que Correcteurs.* M. Bayle aprés avoir raporté ces longs extraits tiré de M. Chevillier, y joint cette réflexion:

Pour moi je ne comprend point qu'aucun Lecteur soit capable d'inferer cela de ces Recits : car ils prouvent clairement que ces deux Evêques faisoient toutes les fonctions d'un Correcteur d'imprimerie. Le raisonnement de M. Chevillier me paroît beaucoup meilleur que celui de Bayle. L'idée ordinaire qu'on se forme d'un Correcteur d'imprimerie, est de le considérer comme un homme aux gages d'un Imprimeur, & dont toute la fonction se termine à lire les feüilles à mesure qu'on les imprime, & à y corriger les fautes purement d'impression qu'il y aperçoit. Mais quand un homme habile par le désir de se rendre utile au public & sans autre lucre, s'aplique à tirer des Manuscrits de la poussiere des Bibliotheques, à les déchifrer, & qu'en suite il les met entre les mains d'un Imprimeur, & qu'il veille à ce qu'ils soient imprimez correctement, on ne le qualifie jamais de simple Correcteur d'imprimerie. Aussi un homme se feroit, si je ne me trompe, siffler de tous les Sçavans, s'il s'avisoit de dire que pendant que le P. d'Achery faisoit imprimer son Spicilége, ou M. Baluze ses Mélanges, ces deux habiles hommes n'étoient pour lors que Correcteurs des Imprimeries de Sâvreux & de Muguet. Au reste, afin qu'on ne s'imagine pas que je veüille icy insister sur une question que quelques personnes pourroient ne regarder que comme une dispute de mots, je vais marquer l'expedient qui me paroît le plus propre pour la terminer. C'est d'ôter l'expression de *Correcteur d'Imprimerie*, que l'on a mise icy, & d'y substituer la chose même que l'on a prétendu signifier par là, & de laisser au Lecteur à en conclure ce que bon lui semblera. On mettra donc, si l'on m'en croit, qu'Ulric Le Coq (que l'on nomme mal icy en l'apellant *Bericus Gallus*, au lieu *d'Udalricus Gallus*:) étant venu établir une Imprimerie à Rome vers l'an 1466. Campanus pour lors Evêque de Teramo, voulut bien se charger de lui préparer des Manuscrits, d'en composer les Préfaces, & de corriger les feüilles à mesure qu'elles seroient imprimées.

CAMPEGGI, *Famille*, &c. Il y a un équivoque considérable. Car aprés avoir nommé les cinq enfans de

Laurent Campegi, on ajoûte, *Il eût*, &c. cela se raporte nécessairement à *Laurent*, cependant c'est de son fils aîné *Alexandre* que l'on parle. Ainsi au lieu de dire, *il eut*, il faut, *Alexandre eût*, &c.

CAMUS (*Jean Pierre*) *Evêque de Belay; lisez, Belley. Sa vie sainte & pénitente lui auroit mérité la Canonisation, s'il ne s'étoit pas declaré si ouvertement contre les Religieux & les Moines.* On a tort de donner icy d'une manière si positive ce fait, qui n'est aparemment fondé que sur une historiette que voicy. Le Cardinal de Richelieu parlant un jour à M. l'Evêque de Belley, lui dit, Monsieur, *si vous n'étiez pas si ennemi des Moines je vous canoniserois*: à quoi le Prélat repartit, *en ce cas, Monseigneur, nous aurions tous deux ce que nous désirons, vous seriez Pape & je serois Saint.*

CANAYE (*Philippe de la*) *Sieur de Fresne.* Il faut, *Philippe Canaye Sieur du Fresne.*

CANDACE. *S. Dorothée, dit que l'Eunuque de la Reine Candace, prêcha dans l'Arabie Heureuse,* &c. On donne cecy sans marquer que l'on en doute, & on cite *S. Dorothée in Synops.* C'est un manquement d'attention: ce Dorothée étant un fort mauvais Auteur, comme on en convient à l'article, *Dorothée, Prêtre.*

CANON (*la poudre à*) *est une composition,* &c. On tient que les *Anglois tirerent des Canons à la bâtaille de Creci en l'an* 1348. La bâtaille de Creci est de l'an 1346. Voyez *Cresi.* Ce qu'on dit dans cet article, de l'invention des Canons & de la Poudre, ne quadre pas assez avec ce que l'on en dit au mot, *Artillerie.*

CANONS des Apôtres. *Le Pape Gelase dans le Concile tenu à Rome l'an* 494. *met le livre des Canons des Apôtres entre les* (Ouvrages) *Apocryphes; & cela aprés le Pape Damase, qui semble avoir été le premier qui détermina quels livres il faloit recevoir ou rejetter : suivant cela Isidore les condamne aussi dans le Passage que Gratien raporte de lui dans la* 16. *Distinction. Le Pape Leon* IX. *au contraire, excepte* 50. *Canons du nombre des Apocryphes. Avant lui Denys le Petit avoit commencé son Code des Canons Ecclesiastiques, par ces cinquante Canons. Gratien dans la même distinction* 16.

raporte

raporte qu'Isidore ayant changé de sentiment, en se contredisant soy même, met au-dessus des Conciles ces Canons des Apôtres ..... Quant à Isidore, le premier passage est d'Isidore de Seville, & le second est d'Isidore Mercator, selon la remarque d'Antoine Augustin ..... Parmi les Latins, ces Canons n'ont pas toûjours eû le même sort: Le Cardinal Humbert les a rejettez; Gelase les a mis au nombre des Apocryphes. Denys le Petit a mis les 50, premiers à la tête de sa Collection, remarquant toutesfois que quelques personnes ne les avoient pas voulu reconnoître .... Isidore ne fit point de difficulté de les mettre dans sa Collection .... Aussi-tôt qu'ils parurent en France, ils furent estimez & alleguez pour la premiere fois dans la cause de Pretextat, du temps du Roy Chilperic I. & on y defera. Il sufit de lire cet extrait, pour concevoir combien on a embroüillé ce point de fait par des repétitions inutiles, des contradictions, &c. Entrons dans quelque détail.

1°. Le Pape Damase semble avoir été le premier qui determina quels Livres il faloit recevoir ou rejetter. Cette conjecture est hazardée sans aucune preuve solide, étant indubitable qu'aucun Ecrivain ancien, ni même absolument aucun Auteur pendant plus de dix siécles & au-delà, n'a jamais rien attribué de semblable à ce Saint Pape. Je sçai que le P. d'Achery avoit un Manuscrit du Decret attribué ordinairement au Pape Gelase, qui portoit en tête le nom de Damase: mais il est clair qu'il ne peut être d'aucune autorité, si on le compare avec le plus grand nombre des manuscrits les plus anciens, & de tous les Ecrivains qui ont fait mention de ce Decret à la fin du VIII. siécle & dans les suivans, qui l'ont tous unanimement attribué au Pape Gelase, auquel aparemment il est aussi faussement attribué.

2°. Sans entrer icy dans la discussion de l'autenticité de ce Decret, je ne croi pas que ni Damase, ni Gelase, ayent mis les *Canons* apellez communément *des Apôtres*, entre les Ouvrages *Apocryphes*. 1°. Parce qu'aucun écrivain avant Isidore surnommé *Mercator*, ou *Peccator*, n'a rien dit de ce fait. 2°. Parce que Denys le Petit, qui n'auroit pû l'ignorer, n'en a certainement eu aucune connoissance. Il fit sa Collection peu après l'anné 500. Se seroit-il avisé de mettre à la tête 50. *Canons* dits *des Apôtres*, s'il eût sçû que peu auparavant, & en 494. ils avoient été rejettez dans un Concile par le Pape & 70. Evêques ? Mais quand il auroit osé le faire, auroit il été possible que ni aucun Pape, ni aucun Evêque ne s'en fût formalisé, & que cela n'eût causé aucune dissension ? 3°. Dès que la Collection de Denys fut devenüe publique, ces Canons furent regardez dans l'Eglise Romaine & dans tout l'Occident, comme des Reglemens autentiques. Jean II. en fit usage & les mit au nombre de ceux qu'il envoya aux Evêques de la Province d'Arles, pour terminer l'affaire de Contumeliosus Evêque de Riez en 532. ou 533. & Cassiodore (*Divinar. Lection. c. 23.*) dit en parlant des mêmes Canons des Apôtres, *quos hodie usu celeberrimo Ecclesia Romana complectitur. Nos* Evêques des Gaules, s'en autoriserent aussi dans la cause de Prétextat, de l'aveu du Dictionaire, en 577. Eût il été possible, si le fait que je discute eût été véritable, que personne, pas même ceux que l'on jugeoit suivant ces Canons, ne se fût avisé de remarquer qu'ils avoient été rejettez par Gelase dans un Concile de 70. Evêques ?

3°. Par ce que je viens de raporter du fait de Contumeliosus, contre lequel les Evêques des Gaules en firent usage, en 532. Il est clair que le Dictionaire s'est trompé quand il a dit que ces Canons *furent alleguez pour la première fois en France, dans la cause de Prétextat.*

4°. On supose que le passage d'Isidore cité dans la *Distinction* 16. de Gratien c. 1. où il est dit que ces Canons apellez des Apôtres ont été rejettez par le S. Siege, *pro eo quod ab hareticis sub nomine Apostolorum compositi dignoscuntur;* on assure dis-je, *que ce passage est d'Isidore de Seville:* & que l'autre cité par le même Gratien, *ibid.* c. 4. dans lequel il est dit que les Canons apellez Apostoliques sont *reçûs entre les Constitutions Canoniques,* est d'Isidore *Mercator, selon la remarque d'Antoine Augustin.* On s'est encore trompé icy. Ces deux passages sont très certainement tirés des Collections d'I-

ſidorus *Mercator.* Mais le premier eſt tiré de la Collection la plus ancienne, qui eſt la veritable, & l'autre eſt
tiré d'une Collection qui a été retouchée par une autre
main. Auſſi le premier de ces deux paſſages, non plus
que le ſecond, ne ſe trouve dans aucun Ouvrage de ſaint
Iſidore de Seville, lequel n'a certainement eu aucune
connoiſſance de ce Decret.

5°. *Le Pape Leon IX. au contraire excepte* 50. *Canons
du nombre des Apocryphes* . . . . . On dit plus bas *que le
Cardinal Humbert les a rejettez* Il y a bien des bévûês
dans ce peu de lignes. Pour les apercevoir, il n'y a
qu'à lire le Texte du Chap. 3. de la Diſtinct. 16. de
Gratien, qui y a donné lieu : le voici : *Apoſtolorum Ca-
nones numerant Patres inter Apocrypha, exceptis quinqua-
ginta capitulis, quæ decreverunt Orthodoxæ fidei adjun-
genda.* Ce Chapitre porte en titre le nom de Leon IX.
item Leo Papa Nonus, contra Epiſtolam Nicetæ Abbatis,
&c. Dans les Editions communes de Gratien, on a mis
cette Note : Ce Chapitre eſt tiré de la Réponſe d'Humbert Legat de Leon IX. &c. *Hoc caput ſumptum eſt ex
reſponſione Humberti Legati Leonis IX. ad libellum Nicetæ,* &c. En liſant l'extrait du Dictionaire, on ne peut
s'empêcher de croire que l'on cite icy deux Ouvrages,
dont l'un eſt de Leon, & l'autre du Cardinal Humbert :
& que ce Pape & ce Cardinal ont des ſentimens opo-
ſez touchant l'Autenticité des Canons Apoſtoliques :
& jamais l'on ne s'imaginera qu'il ne s'agit icy que
d'un même texte, qui eſt du ſeul Humbert, & qui ne
dit autre choſe, ſinon que les *Sts. Peres ont regardé comme
aporyphes les Canons nommes Apoſtoliques, à la reſerve des
cinquante* premiers, *qu'ils aprouvent,* & qui ſont ceux que
Denys le Petit a mis à la tête de ſon Recüeïl.

6°. *Parmi les Latins ces Canons n'ont pas toûjours eu
le même ſort; le Cardinal Humbert les a rejettez; Gelaſe les a mis au nombre des Apocryphes.* Pourquoy dé-
ranger ainſi ces faits, & commencer par Humbert qui
vivoit, & écrivoit au milieu du XI. Siécle, & non pas
par Gelaſe qui vivoit à la fin du cinquiéme ? Quand on
dit que ces Canons n'ont pas toûjours eu le même ſort
chez les Latins, on veut dire qu'ils n'ont pas été conſtam-

ment reçûs chez eux, comme ils l'ont été chez les Grecs, & on a quelque raison. Mais il falloit examiner à fond en quel tems on a commencé à former quelque difficulté là-dessus parmi les Latins. Voici ce que j'en pense. Plusieurs de ces Canons ayant été adoptez dans les Conciles de Nicée, d'Antioche, &c. & les Canons de ces Conciles ayant été reçûs dans l'Eglise Romaine, les Canons apellez des Apôtres commencerent par là à y être connus & respectez. Ils le furent beaucoup plus, après que Denys le Petit en eut mis les cinquante premiers à la tête du Code des Canons qu'il publia à Rome au commencement du sixiéme siécle. On en fit usage quand l'occasion s'en presenta, comme on le voit dans l'affaire de Contumeliosus vers 532. ou 533. dans celle de Prétextat en 577. Cresconius les mit dans sa Collection à la fin du VII. Siécle. Environ 100. ans après, à la fin du V I I I. Siécle, parut le *Decret touchant les Livres bons ou mauvais, aprouvez ou reprouvez,* attribué au Pape Gelase, en même tems que l'on commença à connoître les fausses Decretales. Ces deux Ouvrages firent naître des doutes touchant l'Autorité des Canons Apostoliques, & voicy pourquoi. Le Decret attribué à Gelase range le Recüeil des Canons Apostoliques au nombre des Livres Apocryphes, composez par les Heretiques. *Liber Canonum Apostolorum Apocryphus:* & cela sous ce titre, *Quæ ab Hæreticis sive Schismaticis conscripta sunt nullatenus recipit Ecclesia.* La Préface d'Isidore porte le même Jugement de ces Canons. Nos François qui ne soupçonnerent point ces pieces de fausseté, se trouverent fort embarassez à cette occasion, touchant les Canons Apostoliques. Ils voyoient d'un côté les Canons Apostoliques à la tête de la *Collection de Denys le Petit, Collection* autorisée dans l'Eglise Romaine: D'un autre côté ils voyoient le *Livre* de ces Canons proscrit par un Decret qu'ils croyoient être du Pape Gelase. Ils furent donc contraints pour accorder cette oposition si sensible de deux autoritez respectables, de dire, ou que ce qui étoit apellé par Gelase *Liber Canonum Apostolorum,* étoit autre chose que les Canons Apostoliques & quelque Ouvrage des Heretiques, ou que

le Pape n'avoit rejetté qu'une partie des Canons Apofto-
liques, & que les cinquante mis par Denys le Petit
à la tête de fa Collection, n'étoient point du nombre
de ceux que ce Pape avoit reprouvez.

CANTIQUES. *S. Clement Alexandrin raporte un
Cantique du Martyr Athevogene. Lif. Athenogene.* On
ne cite point l'endroit où Clement raporte ce fait. Je
fuis convaincu que le Revifeur a écrit cecy de mémoire,
& qu'elle lui a manquée. M. Du Pin a mis lui-même
Athenogene dans fa *Bibliotheque des Ecrvains Ecclefiaf-
tiques*, comme un Auteur pofterieur à S. Clement, &
n'a donné pour témoin de ce Cantique ou Hymne d'A-
thenogene, que S. Bafile. Voyez dans mes remarques
le mot *Athenogene.* Tous les Auteurs que j'ai vû ne
parlent d'Athenogene que fur la foy de S. Bafile.

CANTORBIE. *Le cinquiéme Concile de Cantorbie ou
Cantorbery, fut tenu par S. Edmond en 1236. Le fixiéme
l'an 1341. Le feptiéme l'an 1399. par le Chapître pendant
l'exil de S. Thomas leur Archevêque, pour la défenfe
du Clergé & la reforme des mœurs.* Un Lecteur fe trom-
pera aifément icy, & s'imaginera que le S. Thomas
dont on parle, eft celui que l'Eglife honore comme un
Martyr au 29. Decembre. Il faut donc au lieu de *Saint
Thomas*, mettre, *Thomas d'Arundel.*

CAPITULAIRES. *Dès l'an 545. il y en a eu d'imprimez.*
Lifez 1545. On marque enfuite ceux de Martin de Brague à l'an 525. Lif. 572. Ceux de Theodulfe Evêque d'Orleans en 797. Je ne croi pas que cette date foit fondée,
& il me paroît qu'on ne fçait rien du tems auquel Theodulfe donna fes deux Capitulaires, dont l'un a été donné par Baronius & enfuite par le P. Sirmond, & l'autre
n'a été imprimé qu'en 1715. dans le 7. Volume des
Mélanges ou *Mifcellanea* de M. Baluze, p. 21. On parle
enfuite d'*Hincmar Archev. de Tours.* Lifez, Arch. *de
Reims.*

CAPOUE. *Le premier Concile de Capouë fut affemblé
l'an 391. par l'Empereur Valentinien II....... Bonofe
Evêque de Naïffe Ville de la Dace, fut déferé à ce Concile, &c.*

Au mot Bonofe, on a placé ce Concile à l'an 389.

c'est se contredire. La date de 391. est la meilleure.

Pas un ancien ne dit que ce Concile de Capouë ait été assemblé par Valentinien.

Bonose n'étoit point Evêque de Naïsse, comme on le dit icy, mais de Sardique, comme on le dit avec raison au mot, *Bonose*.

Je remarquerai que dans cet article de *Bonose*, on dit qu'*Anysius de Thessalonique* & les autres Prélats, ausquels le Concile de Capouë avoit renvoyé le Jugement de l'affaire de Bonose, *le condamnerent & interdirent même la Communion à ceux qu'il avoit ordonnez.* Ce dernier fait n'est pas veritable. *Anysius & les autres Evêques*, condamnerent Bonose, *& resolurent que l'on recevroit ceux qu'il avoit ordonnez par attentat, après avoir été interdit de ses fonctions. Les Evêques firent ce Decret contre les regles, par la' necessité du tems, de peur que ces Clercs demeurant avec Bonose, n'augmentassent le scandale.* C'est ce qu'en dit avec raison M. l'Abbé Fleury, *Histoire* L. XIX. n. 17.

CARACHES, (les) Peintres, &c... Ils soûtinrent le bel Art de la Peinture, contre la fausse réputation que s'étoient faite à Rome de leur tems Michel Ange & Caravage grand coloriste & mauvais dessinateur. Il faut : que s'étoit faite... Michel Ange Caravage, &c. Ce n'est qu'un seul homme, qu'il faut bien se donner de garde de confondre avec le fameux Michel Ange.

CARDAILLAC (*Jean de*) *Patriarche d'Alexandrie...* *Après avoir reçû le Bonnet de Docteur en l'Université de Toulouse, il y professa avec aplaudissement, depuis il fut envoyé par l'Université au Pape Clement VI. & par le Roy de Castille à Urbain V. en 1370. Gregoire XI. l'envoya en 1372. Legat en Allemagne, & à son retour il lui donna l'Archevêché de Brague en Portugal, dont il se démit depuis. Le Roy Charles V. se servit aussi de lui, comme nous l'aprenons de Froissart. Il fut depuis Patriarche d'Alexandrie, & Administrateur de l'Archevêché de Toulouse vers l'an 1376. Il mourut en 1390. On cite,* Froissart L. 1. Chron. c. 252. & sainte Marthe, *Gall. Christ.* M. Baluze dans ses *Vita Papar. Avenion.* p. 1332. a remarqué que l'article de ce Prelat est très embroüillé dans

Messieurs de sainte Marthe. Mais les Reviseurs n'ont point consulté M. Baluze & n'ont point profité de ses éclaircissemens en ce point. Aussi l'article qu'ils nous donnent icy de Jean de Cardaillac est-il plein de fautes.

1°. C'est une imperfection de nous dire que Jean prit le Bonnet de Docteur, & enseigna ensuite, sans marquer en quelle faculté. M. Baluze remarque qu'il fut Docteur en Droit Civil. *ibid.* pag. 1323.

2°. Il fut envoyé à Clement VI. par l'Université, en 1350. *Ibid.*

3°. Il fut fait Evêque d'Orense (*Ecclesia Auriensis*) en Espagne en 1351. *Ibid.* p. 1324. On ne dit rien de cette Prélature de Jean, dans le Dictionaire.

4°. Le Dictionaire supose que ce Prélat ne fut fait Archevêque de Brague qu'après l'an 1372. & cela par Gregoire XI. cela n'est pas exact. Il fut transferé de l'Eglise d'Orense à celle de Brague en 1360. *Id. Ibid.* Il fit l'Oraison Funebre d'Agnes, Femme de Pierre, surnommé *le Cruel*, Roy de Portugal, étant déja Archev. de Brague, en 1361.

5°. Il n'est pas vrai que Charles V. se soit servi de Jean de Cardaillac, & il n'est pas vrai que Froissart le dise. Froissart dans l'endroit que l'on cite dit simplement que le Duc de Berry *feit partir de Thoulouze celui qui estoit Archevêque ..... lequel estoit un moult bon Clerc & vaillant, & le fist aller vers la Cité de Caours, dont son Frere estoit Evesque, & que ledit Archevesque prescha tellement la querelle du Roy de France, que par sa bonne maniere la dite Cité de Caours se tourna Françoise, & jurerent foy & loyaulté à tenir de ce jour en avant au Roy de France.* Froissart *fol. verso* 154. tom. 1. de l'édit. de Galliot du Pré, 1530. Mais Froissart ne marque point que cet Archev. de Toulouse, fut Jean de Cardaillac. Ce fut Geoffroy Archev. de Toulouse, qui servit Charles V. en cette occasion. C'étoit l'an 1368. En cette année là, Jean de Cardaillac étoit en prison en Portugal, où Pierre *Le Cruel* le retenoit depuis l'an 1367. & d'où il ne sortit qu'en 1369. Voyez Froissart dans l'endroit que j'ai cité ; Guillaume de la

Croix dans ſes *Acta Epiſcoperum Cadurcenſium* p. 264. & M. Baluze p. 1326.

6[b]. Henri Roy de Caſtille ayant vaincu Pierre *Le Cruel* en 1369. Jean de Cardaillac pour lors encore Archevêque de Brague ſortit de priſon, & fut envoyé par Henri, en cette année, & non pas comme le Dictionaire le dit, en 1370. vers Urbain V. En chemin faiſant il aſſiſta à la mort de ſon frere Bertrand Evêque de Montauban, & arriva auprès du Pape qui étoit à Monte-Fiaſcone, en 1370. Baluze, *ibid.*

7°. Il renonça à ſon Archevêché de Brague au commencement du Pontificat de Grégoire XI. en 1371. Le Pape le fit pour lors Patriarche d'Alexandrie, & lui donna en même tems l'adminiſtration de l'Evêché de Rodez. *Ibid.* p. 1328. Le même M. Baluze remarque icy que Mrs. de Sainte Marthe ſe ſont trompez, en ſupoſant que Jean de Cardaillac Evêque de Rodez étoit different de Jean de Cardaillac Patriarche d'Alexandrie. Le Dictionaire paroît avoir fait la même faute, puiſ qu'il ne dit point icy que ce Patriarche ait été Evêque de Rodez, & que dans l'article précédent il dit que la famille de Cardaillac a donné des Evêques à Rodez & à Montauban.

8°. En 1372. Gregoire l'envoya en Allemagne, comme on le dit dans le Dictionaire, qui s'eſt trompé en ſupoſant que ce ne fut qu'à ſon retour que Jean fut Archevêque de Brague, & depuis Patriarche d'Alexandrie. Baluze *ibid.* 1329.

9°. En 1378. il fut fait Adminiſtrateur de l'Archev. de Toulouſe. *Ibid.* 1330. Il mourut comme le marque le Dictionaire, en 1390.

CARMES, *ou Nôtre-Dame du Mont-Carmel.* Voyez mes Remarques au mot, *Albert*, n. 158.

CARMES DESCHAUSSEZ. On y met la reforme des Carmes faite par Ste. Thereſe, ſous l'année 1540. C'eſt trop tôt de plus de 20, ans. Voïez l'art. de Ste. *Thereſe*, dans le Dictionaire, où l'on en met le commencement à l'an 562.

CAROLINS: *Nom de quatre Livres que Charle-magne fit faire en 790. &c. Au Concile de Francfort tenu l'an* 794.

794. *on condamna toute sorte d'adoration & de culte des Images*, aussi bien que dans le Concile de Paris, tenu en 824. Ce fait énoncé generalement comme il l'est icy, n'est pas veritable. Le Concile de Francfort Canon 2. qui est le seul endroit où il parle des Images, ne dit autre chose, sinon que les Peres ont rejetté & condamné, par raport aux Images, *l'adoration & le culte de servitude*. Les Evêques du même Concile de Francfort ne rejettoient celui de Nicée, qu'ils apellent de Constantinople, que nous reconnoissons pour le septiéme General, que parce qu'ils s'imaginoient que ce Concile *avoit anathematisé ceux qui ne rendoient pas aux Images des Saints une adoration & un culte de servitude* (ou comme parlent les Theologiens, *de Latrie* :) tel qu'on le rend à la Très-Sainte Trinité. Voici les termes du Concile. *Allata est in medium quæstio de nova Græcorum Synodo, quam de adorandis Imaginibus Constantinopoli fecerunt ; in qua scriptum habebatur, ut qui Imaginibus Sanctorum*, ITA UT DEIFICAE TRINITATI, SERVITIUM AUT ADORATIONEM NON IMPENDERENT, *Anathema judicarentur. Qui supra Sanctissimi Patres nostri omnimodis* ADORATIONEM ET SERVITUTEM *renuentes*..... *condemnaverunt*. Tom. 7. Concil. Labb. col. 1057.

Quant aux Evêques assemblez à Paris en 824. bien loin de *condamner toute sorte de culte des Images*, ils exceptterent formelement aussi bien que l'Auteur des *Livres Carolins*, la Croix & les Vases sacrez. On ne devoit pas omettre cela, parce que cette exception démontre que quoy qu'ils crussent qu'il étoit plus à propos dans le tems auquel ils vivoient de ne pas rendre de culte public aux Images, néanmoins dans le fond ils convenoient que ce n'étoit point une chose illicite de leur rendre quelque marque exterieure de respect. Il est vrai qu'en écrivant sur ce sujet, ils ont quelquefois poussé trop loin les preuves sur lesquelles ils s'apuyoient, jusqu'à dire, par exemple, qu'on ne devoit aucun respect à aucun Ouvrage fait de main d'homme ; mais il est clair qu'en cela, ils n'étoient pas assez d'acord avec eux mêmes, comme on le leur a reproché depuis avec raison ;

E

puisque les Croix, le Livre des Evangiles, & les Vaſes Sacrez, ſont certainement des Ouvrages faits de main d'homme.

Les Livres Carolins ont été donnez en 1549. par M. du Tillet Evêque de Meaux, ſous le nom d'Eriphile. Cela fait une équivoque, & l'on ne ſçait ſi c'eſt le nom de l'Auteur de ces Livres que l'on indique ſous celui d'*Eriphile*, ou ſi c'eſt M. du Tillet qui s'eſt caché ſous ce nom. D'ailleurs, *Eriphile*, eſt une faute d'impreſſion. Du Tillet en donnant ces Livres au public cacha ſon nom, & mit ces mots à la tête de ſa Préface: *Eli. Phili. Chriſtiano Lectori S.* [*Salutem.*]

La réponſe du Pape Adrien, les Conciles de Francfort & de Paris, établiſſent d'une maniere convainquante l'autorité de ces Livres. On veut dire qu'ils démontrent que ces Livres ne ſont point un Ouvrage ſupoſé, comme quelques Catholiques l'ont crû. Mais ce n'eſt pas s'exprimer intelligiblement, de dire qu'ils *en démontrent l'autorité*: car un Lecteur pourra aiſément s'imaginer que cela veut dire que ces Livres ſont d'un grand poids, & cela de l'aveu même du Pape Adrien; ce que le Dictionaire ne prétend point dire.

CAROLSTADT *ou* CARLOSTADT. *Quand Luther commença à prêcher contre les Indulgences, en* 1518. *Carloſtadt ſe déclara pour lui.* Liſez 1517.

Il renouvella les erreurs de Berenger contre la préſence réelle du Corps & du Sang de Jeſus-Chriſt dans l'Euchariſtie. La choſe ſe fit d'une maniere qui meritoit d'être raportée icy plus au long: La voicy, telle que feu M. Boſſuet Evêque de Meaux la raporte dans ſon *Hiſtoire des Variations des Egliſes Proteſtantes,* L. 2. n. 11. *Au ſortir d'un Sermon de Luther, Carloſtad le vint trouver à l'Ourſe Noire où il logeoit. Là, parmi d'autres diſcours, Carloſtad déclare à Luther qu'il ne pouvoit ſouffrir ſon opinion de la préſence réelle. Luther avec un air dédaigneux le défia d'écrire contre lui, & lui promit un Florin d'or s'il l'entreprenoit. Il tire le Florin de ſa poche: Carloſtad le met dans la ſienne. Ils touchèrent en la main l'un de l'autre, en ſe promettant mutuellement de ſe faire bonne guerre. Luther but à la ſanté de Car-*

loſtad, & du bel Ouvrage qu'il alloit mettre au jour. Carloſtad fit raiſon & avalla le verre plein : ainſi la guerre fut déclarée à la mode du Païs, le 22. Aouſt 1524. L'Adieu des combattans fut memorable : Puiſſay-je te voir ſur la rouë, dit Carloſtad à Luther : Puiſſes-tu te rompre le col avant que de ſortir de la Ville. Voilà, ajoûte M. Boſſuet, *le nouvel Evangile; voilà les Actes des nouveaux Apôtres.*

CAROSUS *& Dorothée furent condamnez dans le Concile de Calcedoine, après que le Pape Alexandre eut raporté, &c. Liſez, après que le Prêtre Alexandre,* comme dans l'Edition de 1712.

CARPE.... *qui logea ſaint Paul,* &c. J'aimerois mieux qu'on conſervât la terminaiſon Latine du nom de ce Diſciple de ſaint Paul, & qu'on l'apellât, *Carpus*; comme on a fait en parlant d'un Mathematicien de ce nom que l'on apelle *Carpus*, & non pas, *Carpe.*

CARPOCRAS, *Héréſiarque dans le II. Siécle. Cerinthe fut ſon diſciple,* Cerinthe eſt plus ancien que Carpocras. Voyez cy-deſſous l'article, *Cerinthe.*

CARRANZA [*Barthelemy*].... *Après avoir demeuré près de deux ans dans les Priſons de l'Inquiſition, &c. Liſez, près de dix ans.*

CARRETONI (*Jean-François*) *Jeſuite mourut en 1529.* Le nom de ce Jeſuite qui mourut en 1629. étoit *Carettoni.*

CARRIERE [*François*] *a écrit en 1665. On cite La Croix du Maine &c. Liſez en 1566.*

CARTHAGE. P. 121. col. 2. ligne 40. *Maſorin.* Liſ. *Majorin.*

P. 122. on met le dernier Concile de Carthage, contre les Monothelites, en 446. *Liſ. 644.* Voyez dans mes Remarques l'article, *Agrippin.*

CARTIER, *Pilote celebre....Dès l'an 1518 le Baron de Lery avoit découvert une partie du Canada.* Ainſi voilà la premiere découverte du Canada fixée à l'année 1518. Le Dictionaire varie ſur ce fait, car il dit au mot, *Canada*, que *les François furent les premiers qui le découvrirent vers 1504.*

CARTURAIRES. Liſ. *Cartulaires.* On cite, *Jérôme*

à *Cofta*. *Richard Simon*, dans *fon Traité des Benefices*. Jérôme à Cofta n'eft qu'un faux nom, fous lequel Richard Simon s'eft caché. Il falloit donc mettre, *Jerôme à Cofta, c'eft-à dire, Richard Simon*, &c.

CASALI, *Jean-Baptifte*. On cite *Pierius Galerianus*. Lifez, *Valerianus*.

1°. CASAUBON (*Ifaac*) *naquit en 1559. à Bourdeaux, petit Village dans le Dauphiné & non pas à Geneve comme divers Auteurs l'ont écrit.* Les Revifeurs ne nous marquent aucun garant de ce fait, qui eft faux. Merric Cafaubon qui eft un Juge non fufpect dans cette queftion, puifqu'il étoit fils d'Ifaac, la décide trés pofitivement, en difant qu'Ifaac Cafaubon naquit à Geneve le 18. Février 1559. où fa mere s'étoit retirée étant groffe de lui avec Arnauld Cafaubon fon mari, dans l'apréhenfion d'être condamnée au feu pour caufe de Religion. Voyez M. de la Monnoye dans le nouveau *Menagiana*, tom. 4. p. 199.

2°. *Ifaac Cafaubon faifoit profeffion de la Religion Prétenduë Reformée : mais l'on dit qu'il commença à chanceler aprés la Conference de Fontainebleau entre Jacques du Perron Evêque d'Eureux & depuis Cardinal, & Philippe du Pleffis-Mornay. Quoiqu'il en foit, il affecta toûjours de montrer un efprit de paix dans les differens de la Religion.* On fupofe icy & dans tout l'article, que Cafaubon fut toûjours dans la croyance des Proteftans, & on n'ofe même affurer comme un fait certain, qu'il eût commencé à chanceler aprés la conference de Fontainebleau tenuë au mois de Mai de l'année 1600. à laquelle il avoit affifté comme Arbitre. Pour moi je penfe que non feulement il chancela, mais auffi qu'il alla bien plus loin, & qu'il reconnut la verité de la Foy de l'Eglife Romaine. Je me fonde fur ce que je trouve touchant ce fait, dans l'*Avertiffement au Lecteur*, qui eft à la tête de la *Replique* du Card. Du Perron. Voicy ce qui y eft dit : *Le Sieur de Cafaubon ayant conferé par un long efpace de tems avec feu M. le Cardinal Du Perron, & reconnu en fa préfence & de plufieurs autres, que non feulement la vraye Eglife, mais auffi la vraye Doctrine, étoit de nôtre côté (c'eft*

un Catholique qui parle, & aparemment c'eſt M. l'Archevêque de Sens Jean Du Perron, Frere du Cardinal:)
il arriva, ſoit par la pratique de ceux qui vouloient le
détourner de cette bonne intention, ou autrement, qu'il
fut ſollicité de faire un voyage vers le Roy de la Grande Bretagne. A quoi s'étant laiſſé perſuader, il propoſa
ſon deſſein audit Sieur Cardinal, & lui dit que ce Prince
ayant beaucoup de goût & de part aux bonnes Lettres,
il pourroit en conferant avec lui tomber ſur le diſcours
de la Religion, & lui en faire tirer davantage de fruit
qu'un autre à qui ce moyen ne ſeroit pas donné. Ce que
ledit Sieur Cardinal ne trouvant point éloigné de raiſon,
auſſi bien que quelques perſonnages de qualité & de mérite auſquels ils en communiquerent, ſon congé lui fut
obtenu, avec tout ce qui étoit neceſſaire pour cette fin.
Etant donc arrivé là, il tint pluſieurs propos favorables
de lui (du Cardinal Du Perron) au même Roy & lui
donna certains écrits de Poëſie qu'il (le Card.) lui
avoit baillez pour lui preſenter: leſquels Sa Majeſté aïant
reçûs favorablement, & tenu beaucoup d'honnêtes lan-
gages de l'Auteur, ledit Caſaubon les lui manda. Dont
ayant eû le ſentiment qu'il devoit, il crut être obligé d'y
faire reponſe, ſelon qu'une telle faveur le pouvoit reque-
rir: y mettant entr'autres choſes, qu'avec tant de dignes
conditions qui ſe trouvoient en ce Prince, il n'y en reſ-
toit qu'une ſeule à deſirer, qui étoit le titre & le nom
de Catholique. Sur quoi le même Caſaubon oubliant ſon
deſſein & ſes promeſſes, ou plûtôt ce qu'il ſe devoit à ſoy
même & à ſon ſalut, lui renvoya un écrit, auquel il
avoit aidé à mettre la main, par lequel Sa Majeſté ſous
ombre de repondre à ce favorable ſouhait, & de montrer
que le titre de Catholique ne lui pouvoit être denié,
puiſqu'elle embraſſoit la Foy de l'ancienne Egliſe, la
combattoit & la condamnoit entierement. Ce paſſage eſt
un peu long, mais j'ai dû le raporter en ſon entier,
parce qu'il prouve clairement, ſi je ne me trompe, que le Cardinal Du Perron & les perſonnes de merite
qui s'intereſſerent pour obtenir le Paſſeport de Caſau-
bon, le regardoient comme un Catholique : & que le
même Caſaubon leur avoit fait entendre qu'un des prin.

cipaux motifs qui lui faifoit entreprendre ce voyage d'Angleterre, étoit l'efperance d'y contribuer à la converfion du Roy.

3°. J'ai crû long-tems avoir une preuve du même fait encore plus inconteftable que la précédente. Je la tirois du premier livre des Lettres de S. François de Sales. Ce S Prélat y déplore (Lettre 35.) la chûte d'un homme qui s'étoit perverti en Angleterre. Voicy ce qu'il en dit au Prélat auquel fa Lettre eft adreffée. *Eft il poffible que cet homme fe foit ainfi perdu ? Il me difoit tant, que jamais il ne feroit autre chofe, qu'enfant de la Ste. Eglife Romaine, quoiqu'il crût que le Pape excédoit les bornes de la juftice pour étendre celles de fon autorité.... Maintenant le voilà feparé de tout le refte du monde, par la mer, & de l'Eglife, par le fchifme & l'erreur. Dieu néanmoins tirera fa gloire de ce peché... Que fi vous lui écrivez (à celui qui a ainfi abandonné la Religion Catholique :) affurez-le que toutes les eaux de la mer d'Angleterre n'éteindront jamais les flammes de ma dilection (pour lui,) tandis qu'il me pourra refter quelque efperance de fon retour à l'Eglife.* S. François de Sales ne nomme point celui dont il déplore icy la chûte. Un Auteur que je croyois exact marque que c'eft de Cafaubon dont parle le S. Evêque. Voiez l'Ouvrage intitulé, *Regles pour les Curez*, &c. imprimé in 8°. à Paris chez Villery, en 1684. Regle VIII. Je l'avois donc crû fur l'autorité de cet Anonyme ; mais en relifant cette Lettre du S Evêque de Geneve, je fuis demeuré convaincu que j'avois ajoûté foy trop legerement à l'auteur des *Regles.* En éfet cette Lettre eft datée d'Anneffy, & du 21. Novembre 1620. & cependant elle fupofe que la perfonne en queftion étoit tombée depuis peu dans l'erreur, & cela, aprés avoir été *Baptifée & nourrie* dans l'Eglife Catholique, & enfin qu'elle étoit encore vivante. Or il eft clair que cela ne convient point à Cafaubon, qui avoit été Baptifé & nourri parmi les Proteftans, qui s'étoit perverti en Angleterre en 1610. ou 1611. & y étoit mort dés 1614. Peut être cette remarque que je fais icy empêchera-t'elle que quelques perfonnes ne fe trompent touchant le fait de Cafaubon, ſur le témoignage de l'Auteur des *Regles.*

CASSANDER [*George*] On nous aprend icy que Caſſander avoit publié *les Oeuvres de Vigilius Evêque de Trente, & un Traité d'Honoré d'Autun, de Prædeſtinatione & Gratia.* Il falloit dire que Caſſander publia, comme de Vigile Evêque de Trente, quelques Ouvrages qui ſont de Vigile Evêque de Tapſe. Pource qui eſt du Traité de *Predeſtinatione & gratia* qu'il a publié comme étant d'Honoré d'Autun, je voudrois qu'on eût remarqué que l'Edition de ce Traité donnée par Caſſander, ne vaut rien du tout, étant alterée en differens endroits d'une étrange maniere. Le Traité veritable d'Honoré a été donné par Jean Conen, Premontré Flamand, en 1621. Voyez ce Traité d'Honoré d'Autun avec la Préface de Conen, dans les Editions de la *Bibliotheque des Peres,* publiées depuis l'année 1621. M. Du Pin dans ſa *Bibliotheque,* &c XII. Siécle, & M. Grandin Tome 1. de ſes Ouvrages p. 321. ont mis Honoré d'Autun au nombre de ceux qui ſoutiennent que Dieu ne prédeſtine les hommes à la gloire éternelle, ou ne les en exclut qu'en vûë de leurs merites ou démerites futurs qu'il connoît par ſa Préſcience. Au contraire, M. d'Argentré a ſupoſé dans ſon *Commentar. Hiſtoric. de Prædeſtinatione & Reprobat.* p. 87. qu'Honoré penſoit comme ceux qui font dépendre la Prédeſtination & la Reprobation, de la ſeule volonté de Dieu. Il refute mais en peu de mots M. Grandin ſur ce point de fait, & croit que ce Docteur n'a pas bien pris la penſée d'Honoré. Cette diverſité vient de la différence des deux Editions du Traité de *Prædeſtinatione,* du même Honoré. Meſſieurs Du Pin, Grandin, &c. ont ſuivi la bonne, qui eſt celle de Conen : & M. d'Argentré a ſuivi la mauvaiſe, qui eſt celle de Caſſander. Remarquez que M. d'Argentré qui a ſuivi de bonne foy l'Edition corrompuë de Caſſander, ne connoiſſant point celle de Conen, a été contraint d'avoüer qu'il y avoit des ſentimens *trop durs* touchant la Reprobation.

CASIMIR V..... *Il étoit courageux, mais il avoit peu de bonheur. Il s'étoit trouvé à 17. ou 18. Batailles qu'il avoit preſque toutes gagnées.* Il me ſemble qu'un

Prince qui gagne tant de batailles, n'est pas fort mal-
hureux.

S. CASSIEN *Martir, tint une Ecole publique à Cornelium*
(cette Ville s'apelloit *Forum Cornelii :*) *aujourd'hui*
Imola, dans la Romagne. Mais il fut pris en 365. par
ordre de Julien l'Apostat. Julien en cette année 365.
étoit déja mort. Aparemment on a voulu mettre 363.
Cette date même ne paroît pas bonne. Prudence parle
du Martyre de S. Cassien sans marquer le tems auquel
il arriva, mais il paroît par le peu qu'il en dit, qu'il
le croyoit anterieur au tems de Julien l'Apostat.

CASSIEN (*Jean*) *Scythe de naißance.....fut ordonné*
Prêtre par le Pape Innocent, & fit amitié avec S. Leon
qui fut depuis Pape. Rome ayant été prise par Alaric.
Cassien alla en Provence en 410. & s'établit à Marseille.
Il y fut mis au nombre des Prêtres par Venerius ; y
fonda deux Monasteres .... Au reste la reputation de
ce grand homme est demeurée fletrie par la mauvaise
Doctrine, qui paroît dans sa treiziéme Conference......
Cassien mourut en 448. à l'âge de 97. ans.

1°. Je voudrois sçavoir sur quoi l'on apuye ce que
l'on assure icy, que Cassien fut ordonné Prêtre par le
Pape Innocent : qu'il fit connoissance à Rome avec St.
Leon, dans ce même tems dans lequel on assure qu'il
fut ordonné, c'est-à-dire, avant 410. & qu'en cette même année il alla en Provence. On ne trouve aucune
preuve ancienne de tous les faits.

2°. Ce qu'on dit de l'année de la mort de Cassien ne
me paroît pas bien fondé. Gennade dit que Cassien écrivit sept livres contre Nestorius , & que, *in his scribendi &*
vivendi finem fecit, Cela veut dire que le dernier ouvrage de Cassien est celui qu'il composa contre Nestorius,
& qu'il mourut peu après l'avoir achevé. Cet ouvrage de
Cassien est écrit en 430. & d'ailleurs on n'a aucun monu-
ment qui prouve qu'il at vécu long-tems après cette année-là. Remarquez que Gennade étoit prêtre de Marseille, & qu'il y écrivoit son traité des Ecrivains Ecclesiastiques, du tems du Pape Gelase, & par conséquent au
plûtard en 496. Ainsi il n'est gueres possible qu'il se soit
trompé de plus de quinze ans , sur la date de la mort de
Cassien.

Caſſien. En effet Gennade auroit aparemment pû voir Caſſien, ſi ce dernier n'étoit mort, comme on le ſupoſe icy aprés le P. Gueſnay, qu'en 448. Il eſt certain au moins qu'en ce cas il auroit pû être inſtruit ſur le tems de cette mort par un grand nombre de gens. Le Cardinal Noris (*Hiſtor. Pelagiana* l. 2. c. 10.) ſupoſe que Caſſien vivoit encore en 432. ou 433. lorſque Saint Proſper fit ſon Ouvrage *Contra Collatorem* : M. de Tillemont le ſupoſe auſſi Tom. xiv. pag 185. La preuve qu'ils en donnent ne me paroît pas concluante. Ce S. dit qu'il prétend refuter celui d'entre les adverſaires de S. Auguſtin qui *eſt ſans contredit le plus habile*. C'eſt une maniére ordinaire de parler, qui ne marque nullement que l'Auteur que l'on refute ſoit vivant. Ainſi, que je diſe par exemple, qu'en faiſant mes Remarques ſur Moreri, je refute en pluſieurs endroits le plus habile continuateur de Moreri, & celui qui eſt le plus verſé dans la Critique, du nombre de ceux qui ont mis la main à cet Ouvrage, perſonne ne s'imaginera que je déſigne M. Du Pin comme un homme encore vivant. Bien plus, il me paroît que Saint Proſper inſinuë que Caſſien étoit mort : car dans l'endroit même que cite le Cardinal Noris, S. Proſper dit : *vir quidam Sacerdotalis qui diſputandi uſu inter eos, quibus-cum egit, excellit,* &c. ce qui veut dire en traduiſant à la rigueur de la lettre : *un certain Prêtre qui excelle en fait de diſpute, parmi ceux avec leſquels il a vécu.*

3°. Les 97. ans que l'on donne à Caſſien, ſont encore moins fondés dans l'antiquité, que la date de ſa mort en 448.

4°. Si je travaillois à la refonte du Dictionaire, j'en retrancherois ces paroles, *au reſte la reputation de ce grand homme eſt demeurée flétrie,* &c. Quand je ſerois convaincu que Caſſien a véritablement été Demi - Pelagien, je ne croirois pas pour cela que l'on pût dire avec raiſon que ſa reputation en eſt demeurée flétrie. Car enfin Caſſien a écrit ſur cette matiere, & eſt mort, avant que l'Egliſe eût rien décidé là-deſſus. Ce fait eſt avoüé par le Cardinal Noris, par M. Du Pin, & par preſque tout ce qu'il y a de gens habiles. Il eſt mort

F

dans le sein de l'Eglise, & il n'a jamais été opiniâtre dans son sentiment. C'est encore un fait constant. Il a été regardé comme un Saint, d'abord après sa mort. *Divers Papes & d'autres personnes considerables lui ont donné le titre de Saint. Il y a aussi diverses Eglises consacrées sous son nom; & même S. Gregoire le Grand, écrit à une Abbesse à Marseille dont le Monastere est, dit-il, consacré en l'honneur de S. Cassien. Diverses Eglises l'honorent aujourd'hui comme un Saint. Le Pape Urbain V. fit enchasser richement sa tête.* &c. Je tire cecy de M de Tillemont tom. 14. p 187 Les Papes dont il parle sont (outre S. Gregoire le Grand) Benoist IX. dans une Bulle de 1040. Paschal II. en 1114. Innocent II. en 1136. Honoré III en 1218. Ces faits sont encore très certains. Enfin il n'a jamais été condamné par l'Eglise.

5°. On m'objectera peut-être que le Pape Gelase a mis les ouvrages de Cassien au rang des *Apocryphes. Sans convenir du fait, je nierai qu'on ait raison d'en conclure, que sa réputation en est flétrie.* Les ouvrages d'Hermas, de Clement d'Alexandrie & de beaucoup d'autres sont qualifiez *apocryphes* dans le Decret attribué au Pape Gelase, sans que pour cela les Reviseurs du Dictionaire pensent que la réputation de ces Saints en soit *flétrie.*

6°. On ajoûtera que S. Prosper & Cassiodore ont parlé désavantageusement de la doctrine de Cassien sur la Grace. J'en conviens: mais suffit-il qu'un saint écrive contre un autre, pour que la réputation du dernier demeure flétrie? S. Prosper en refutant Cassien, n'a pas parlé plus avantageusement d'Hermas, que de Cassien; cependant je ne vois pas que personne en ait conclu, que la réputation d'Hermas en soit demeurée flétrie. D'ailleurs, pendant les quatre siécles qui ont suivi la mort de Cassien, pour deux ou trois Auteurs qui l'ont un peu décrié, on en peut nommer dix fois autant qui l'ont estimé & qui ont loüé & sa personne & ses ouvrages. Le Cardinal Noris convient d'abord dans l'endroit que j'ai cité, que tous les Evêques & les Moines des Gaules, pendant le V. Siécle, ont estimé Cassien & donné de grands éloges à son Ouvrage. L'Editeur de saint Leon convient, & la chose est certaine, que ce grand Pape n'étant qu'Archidiacre de l'Eglise Romaine , étoit intime ami de Caſſien , & qu'il l'obligea d'écrire contre Neſtorius. Caſſien dans cet Ouvrage qu'il dedie au même Leon, y parle de ſes Conférences , ſans qu'il paroiſſe que ſaint Leon y ait jamais trouvé à redire. Saint Fulgence liſoit aſſiduëment les Conférences de Caſſien. Saint Benoît en a fort recommandé la lecture à ſes Religieux. Saint Gregoire & les autres Papes citez cy-deſſus n. 7. en ont parlé honorablement. Saint Jean Climaque , ſaint Iſidore , Alcuin, Raban , &c. ont fait la même choſe. En un mot ce n'eſt gueres, que depuis que les conteſtations ſur la Grace ont commencé entre les Catholiques , & depuis environ 150. ans , que quelques Théologiens ont parlé mal de Caſſien , & l'ont regardé à peu près comme un Hérétique.

CASSIODORE. *La meilleure Edition de ſes Ouvrages eſt celle du P. Garece.* Liſez du P. Garet, *Religieux Benedictin de la Congregation de ſaint Maur.*

CASTELLAN (*Pierre du.*) Liſez ſimplement, *Pierre Caſtellan.* Au reſte il ne s'apelloit ni *Caſtellan* , ni *du Caſtellan* , mais, *du Chaſtel* , & on a raiſon de le placer en ſon lieu ſous ce dernier nom. Voyez cy deſſous l'article de Pierre du *Chatel.*

CATHANESIUS , (*Adam*) Cet article eſt très-imparfait , hors de place , étant entre *Catanée* & *Catanzaro* , & repeté en ſon lieu, p. 155.

CATELAN , *Juriſconſulte , a donné un Recuëil d'Arreſts.* Voilà l'article entier: devine qui le pourra, la patrie, le ſiécle, &c. de cet Ecrivain. J'ai entre les mains ce Recuëil d'Arreſts, en voici le titre. *Arreſts remarquables du Parlement de Toulouſe , &c. Recueillis par Meſſire Jean de Catellan , Seigneur de la Maſquere , Conſeiller au même Parlement. Et donnez au Public par les ſoins de Meſſire François de Catellan , Préſident de la premiere Chambre des Enquêtes ſon Neveu.* L'Edition eſt en 2. Vol. in 4°. à Toulouſe, chez Caranove 1705. Nous aprenons de la Préface que Jean fut reçû Conſeiller en 1644. & mourut en 1700. âgé de 82. ans. Son Pere étoit Conſeiller , & mourut *Doyen du Parlement.*

CATHARIN (*Ambroiſe.*) . . . *Il a ſoûtenu au Con-*

cile de Trente un *sentiment qui a depuis été commun dans les Ecoles sur l'intention du Ministre qui administre les Sacremens ; sçavoir, qu'il n'est pas necessaire qu'il ait une intention interieure de faire une chose sacrée, mais qu'il suffit qu'il veüille administrer le Sacrement de l'Eglise, & qu'il a cette intention, quand il fait exterieurement les ceremonies requises, quoy qu'il puisse avoir interieurement la pensée de faire tout cela par jeu & par moque-rie.* Il ne falloit pas dire simplement que ce sentiment a *depuis été commun* : car cette phrase donne à entendre au lecteur que ce sentiment a été commun dans les Ecoles depuis le tems auquel Catharin le publia, ce qui n'est pas veritable. En examinant le progrès de cette opinion de Catharin, je n'ai pû trouver parmi un très grand nombre de Theologiens, dont j'ai consulté là-dessus les Ouvrages, je n'ai pû, dis-je, trouver que trois Auteurs, qui l'ayent embrassée, pendant l'espace de plus de 100. ans, c'est-à-dire, depuis le milieu du XVI. siécle, où ce sentiment fut publié par Catharin, jusques vers l'an 1650. Ces trois écrivains sont, le Pere Alphonse Salmeron, Jesuite ; Scribonius, Recollet ; & un Clerc Regulier Italien nommé Pasqualigo. Remarquez que je ne dis pas qu'il n'y ait eu que ces trois, mais seulement que quelque recherche que j'ai faite, je n'en ai pû découvrir aucun autre. Depuis 1650. jusqu'à 1690. les partisans de cette opinion ont encore été en petit nombre. Elle est plus commune aujourd'hui, mais elle l'est moins que le sentiment contraire.

CAULET, (*François Estienne de*) *Evêque de Pamiers. Les habitudes qu'il eut, étant encore jeune, avec M. Olier Curé de saint Sulpice, & M. Vincent de Paul, Général de la Mission, lui inspirerent certaines préventions contre l'Abbé de saint Cyran. Mais il changea depuis de sentiment, comme il paroît par un Acte du 20. Octobre 1671. imprimé en 1672. Il fut pendant plusieurs années Directeur du Seminaire de saint Sulpice. Il fut nommé à l'Evêché de Pamiers le 14. Juin 1644. & fut Sacré dans l'Eglise Paroissiale de saint Sulpice le 5. Mars 1645.*

M. de Caulet n'a pû être, *pendant plusieurs années*, Directeur du Seminaire de saint Sulpice. Ce Seminaire ne fut établi que *deux ans après que M. Olier eut pris possession de la Cure de saint Sulpice*, & M. Olier ne prit possession de cette *Cure qu'au mois d'Aoust* 1642. Voyez la Vie de M. Olier, parmi celles qui sont dans le Suplément du premier Tome du P. Giry, au $\frac{2}{3}$ Avril.

Les préventions de M. de Caulet contre l'Abbé de saint Cyran, vinrent d'abord de quelques entretiens qu'il eut avec cet Abbé, vers 1634. Il y fut confirmé dans le même tems par M. Vincent; mais il n'y a nulle preuve que M. Olier eût contribué pour lors en aucune maniere, ni à faire naître ces préjugez dans l'esprit de M. de Caulet, ni à les y entretenir. M. de Caulet déposant en 1638. contre l'Abbé de saint Cyran, ne parle que de M. Vincent, & point du tout de M. Olier : Voici les termes de la déposition de l'Abbé de Caulet, du 19. Juin 1638. *Depose y avoir trois ou quatre ans . . . . qu'il eut diverses conferences avec ledit Sieur de saint Cyran . . . . . Qu'il conçut dès lors une certaine croyance, que la conduite dudit Sieur de saint Cyran étoit perilleuse*, &c. *ce qui lui auroit fait prendre resolution de ne le plus frequenter. Outre que le Pere Vincent, Superieur des Prêtres de la Mission, auquel ledit deposant auroit déclaré une partie des maximes, qu'il avoit entendu tenir audit Sieur de saint Cyran, lui auroit conseillé de ne le plus voir; auquel conseil il auroit deferé, & n'a plus vû depuis ledit Sieur de saint Cyran.* Voyez les *Reliques de l'Abbé de saint Cyran*, p. 429. de l'Edit. de 1646. On a donc eu tort d'attribuer les premieres préventions de M. De Caulet sur le compte de l'Abbé de saint Cyran, à M. Olier. J'aurois été fort curieux de voir comment est énoncée la retractation ou le changement de sentiment de M. de Caulet, sur le fait de l'Abbé de saint Cyran, mais je n'ai pû la trouver. Je remarquerai seulement qu'elle a été bien tardive, & que je doute si l'impression que l'on dit en avoir été faite en 1679. est venuë à la connoissance de M. de Caulet.

CAUTIN *Evêque de Clermont dans le* VII. *siécle.* Lisez VI.

CAUVIGNI *Sieur de Colombi, de l'Academie Françoise, mourut en* 1646. Au mot, *Academie*, on dit qu'il mourut en 1658. Au même endroit j'ai repris ces deux dates, mais je n'ai pas marqué en quel tems eet Academicien mourut. J'ai apris depuis de M de la Monnoye, que ce fut en 1648. & que Tristan fut reçû à sa place, la même année.

CECILIEN *Evêque de Cartage. Il étoit mort avant l'année 341. en laquelle Gratus son successeur assista au Concile de Sardique.* Lisez, *avant l'année 347.* C'est en cette année que fut tenu le Concile de Sardique.

Dans le même article on nomme *Rheticcus Evêque d'Autun.* Lisez, *Rheticius.*

CELESTIN I. Pape. On date sa troisiéme Lettre de 439. Il étoit mort dès 432 On a aparemment voulu mettre 429. qui est la vraye date.

Ce Pape avoit eu en 429. un different avec les Evêques d'Afrique au sujet des Apellations au saint Siege, interjettées par les Evêques & les Clercs d'Afrique. Lis. en 426. &, *interjettées par quelques Evêques & quelques Clercs.*

On met ici la mort de saint Celestin *au mois d'Avril,* 432. & on ne lui donne que huit ans & demi de Pontificat, en le commençant au mois de Novembre 423. Il paroît cependant certain qu'il lui faut donner une année davantage, & le commencer à l'an 422. qui est celui de la mort du Pape Boniface son Prédecesseur, arrivée le 4. Septembre.

CELESTINS, *Ordre Religieux. Philippe le Bel donna ordre à Pierre de Sorre, Chantre de l'Eglise d'Orleans, ou selon quelques uns, de celle d'Amiens, son Ambassadeur à Naples, de demander en son nom au General de l'Ordre douze Religieux Celestins, pour les amener dans ce Royaume. Après leur arrivée en 1300. Le Roy leur donna deux Monasteres, l'un dans la Forêt d'Orleans, au lieu apellé Ambert; & l'autre dans la Forêt de Compiegne, au Mont de Châtres.* Ceci a besoin d'être retouché. 1°. Il est certain que *de Sorre* étoit Chantre d'Orleans. 2°. Les douze Celestins venus d'Italie, habiterent d'abord tous ensemble au lieu nommé Chanteau dans la Forêt d'Orleans, a une lieuë & un peu plus d'Orleans, & sur le chemin qui conduit au lieu nommé

Ambert, qui eſt éloigné de deux lieuës de la Paroiſſe de Chanteau, & de trois d'Orleans, au nord. 3°. Après avoir demeuré pendant quatre ans à Chanteau, ils ſe tranſporterent à Ambert en 1304. 4°. En 1308. le Roy Philippe leur donna le Prieuré de ſaint Pierre au Mont de Châtres [*Montis Caſtrorum*,] & y fit venir ſix Celeſtins qu'il tira d'Ambert. Voyez les, *Gallica Celeſtinorum Congregationis Monaſteriorum Fundationes*, &c. imprimées à Paris, in 4°. chez de Laulne, en 1719. c. 1. & 2.

Du Breüil dit que ce fut Pierre Martel, Bourgeois de Paris, qui fonda les Celeſtins [à Paris] *en 1318. & que Robert de Juſſi en fut le principal bienfaiteur.* On venoit de dire que Juſſi en étoit le Fondateur, & on ajoûte, *quoy qu'il en ſoit*, &c. Voici comme le P. Becquet, Celeſtin, Auteur de l'Ouvrage que je viens de citer, raporte la choſe, c. 4. *Garnier Marcel*, Echevin de Paris, donna en 1352. par le conſeil de Robert de Juſſi, un petit fond de terre, [qui avoit auparavant apartenu aux Carmes] avec une petite ſomme d'argent, pour y bâtir un Monaſtere. Six Religieux Celeſtins tirez du Couvent du Mont de Châtres, s'y rendirent. Enſuite, (Le P. Becquet n'en marque point le tems précis:) Robert de Juſſi, qui avoit été Novice au Mont de Châtres, & qui étoit pour lors Secretaire du Roy Jean, propoſa aux Secretaires du Roy d'établir la Confrerie de leur Compagnie, chez les Celeſtins, & de leur donner par mois *une Bourſe*. Charles, qui fut depuis Roy, & V. du nom, & qui étoit pour lors Regent du Royaume, pendant le ſéjour de ſon Pere en Angleterre, confirma cette aumône en 1358. *La Bourſe étoit de quatre Sols Pariſis*, ſuivant le Dictionaire.

CELESTIUS. *Pelage ſon Maître ayant été deferé par Eros Evêque d'Aix, & par Lazare d'Arles, au Concile de Dioſpole en 415.* &c. Liſ. *par Eros Evêque d'Arles, & par Lazare d'Aix*, &c.

Le Pape Innocent étant mort, Celeſtius chaſſé d'Aſie par Atticus Evêque de Conſtantinople vint à Rome, & ſe preſenta à Zozime l'an 417. Cette date eſt bonne & on ne devoit pas mettre le Lecteur dans l'incertitude, en difant environ 30. lignes après : quelques *uns difent que te fut alors (en 419.) que Celeftius alla à Conftantinople, d'où il fut chaffé par Atticus*, l'an 421. ou 422.

On trouve que Celeftius revint à Rome vers l'an 414. d'où il fut chaffé par ordre de l'Empereur Conftance. Conftance ou Conftantius étoit mort dès le mois de Septembre de l'an 421. n'ayant été Empereur que fix mois & vingt-cinq jours. Voyez le Card. Noris, *Hiftoria Pelagiana*, L. 1. c. 20. Ce Cardinal prouve fort bien que le Refcrit de Conftance contre Celeftius eft de 421. Le Dictionaire même convient de cette date de la mort de *Conftantius*, au mot *Conftance*, p. 503. col. 2.

CELLARIUS (*Chriftophle*) *mourut âgé de* 86. *ans.* Lifez de 68.

CELLE *fur les confins de la Salogne.* Lifez *Sologne.*

CELSUS, *Philofophe de la Secte d'Epicure vivoit dans le II. fiécle, fous l'Empire d'Adrien. C'eft à lui que Lucien dedia fon Ouvrage intitulé Pfeudomantis. Il écrivit un Ouvrage contre les Chrétiens, auquel Origene répondit.* Faire Celfe contemporain d'Adrien & de Lucien, c'eft joindre deux dates un peu éloignées l'une de l'autre. Adrien étoit mort dès 138. & Lucien ne compofa fon *Pfeudomantis* ou *Faux-Prophete* qu'après la mort de Marc Aurele, & au plûtôt en 180.

CENSEUR, *nom emprunté des anciens Cenfeurs Romains, qui fe donne aujourd'hui à ceux qui ont infpection fur les Livres que l'on publie..... Le droit d'examiner les Livres concernant la Religion & la Police Ecclefiaftique, a toûjours été attaché à l'autorité Epifcopale, parce que les Evêques font les Juges naturels de la Doctrine de l'Eglife. Mais depuis l'établiffement de la Faculté de Theologie, il femble que les Evêques aïant [Lifez aïent] bien voulu fe décharger de ce foin fur les Docteurs, fans néanmoins rien diminuer de leur autorité en ce point. Depuis ce tems-là les Docteurs de la Faculté de Theologie de Paris ont confideré le droit d'examiner les Livres qui fe publient, comme une des principales prérogatives de leur Corps. Les Papes ont donné ce pouvoir à la Faculté par leurs Bulles, les Rois de France par leur Ordonnances.*

la

le Parlement par ses Arrests ; & elle s'y est maintenuë par une possession immemoriale.

On parle ici du droit de la Faculté de Paris, qui consiste à examiner les Livres qui se publient, c'est à-dire, comme il est évident par les preuves que l'on en donne, de les examiner avant qu'ils soient publiez, afin que sur le témoignage ou aprobation des Docteurs, il soit permis de les mettre au jour. Ce droit est certainement fort nouveau & posterieur à l'invention du bel Art de l'Imprimerie. Aussi la premiere preuve que l'on en donne ici est une Ordonnance de François I. de 1520. Par conséquent on s'explique mal, en disant que *depuis ce tems-là*, c'est à-dire, *depuis l'établissement de la Faculté de Theologie* de Paris, *les Docteurs ont regardé le droit d'examiner les Livres qui se publient, comme une des principales prérogatives de leur Corps.* La *possession immemoriale* de ce droit, est encore une expression peu congruë : s'agissant d'un droit dont on conhoît le premier titre, & qui n'a que 200. ans d'antiquité. Remarquez qu'on parle ensuite du droit qu'ont les Facultez de donner des Censures ou Avis Doctrinaux sur les Livres, droit different de celui sur lequel je trouve que le Dictionaire s'exprime trop peu correctement.

En 1648. M. le Chancelier nomma des Lecteurs ordinaires. Lisez *des Censeurs.*

CENSURES ECCLESIASTIQUES. Cet article est très-mal digéré, & d'ailleurs ne contenant rien d'historique, ne doit point entrer dans un Dictionaire Historique. Il apartient aux Dictionaires Canoniques, ou Theologiques.

CENTURIES DE MAGDEBOURG. *C'est un Corps d'Histoire Ecclesiastique, que quatre Ministres de Magdebourg commencerent en l'année 1560.* Cela n'est pas correct : car les deux premiers Volumes de cet Ouvrage, qui sont deux *in folio*, étoient sous la Presse dès l'an 1559. & le second fut achevé d'imprimer à la fin de Mars 1560. Ainsi l'Ouvrage étoit commencé plusieurs années auparavant. Vous en verrez cy-après des preuves.

Bayle, dans l'article *Illyricus*, Note H, dit : *M. de*

Sponde a fait une groſſe faute en parlant des Centuries de Magdebourg. Il dit qu'on commença à les donner en 1560. & que le quatriéme Tome fut le premier qui parut. Cela eſt très-faux. Les trois premieres Centuries furent imprimées avant la quatriéme. Le Catalogue de Francfort de 1604. marque l'an 1559. pour les trois premieres Centuries, & l'an 1560. pour la quatriéme..... Il y a beaucoup d'aparence que M. de Sponde n'avoit pas la premiere Edition des trois premieres Centuries, mais cela ne l'excuſe point. Pour prouver qu'en cela M. de Sponde n'a point été excuſable, il aporte un grand extrait de la Préface des Centuriateurs, de laquelle il prétend que M. de Sponde a dû conclure que la vraye date de ce premier Vol. eſt 1559. Bayle ajoûte enſuite : *J'avois compoſé tout ceci avant que d'avoir trouvé un exemplaire des premieres éditions des Centuries Enfin j'en ai un mais je n'y ai pû trouver la date de l'impreſſion. Je m'imagine que cet exemplaire ayant été relié deux fois, le dernier feuillet avoit été déchiré avant la derniere relieure, & ce fut aparemment au dernier feuillet qu'Oporin plaça la date 1559. Quoy qu'il en ſoit, cet exemplaire des trois premieres Centuries eſt en lettres Italiques, & ne contient aucune addition ni correction.* Bayle en conclut que l'édition vûë par Sagittarius, de 1562. & qu'il croit être la même que cite M. de Sponde, *n'étoit donc pas la premiere, puis qu'elle contenoit des additions & des corrections.* Bayle ſe trompe ici en pluſieurs choſes.

J'ai devant les yeux l'Edition d'Oporin, qui eſt indubitablement la premiere. La date qui eſt au frontiſpice du Livre eſt 1560. A la derniere page de l'*Index*, folio verſo, on lit ces mots : *Baſilea, opera & expenſis partim Joannis Oporini, partim Nicolai Brilingeri. Anno ſalutis M. D. LX. menſe Februario.* Il eſt donc clair que M. de Sponde ne s'eſt point trompé, & que toutes les conjectures ſur leſquelles Bayle ſe fonde pour prouver la date de 1559. ſont ſans fondement. Aparemment le Catalogue de Francfort a eu égard au tems de l'impreſſion qui a été faite pour la plus grande partie en 1559. ayant été achevée au mois de Fevrier 1560.

Bayle s'eſt encore trompé quand il a décidé qu'il

n'y avoit point *d'additions ni de corrections dans la premiere Edition.* Elles font dans la mienne, & commen-
cent à la colomne 321. de la troisiéme Centurie, & fi-
niffent à la 374. l'*Index* commence au revers de la même
fuille, & la date de 1560. eft a la fin. Je remarque
ceci, parce que c'eft une preuve que cette addition a
été faite à la premiere Edition, & qu'elle n'eft point
ajoûtée après coup, & feulement dans quelque Edition
pofterieure, comme Bayle fe l'eft imaginé. Bayle s'eft
encore trompé quand il a dit au même endroit, *notez que
la troifiéme Centurie fut augmentée quand on la réim-
prima à Bâle, l'an 1562. fi je ne me trompe.* Ces additions regardent les trois premieres Centuries, & non
pas feulement la troifiéme, comme Bayle le fupofe. Je
crains au refte que cette réimpreffion dont parle Bayle
de la troifiéme Centurie en 1562. ne foit imaginaire.
La quatriéme Centurie qui eft feule auffi longue que les
trois premieres, & qui fait le fecond Volume, a été
imprimée en même tems que les trois premieres, mais
elle a été achevée environ un mois plus tard, & comme
il eft marqué au revers de la derniere feüille de l'*Index*:
Anno M. D. LX. *menfe Martio.* Ce fecond Volume eft
en Caractères Romains, au lieu que le premier eft en
Caractères Italiques. Aparemment Oporin qui n'avoit pas
affez de Caractères d'une même forte pour employer
tout à la fois à l'impreffion des deux Volumes, les varia
pour cela & en imprima un en Romain & l'autre en
Italique. Voici une preuve qui démontre que le fecond
Volume a été compofé avant le premier, quoy que l'impreffion en ait été achevée un mois plus tard.

Dans la premiere Centurie, L. 1. c. 10. col. 352. de
cette Edition de 1560. on lit ces paroles remarquables:
Jamque hoc anno 1558. quo ifta fcribimus, &c. Elles prouvent clairement que les Centuriateurs avoient commencé
leur Ouvrage par le quatriéme fiécle, qui eft auffi le
plus travaillé, & non pas par les trois premiers. Car
il eft évident qu'il ne leur eût pas été poffible de faire
les trois premieres Centuries en 1558. & enfuite la quatriéme dans le refte de la même année. Remarquez que
cette date de 1558. eft prefque au commencement du

premier Volume, qui contient, outre les Préfaces & les Tables qui sont fort amples, près de 1700. colonnes d'impression. Observez encore que les Centuriateurs n'avoient qu'un seul scribe, qui transcrivoit l'Ouvrage & le mettoit au net, comme ils le disent eux-mêmes à la derniere page de la Préface. Ils nous assûrent qu'ils étoient sept habiles gens qui travailloient à faire les Recueils & à extraire les endroits des Peres, des Conciles, &c. Que deux autres plus sçavans digeroient ces materiaux : Que ceux-cy faisoient ensuite revoir leur travail par quelques autres personnes qui avoient comme la sur-intendance de l'Ouvrage : après quoy on mettoit la derniere main à chaque Chapitre, qui étoit encore revû : Qu'enfin outre tous ces gens employez differemment à cette œuvre, il y en avoit un qui transcrivoit & mettoit au net ce qui étoit entierement terminé. *Septem eruditi collationi vacant, excerpentes quæ ad historiæ partes facere videntur. Duo alii reliquis ætate, doctrina, judicio præstantes, oblatam materiarum sylvam digerunt. Res gestas quibusdam è collegio gubernatoribus exhibent. Ubi vero res atque collocatio singulorum membrorum aprobata fuerit, tum demum compositioni student. Compositum quodlibet caput, rursum mox quibusdam inspectoribus exhibetur : qui denuo limam adhibent. Præter hos unus est, qui tantum commoda manu, quæ hoc pacto sunt composita, mundius describit.* On voit par là que l'Ouvrage ne pouvoit aller que fort lentement. Par conséquent il n'est pas croyable que pendant une partie seulement de l'an 1558. & très-peu de mois de l'année 1559, dans laquelle l'impression de ces deux Volumes fut presque achevée, les Centuriateurs eussent pû composer presque tout le premier Volume, & ensuite le second tout entier. Je ne croy pas même qu'un seul Scribe ait pû pendant si peu de tems, transcrire & mettre au net le second Volume. Tout cela fait voir que la faute que M. de Sponde a faite en disant que les Centuriateurs commencerent à publier leur Ouvrage par la quatriéme Centurie, *hoc an.* 1560. *Centurias edere cœperunt, à quarta exordientes,* n'est pas fort considerable.

CERDON, *Heresiarque, vint à Rome sous le Pontificat*

d'Hygin, vers l'année 199. Cette date eſt fautive, Hygin étant certainement mort avant l'an 150. Aparemment on avoit mis 139. qui eſt la premiere année du Pontificat de ſaint Hygin, ſuivant la ſuite Chronologique des Papes, au 5. Vol. du Dictionaire, p. 128.

CEREALIS, *Oncle de l'Empereur Gratien, fit proclamer Auguſte, Valentinien cadet du même Prince, âgé alors de neuf à dix ans, ſelon Socrate, & non pas de quatorze, comme dit Ammien Marcellin. Gratien, qui étoit extrêmement bon, ne s'opoſa point à cette élection, qui ſe fit l'an* 137. Socrate L. 4. *Hiſt.* c. 26. Ammien Marcellin, L. 30. &c. Voilà tout l'article où il y a pluſieurs fautes.

1°. Tout Lecteur ſupoſera en le liſant, que Cerealis fut le premier & principal Promoteur de l'élection de Valentinien. Cependant Ammien Marcellin duquel on tire cecy ne le dit point, mais ſeulement, que Valentinien fut élû d'un commun conſentement, & que Cerealis ſon Oncle l'envoya auſſi-tôt chercher & le conduiſit au Camp, où il fut proclamé Auguſte.

2°. La date de 137. eſt une faute d'impreſſion. Dans l'Edition de 1712. on lit 375. auſſi bien que dans la premiere Edition de Moreri, & c'eſt la veritable époque de cet évenement.

3°. Ammien ne dit point que Valentinien fût pour lors âgé de *quatorze ans,* comme on le dit icy & dans l'Edition de 1712. mais de *quatre ans,* comme il eſt bien marqué dans la premiere Edition de Moreri.

4°. Il eſt vrai que Socrate a ſupoſé que Valentinien avoit pour lors neuf à dix ans : mais M. de Valois dans ſes Notes ſur cet Hiſtorien L. 4. c. 10. a démontré qu'il s'eſt trompé en croïant que Valentinien étoit né en 366. & qu'il a confondu ce Prince avec un autre Valentinien, fils de Valens. Le P. Pagi remarque la même faute de Socrate, ſur l'an 366. n. 6.

5°. Le Dictionaire contredit ce qu'il nous dit icy, dans l'article, *Valentinien* II. où il ſupoſe que ce Prince ne fut fait Empereur qu'en 383. étant pour lors âgé de neuf à dix ans. Ces ſont deux fauſſes dates, que je remarquerai, quand je retoucherai cet article en ſon lieu.

CERINTHE (*Heresiarque*,) *Disciple de Simon le Magicien & de Carpocrates, vivoit dans le premier Siecle*.... *Les Anciens ne mettent son Heresie qu'après celle de Carpocrates, qui ne commença qu'en 120. Cependant il est certain que Cerinthe a commencé à dogmatiser du vivant de S. Jean l'Evangeliste.* Si les Anciens ne mettent l'Heresie de Cerinthe, qu'après celle de Carpocrates, & que celle de Carpocrates n'ait commencé qu'en 120. il est clair que Cerinthe n'a pû, ni être Disciple de Simon le Magicien, ni dogmatiser du vivant de S. Jean. dans l'article *Carpocras*, on dit que *Carpocras* ou *Carpocrates* étoit natif d'Alexandrie dans le II. siecle. On y dit qu'il eut pour Disciples, *Cerinthe*, les *Gnostiques*, & les *Adamistes*.

Au mot, *Heretiques*, on supose des dates toutes contraires à celles-cy. On met dans le premier siecle *Cerinthe & Ebion*, dabord après Simon le Magicien, & avant les *Nicolaites*, & même avant *Hymenée & Philet*, contemporains des Apôtres. On ne met les *Carpocratiques* que dans le siecle suivant. Par là on détruit ce qu'on dit dans les articles de *Cerinthe* & de *Carpocras*, dans lesquels on supose que Cerinthe fut Disciple de Carpocrates. Je conviens que l'Histoire de ces anciens Heretiques n'est pas sans difficulté ; mais au moins falloit-il sur ce point se former un systême, & le suivre toûjours uniformement.

Je pense donc que l'Auteur sur lequel on doit particulierement s'apuier sur ce sujet, est S. Irenée, qui étoit le plus voisin du tems auquel ces Hérétiques ont vécu, & qui d'ailleurs paroît avoir été mieux instruit que personne de ce qui les concerne. Ce S. Homme supose comme un fait certain, que Cerinthe a dogmatisé long-temps après les Nicolaites, mais pourtant du vivant de S. Jean l'Evangeliste. *Iren.* l. 3. c. 11. mais il n'insinue nulle part qu'il eût été Disciple de Carpocrates. Le même S. parle de Carpocrates l. 1. c. 24. mais il ne marque point en quel tems il a vécu. Il en parle à la verité avant de parler de Cerinthe, mais il est clair qu'il n'observe pas un ordre Chronologique, puisqu'il ne parle des Nicolaites, qu'après avoir parlé de Cefinthe & des Ebionites. *Ibid* c. 25. Eufebe dit dans fon Hiftoire, l. 4. c. 7. que S. Irenée affure que Carpocrates a vécu du tems de Bafilides ; cela ne fe trouve point dans ce qui nous refte de S. Irenée. Peut-être le dit-il en quelque lieu de fes Ouvrages qui ne font point venus jufqu'à nous. On peut ce me femble s'en tenir à cette date, faute d'avoir rien de plus affuré. Ainfi Carpocrates fera plus recent que Cerinthe, & aura publié fes erreurs au commencement du II. fiécle, vers l'an 115.

CERIOLAN, (*Frederic Furio.*) On fe contente de dire qu'il *difputa à Louvain contre Bononia fur les verfions de la Bible en langue vulgaire, & qu'il donna au public cette difpute qui fut jugée digne de cenfure.* Un Lecteur tant foit peu curieux fera faché de ce qu'on ne lui dit point quels étoient les fentimens de ces deux contendans. Il falloit marquer que Furio écrivit en faveur des Verfions en langue vulgaire, & que Bononia au contraire, foutenoit qu'on ne devoit point en permettre la lecture indifferemment à toutes fortes de perfonnes. C'étoit le fentiment pour lors prefque unanimement reçû dans les Ecoles Catholiques.

On marque icy que Ceriolan *mourut âgé d'environ* 60. *ans.* Il n'en coutoit rien, puifqu'on copiot M. de Thou, de nous aprendre que Ceriolan mourut en 1592. Son Ouvrage en faveur des Verfions en langue vulgaire, fut ~~imprimé~~ *compofé* à Louvain en 1555. Je crois qu'on en peut conclure qu'il paffoit 60. ans, lorfqu'il mourut 37. *ans.* aprés, en 1592.

CERISANTE (*Marc Duncan*) .... *Le Chancelier de Suede le deputa en France, en qualité d'Envoyé .... Ses rodomontades le firent hair.* Il fut revoqué & il alla en Pologne. *De Pologne il paffa à Conftantinople, dans l'efperance, dit-on, de devenir Bacha en changeant de Religion : bien refolu de traiter de fa Religion avec le Grand Seigneur pour cet effet. Mais n'ayant point trouvé de faveur à la Porte, il vint chercher fortune à Rome, où il n'efperoit rien moins que le Cardinalat, dont il n'avoit deffein de fe fervir que comme d'un moyen fur & abregé pour arriver à la Papauté, où il vouloit bien terminer son ambition .... Il mourut en 1648. Il fit son Testament,* dans lequel il laissa à ses Freres, ses terres, ses meubles & son argent comptant, quoiqu'il n'eût pas un pouce de terre, ni un sou vaillant. Le Duc de Guise dit dans ses Memoires, qu'il eut l'effronterie de le faire son Executeur Testamentaire, & qu'il fit pour vingt-cinq mille écus de Legs pieux, quoiqu'il n'eût pas un denier. .... Bayle, dans son Dictionaire, tache de justifier Cerisante, de ce que les Ecrits publics disent de lui. Je pense que Bayle a raison. 1°. Outre que l'intention qui porta, à ce qu'on prétend, Cerisantes à aller à Constantinople pour y *devenir Bacha*, ou, comme il est dit dans le *Menagiana*, tom. 4. p. 293. dans l'esperance qu'en *moins de deux ans il seroit Grand Vizir*, outre dis-je que cette vûë est absurde, observez qu'on ne la fonde que sur un fait faux. Menage & les Reviseurs de Moreri suposent que Cerisantes n'alla à Constantinople qu'aprés avoir cessé d'être *resident en France* pour la Cour de Suéde. *Il ne feignoit point*, dit Menage, *de dire à ses amis, qu'en moins de deux ans il seroit Grand Vizir, & trouveroit moyen de se venger des Suedois.* Or il fut envoyé à Constantinople en 1641. par le Card. de Richelieu, & il n'eut la qualité d'*Envoyé* ou de *resident en France* pour la Cour de Suéde qu'en 1644. & il ne cessa d'avoir cette qualité qu'au commencement de 1646. & dans le tems qu'il étoit à Stokolm au mois d'Avril de cette année. 2°. Pour ce qui est de son Testament, le fait avancé par Menage & puis par les Reviseurs de Moreri aprés les *Memoires du Duc de Guise*, est combattu par une preuve très forte : la voici : dans une *copie du Testament même, délivré par le Notaire qui l'a passé*, il paroit que le *Signor Carlo Carola* est nommé *Executeur de ce Testament, & que les Legs, Donations & Fondations montent seulement à la somme de 550. ducats*, qui ne font pas mille écus de nôtre monnoye. A moins que l'on n'aie des preuves certaines pour attaquer la date de 1641. par raport au Voyage de Cerisantes à Constantinople, & la copie de son Testament que je viens d'indiquer, on doit retrancher dans la future Edition du Dictionaire, les deux faits en question. Il faudra par conséquent effacer

aussi

aufli ce que l'on dit qu'il alla à Rome dans l'efpoir d'y devenir Pape. Ce fait n'eft pas mieux fondé que les précedens.

On ne devoit pas ce me femble omettre que Cerifantes étoit né Proteftant, & qu'il avoit paffé du Calvinifme, fur la fin de fes jours, à la Religion Catholique. Voyez Bayle fur cet article du Sieur de Cerifantes.

CERIZY (*Germain Habert de* ,) *Parifien, de l'Académie Françoife. On a de lui : . . . une piece de Poëfie, qui a pour titre, le Temple de la Mort. Quelqu'un a dit que le Temple de la Mort a plû fi fort à la Mort même, qu'elle s'eft hâtée d'enlever l'Auteur, quoiqu'il ne fût qu'à la fleur de fon âge. Cerizy eft mort en 1656.* J'ay bien des chofes à reprendre dans cet article.

1°. Cet Auteur eft remis une feconde fois au mot, *Habert.*

2°. Il ne s'apelloit point *de Cerify*, comme on le fupofe icy. Il s'apelloit *Germain Habert*, & étoit Abbé de Cerify. Cette Abbaye eft en Normandie, dans le Diocéfe de Bayeux.

3°. *Le Temple de la Mort* n'eft point de Germain Habert, Abbé de Cerify, mais de fon Frere Philippe Habert, comme le Dictionaire en convient au mot, *Habert* (*Philippe*).

4°. On devoit s'apercevoir que Germain étant mort en 1656. & ayant été Academicien dès 1629. comme on le dit au mot , *Academie* , c'eft-à-dire, ayant été du nombre des neuf premiers qui formerent l'Academie , on ne pouvoit dire fenfément qu'il fût *mort à la fleur de fon âge.* Car enfin ces deux dates démontrent qu'il eft mort âgé de plus de cinquante ans. L'Auteur que le Dictionaire copioit parloit aparemment de Philippe Habert , lequel mourut en 1637.

S. CESAIRE *Archevêque d'Arles. On met fa mort au 27. d'Aouft 544. Nous avons de lui 46. Homelies . . . . . Saint Cyprien Evêque de Toulon fon Difciple écrivit fa vie, qu'on voit à la tête de fes Ouvrages , avec le Prêtre Muffianus & le Prêtre Eftienne. Il y a plufieurs de fes Homelies qui fe trouvent dans les Recüeils de M. Baluze , & dans les Sermons de faint Auguftin. Il y en peut avoir* quelques uns qui ne sont pas de luy, & il y en a ausquels on a certainement ajoûté des endroits . . . . . Il copioit souvent les Sermons des autres, & principalement ceux de saint Augustin. . . . . . Sa Vie ne nous paroît pas pure & telle qu'elle a été faite par ces Auteurs. Débroüillons ceçy.

1°. Je remarque d'abord qu'on varie sur l'année de la mort de saint Cesaire, que l'on place à l'an 543. dans l'article *Etienne*, p. 990. col. 1. la premiere date vaut mieux que la seconde.

2°. Nous avons à la verité quarante-six Homelies de saint Cesaire dans les Bibliotheques des Peres, mais ce n'est pas là le Recüeil le plus considerable qui nous en reste. Il y en a cent deux dans l'*Appendix* du 5. Tome des Oeuvres de saint Augustin, de l'Edition des Benedictins. De ces cent deux, il y en a 23. parmi les quarante-six imprimées dans les Bibliotheques des Peres. V.

3°. Le Cyprien qui a écrit la Vie de saint Cesaire, n'est point saint Cyprien Evêque de Toulon. On dira que l'on ne croit pas que cette Vie de saint Cesaire, telle que nous l'avons, soit pure : on l'a donc luë. Comment donc n'y a-t'on pas aperçû les deux Cypriens bien distinguez, & que celui qui est Auteur de la Vie parle de celui de Toulon comme d'un autre homme. *Je suis témoin*, dit il, *moy Cyprien qui ne suis qu'un pecheur, que Cesaire ne faisoit rien que pour la gloire de Dieu*. Il dit ensuite, *Cesaire ne pouvant se trouuer au Concile de Valence ; parce qu'il étoit incommodé, y envoya des Evêques d'une grande réputation. Le plus remarquable de tous fut le grand Cyprien Evêque de Toulon*. Cela prouve clairement que saint Cyprien Evêque de Toulon, n'est point le Cyprien qui a donné la Vie de saint Cesaire. Voyez la Vie de saint Cesaire dans la *Chronologia Lirinensis*, de Barralis, p. 246. & 247.

4°. On dit-icy que la Vie de saint Cesaire est *à la tête de ses Ouvrages*. Cela supose qu'on a recüeilli en un corps les Ouvrages de saint Cesaire, & qu'on a mis sa Vie à la tête. J'avoüe que je n'ay aucune connoissance de ce fait, que je croirai toûjours faux, jusqu'à ce qu'on m'indique où ; en quel tems, & en qu'elle forme a été faite cette prétendüe Edition de saint Cesaire.

5°. On fait deux autres fautes en nommant *le Prêtre Muffianus & le Prêtre Eftienne* Le premier s'apelloit Meffianus, & le fecond n'étoit point Prêtre, mais feulement Diacre, comme on le dit au mot, *Etienne.*

6°. *Il y a plufieurs de fes Homelies dans les Recueils de M. Baluze.* Les Recueils de M. Baluze font les fept Volumes qu'il a donnez fous le titre de Meflanges ; *Mifcellanea.* Dans ces Meflanges il n'y a pas une feule Homelie de faint Cefaire. Mais M. Baluze a donné en 1669. 14. Homelies de faint Cefaire, (qui font un affez mince in Octavo) qu'il croyoit n'avoir point été jufques là imprimées, *qua nondum proüierunt.* Elles l'avoient toutes été, (excepté la dixiéme,) parmi les Sermons de faint Auguftin, auquel elles étoient fauffement attribuées.

7°. *Il copioit fouvent les Sermons des autres, & principalement ceux de faint Auguftin.* Il n'eft point d'Auteur que faint Cefaire copie plus fouvent fur les matieres qui concernent la Liberté, la Grace, la Prédeftination, &c. que Faufte Evêque de Riez. C'eft un fait affez remarquable, mais auquel peu de gens ont fait attention. Ceux qui voudront avoir la fatisfaction de s'affûrer par eux-mêmes de ce fait, n'ont qu'à lire la 13. Homelie de faint Cefaire, dans l'*Appendix* du 5. Vol. de faint Auguftin, de l'Edition des Benedictins, & l'Ouvrage de Faufte, *de gratia & libera Arbitrio,* Liv. 1. chap. 18. & Liv. 2. chap. 1.

CESAIRE, *Religieux d'Hefterbach.* On y apelle deux fois *Coppiftenin,* celui qui a publié les Sermons de Cefaire. Il s'apelloit André *Coppenftein.*

CESARINI, (*Alexandre*) . . . . . *Après l'élection d'Adrien IV.* Lifez, Adrien VI.

CHABANNES, *Maifon très noble,* &c. Au nombre 2, on nomme N. de Chabannes Abbeffe de *Bonnaigre.* Lifez, Bonne-Aigue. On ne dit rien dans cet article, du Marquis de Curton, aujourd'hui chef de cette illuftre Maifon.

CHABLI, *Bourg ou petite Ville dans le Senonois* . . . . eft connu par la Bataille qui s'y donna l'an 481. entre les enfans de Loüis le Debonnaire. Lif. l'an 841.

CHABOT (Pierre Gautier) . . . . Il y a deux Edi-

*tions de ses Commentaires sur Horace. La première qu'il
fit imprimer lui-même à Bâle en 1487. & à Paris en 1582*
in 8°. ce n'est proprement qu'une petite Analyse de ce
Poëte. Le nom de cet Auteur étoit, *Gauthier* , quoiqu'il
soit plus connu sous le nom de *Chabot* , qui étoit celui
de sa Mere. La date de 1487. est fautive. D'ailleurs on
ne fait icy qu'un même ouvrage de deux fort differens.
Chabot en 1582. fit imprimer une petite Analyse d'Horace, comme une espece d'échantillon du grand Commentaire qu'il avoit dessein de donner au public. En 1587.
il fit imprimer ce Commentaire à Bâle, ensuite il continua de travailler à ce même Ouvrage , en ramassant
tout ce qu'il trouvoit dans differens livres qui pouvoit
servir à l'augmenter & à le perfectionner. Etant mort
vers 1597. *Grasserus* [que le Dictionaire nomme mal,
Grasset :] arrangea de son mieux les Notes de Chabot
& donna en 1615. la seconde édition du Commentaire
du même Chabot. Voyez Bayle.

CHALON *sur Saône. Donation en étoit Evêque dans*
le IV. siecle, & il se trouva au Concile de Catalogne de
l'an 346. Lisez, *au Concile de Cologne* : & *Donatien* ,
au lieu de *Donation*. Remarquez qu'on supose icy qu'il
y eût effectivement un Concile à Cologne , en 346. Voyez
cy-dessous au mot , *Cologne*.

CHALONS *sur Marne*. On y supose encore que ce
fut, non dans les plaines de Châlons, mais dans celle
de Sologne qu'Attila fut défait par Aëtius en 451. J'ai
remarqué aux deux articles, *Attila* , que le Dictionaire
étoit en contradiction sur ce fait: icy j'ajoûterai que le
parti le moins vrai-semblable est celui vers lequel les
derniers Reviseurs panchent le plus. Voicy ma preuve.
Jornandez qui vivoit dans le VI. siécle dit positivement:
Convenitur itaque in Campos Catalaunicos, qui & Mauritii
(ou plûtôt *Mauriaci* ,) *nominantur , centum leugas, ut*
Galli vocant , in longum tenentes , & septuaginta in la-
tum. Leuga autem Gallica mille & quingentorum passuum
quantitate metitur. Cela veut dire, que les Armées d'Aëtius & d'Attila se joignirent dans les Campagnes Cha-
lonoises, qui ont 150. mille pas en longueur & 105. mille
en largeur. Il est évident que cela désigne fort bien

ce que nous apellons aujourd'hui la Champagne qui s'étendoit autrefois plus qu'apréfent, du côté de la Flandre moderne, &c. Mais il eft clair en même tems, que cela ne peut marquer la Sologne qui eft un petit Pais, fort borné, & d'ailleurs fans aucune plaine confidérable, étant continuellement entrecoupé de Bois & d'Eftangs. Idace & S. Ifidore dans leurs Chroniques difent auffi que cette fanglante bataille fut donnée, *in Campis Catalaunicis*, dans les campagnes Châlonoifes. S. Gregoire de Tours L. 1. *Hiſt. Francor.* n. 7. apelle le lieu en queſtion, *Mauriacum Campum*: & il paroît par Jornandez que *Mauriaci Campi & Catalaunici*, ne marquentque le même lieu.

De tout cecy il refulte que c'eft envain que le Dictionaire prétend au mot, *Attila*, qu'on *convient aujourd'hui, que le mot, in campis Catalaunicis, eſt corrompu, & qu'il faut, in campis Secalaunicis.* Car cette corruption pourroit avoir peut-être quelque vrai-femblance, fi le mot *Catalaunicis* ne fe trouvoit que dans un feul Auteur; mais il n'eft point du tout probable qu'elle fe foit gliffée dans les trois Auteurs que j'ai citez. D'ailleurs, comme je l'ai dit, l'étenduë que donne Jornandez aux *campis Catalaunicis*, ne peut convenir à la Sologne. Dupleix a fort bien obfervé que le mot *Secalaunici*, eft une invention de quelques Auteurs modernes. Le Dictionaire a dit avec raifon, au mot Aëtius, que *la plus commune opinion eſt* pour les *campi Catalaunici*. Le P. Ruinart dans une note fur l'endroit de S. Gregoire de Tours que j'ai cité, dit que le fentiment de ceux qui fubftituent les plaines de Sologne aux campagnes de Châlons, eft rejetté par tous les Ecrivains, *ab omnibus exploditur.* C'eft un peu trop dire, puifque Mezeray, M. l'Abbé le Gendre & quelques autres le croïent probable : mais il eft certain que le fentiment qui eft pour les plaines de Châlons eft le plus commun. Il eft fuivi par André Du Chefne, dans fes *Recherches des Villes de France*; &c. dans l'article de Châlons ; par Savaron, David Blondel & Adrien Valois, citez & fuivis par le P. Ruinart ; par M. l'Abbé Fleury, *Hiſtoire* L. 27. n. 50. par M. Baillet, *Vie de S. Agnan*, au 17. Novembre, &c. M. De La Sauffaye & M. le Maire font de cette même epinion. Le premier dans ſes *Annales Eccl. Aurel.* & l'autre dans ſes *Antiquitez d'Orleans*, &c. Mr Guyon, dans ſon Hiſtoire d'Orleans eſt du ſentiment contraire; mais il ne dit rien de vrai-ſemblable pour l'apuier.

CHAMBOR *Maiſon Royale*. . . Il y a au milieu un eſcalier admirable, fait en coquille, avec deux montées qui communiquent l'une de l'autre, où pluſieurs perſonnes peuvent monter ſans ſe voir, bien qu'elles puiſſent parler enſemble. On a eu tort, ce me ſemble, de ne pas donner au Lecteur une idée de la ſtructure de cet eſcalier, je vais tacher de ſupléer à ce défaut. Voicy donc ce que c'eſt que cet eſcalier: Ce ſont deux montées renfermées dans une tour ronde. Chacune de ces deux montées a ſon entrée & ſon premier degré à une des extremitez du Diametre de la Tour. De ces extremitez opoſées s'élevent les deux montées, en tournant par deux lignes ſpirales & toûjours paralelles, autour d'un même noyau qui leur eſt commun, & ſe terminent par des ſorties auſſi diametralement opoſées. [Ce noyau eſt une Tourelle ronde, qui eſt comme le centre de la Tour.] Ainſi l'on conçoit que c'eſt une néceſſité que ces deux montées communiquent toûjours en quelque choſe l'une de l'autre. Car chacune d'elles, lorſqu'elle parcourt la premiere demie-circonférence de la Tour, eſt au deſſous de l'autre montée, mais non au-deſſus. Au contraire quand chacune d'elles parcourt la derniere demie circonférence de la Tour, elle a l'autre montée au deſſous d'elle & non au deſſus. Enfin dans tout le reſte de l'eſpace de la Tour que chaque montée parcourt depuis la premiere demie-circonférence juſqu'à la derniere excluſivement, ces deux montées ſont toûjours mutuellement & deſſus & deſſous l'une l'autre.

Si l'on veut ſe repréſenter la diſpoſition de ces deux montées, & voir d'un ſimple coup d'œil, comment elles ſont mutuellement l'une dans l'autre, on peut ſe ſatiſfaire à peu de frais. Prenez une piece de bois longue & ronde : diviſez-en le plan par un ſimple diametre : attachez avec un clou ou autrement, une ficelle ou un cordonnet à chaque extremité de ce diametre : & enfin tournez ces deux cordes autour de cette piece de bois enforte qu'elles foient toûjours, depuis le bas jufqu'en haut, diftantes également entr'elles ; & vous aurez par là un modele de la difpofition des deux montées de l'efcalier de Chambor. Remarquons en paffant qu'on voit un efcalier femblable dans l'Eglife de l'Abbaïe de Marmoûtiers, par lequel on monte à l'endroit où font confervées les Reliques de cette Eglife Deux ou plufieurs perfonnes y montant, s'y voyent, parce que le noyau commun aux deux montées eft percé à jour. Il y en a auffi un de même ftructure aux Bernardins à Paris. Il y en a peut-être encore ailleurs.

CHAMBRE (*Marin Cureau de la*)..... *laiffa deux fils: le premier.... Le fecond, Pierre, dont il eft parlé cy deffous. Il apelloit le Pere Bouhours Jefuite, l'Empereur des Mufes, à caufe qu'il paroît plus d'art & de contrainte dans ce qu'il a écrit, que de facilité & de naturel ?* 1°. Au lieu d'*Empereur*, il faut lire *Empezeur*. 2°. Cet, *il*, fait un équivoque, & l'on croit naturellement qu'il fe raporte à *Marin*, quoiqu'il faille l'entendre de *Pierre*, à l'article duquel on devoit différer de mettre ce fait, s'il en valoit la peine.

CHAMPEAUX [*Guillaume de*]..... *eût Abailard pour Difciple. Champeaux voyant que fa reputation diminuoit, embraffa la vie des Chanoines Reguliers, & fe retira dans une Chapelle de Saint Victor Lez-Paris.* On n'a aucune raifon de fupofer ce mauvais motif de la retraite de Champeaux. Il paroît au contraire que ce fut uniquement le défir de mener une vie plus recüeillie & plus pénitente, qui le porta à établir des Chanoines Reguliers, & à vivre avec eux. On peut voir la-deffus la Lettre qu'Hildebert Evêque du Mans écrivit à Champeaux, dans laquelle il le félicite de fon changement d'état, & du courage avec lequel il avoit renoncé aux biens du monde & fur tout à fa Chaire qui étoit d'un affez bon revenu. En même tems il lui remontre qu'il ne doit point pour cela ceffer d'enfeigner: qu'il doit au contraire continuer fes leçons, afin de fe rendre utile aux autres, non plus par un motif d'interêt comme il l'avoit peut être fait auparavant ; mais par un principe de charité. Champeaux obéit & reprit fes Leçons, aufquelles il n'avoit renoncé que par un esprit d'humilité & de détachement. *Hildebert. Canoman. Epist. 1.*

Abailard étant revenu à Paris étudia la Rhetorique sous Champeaux. Ce fut, non la Rhetorique, mais la Théologie qu'il étudia sous Champeaux, à son retour de ce voyage, pendant lequel Champeaux son maitre s'étoit fait Chanoine Regulier. Voyez l'article d'Abailard cy-dessus, dans lequel vous trouverez que je reprens ce que l'on dit icy, que *Champeaux se retira dans une Chapelle de Saint Victor.*

CHAMPS (*Estienne des*) *Jesuite.* On dit icy qu'il donna en 1682. un Ouvrage avec ce titre, *Sentimens de Saint Augustin sur la Grace, oposés à ceux de Jansenius.* Cet Ouvrage n'est point du P. des Champs, Jesuite, mais du P. Jean le Poroq, Prêtre de l'Oratoire, assez celebre dans sa Congrégation, dans laquelle il a enseigné la Théologie pendant environ un demi siecle, & à laquelle il a fait beaucoup d'honneur.

CHANAC, *ou de Canillac,* (*Bertrand de*) *que di-vers Auteurs confondent avec Bertrand de Cosnac,* mais sans aucune raison. Il semble qu'on n'a pas assez évité cette faute, puisqu'au mot *Cosnac,* on met, *Bertrand de Cosnac, ou Chanac.* Il paroît donc qu'on a crû que Cosnac, Chanac, & Canillac n'étoient qu'un même nom. Cependant il est certain que ce sont trois noms de trois familles fort differentes.

Celui dont on parle icy ne se nommoit point de Canillac. En 1344. il étoit Clerc de la Chambre du Pape Clement VI. Archidiacre d'Agde en 1350. Il fut fait Archevêque de Bourges en 1374. Patriarche de Jerusalem en 1381. Administrateur de l'Eglise du Puy en 1383. Il n'eut soin de cette derniere Eglise que peu de tems. Il fut fait Cardinal en 1385. & mourut comme le marque le Dictionaire, en 1405. Son vrai & unique nom étoit *de Chanaco,* de Chanac. Voyez M. Baluze dans ses *Vitæ Papar. Avenion.* tom. 1. p. 1335.

CHANAC, (*Guillaume de*) *Evêque de Paris.* Il mourut le 3. May en 1348. & a été enterré à saint Victor avec son Neveu Foulques, decedé le 25. de Juillet 1349. On voit dans la Chapelle de l'Infirmerie leur Epi-taphe:

taphe. Le P. Jean de Toulouse dans son *Abregé de la fondation de l'Abbaïe de Saint Victor,* &c. Edit. de 1640. p. 14. remarque qu'il s'étoit trompé dans une édition précédente, quand il avoit dit que Foulques avoit été enterré dans S. Victor. Aussi l'Epitaphe de Guillaume qu'il raporte, parle à la vérité de Foulques, mais non point comme d'un Prélat dont le corps eût été inhumé dans cette Abbaïe. Remarquez que le P. Jean de Toulouse s'est trompé, en disant au même endroit, que *Guillaume âgé de* 100. *ans fut élû Evêque de Paris en* 1332. car son Epitaphe marque qu'il mourut âgé de près de cent ans en 1348. *Centenos annos peragens quasi plenos.* Voyez aussi M. Baluze *ubi supra* p 1450.

GHANAC (*Guillaume de*) *Gardinal, Evêque de Chartres & de Mende, étoit du Limosin, & Neveu de Guillaume Evêque de Paris dont on vient de parler. Il se fit Religieux dans l'Abbaye de saint Martial de Limoges, & ayant été envoyé à Paris, il y étudia .... Depuis on le nomma Abbé de Beze dans le Diocése de Langres .... Il mourut le* 30. *Decembre* 1384. M. Baluze soûtient, *ibid.* p. 1088. que l'on n'a aucune preuve que Guillaume ait été Abbé de Beze. Le même M. Baluze remarque que Guillaume, quoique Limosin d'origine, étoit né à Paris: qu'il fut mis dans l'Abbaye de saint Martial à l'âge de sept ans, qu'il fut Docteur en Droit Canon, & ensuite Chefcier de saint Martial, Prieur de Longpont & de Vezelay; Abbé de saint Florent de Saumur en 1354. Evêque de Chartres en 1368. transferé à l'Evêché de Mende en 1370. ou 1371. suivant la maniere de compter d'aprefent, c'est-à-dire, que ce fut après le premier Janvier qui étoit regardé comme apartenans à l'an 1370. parce qu'on ne commençoit l'année qu'à Pâques, & non au mois de Janvier. Il fut fait Cardinal comme le marque bien le Dictionaire, en 1371. & mourut le dernier Decembre 1383. & non pas 1384. Enfin, suivant un acte raporté par M. Baluze, le Cardinal de Chanac n'étoit point Neveu de Guillaume de Chanac Evêque de Paris, mais son petit Neveu, & Neveu de Foulques. Voyez M. Baluze, *ibid.*

CHANAO, *Comte des Bretons, vivoit dans le* VI. *sié-*

I

olé. Peu content de l'héritage qui lui étoit échû, il fit
mourir trois de ses freres, pour usurper leur bien, & pour-
suivit Macliau qui étoit le quatriéme. Ce dernier prit
la fuite, & se retira chez un Comte du païs, nommé Chonomore, lequel fit accroire aux envoyez de Chanao que
Macliau étoit mort ; cependant il fut fait Evêque de Vannes, vers l'an 516. & succeda depuis aux Etats de Chanao. Ce trait d'Histoire tiré de Gregoire de Tours n'est
pas assez exactement raporté & l'on y suprime des circonstances considerables. En le lisant on suposera que
Macliau étoit un homme injustement persécuté, &c.
Voicy le fait, tel que Gregoire l'a écrit. Chanao fit
d'abord renfermer Macliau, & avoit dessein de le faire
mourir. Felix Evêque de Nantes obtint la délivrance de Macliau, lequel *jura de demeurer fidéle à son frere, mais*
ensuite il voulut manquer à son serment. Chanao qui
s'en aperçut le fit poursuivre. Macliau se sauva chez
Chonomore, qui l'enferma dans une espece de tombeau,
dans lequel il avoit pratiqué une ouverture par laquelle
Macliau respiroit. Ceux qui cherchoient Macliau étant
arrivez dans la maison de Chonomore, ce dernier leur
dit que Macliau étoit mort, & leur montra son prétendu tombeau. Ils le crurent, & en signe de réjouïs-
sance bûrent sur ce tombeau comme sur une table, &
porterent cette nouvelle à Chanao. Après leur départ
Macliau se retira à Vannes, y fut tonsuré, *tonsuratus,*
& ensuite ordonné Evêque. Il étoit marié avant ce tems-
là. Chanao étant mort Macliau apostasia, *apostatavit*
laissa croître ses cheveux, reprit sa femme, qu'il avoit
quittée en se faisant Clerc, *quam post Clericatum reli-
querat :* & succeda aux Etats de son Frere. Il fut ex-
communié par les Evêqnes. Il fit un accord avec un autre Comte des Bretons nommé Bodic, par lequel ils se
promettoient mutuellement que celui des deux qui survi-
vroit défendroit & soûtiendroit les enfans de l'autre,
comme les siens propres. Mais Bodic étant mort, Macliau oublia son serment, chassa Thierri, fils de Bodic
de ses Etats, & les usurpa. Thierri après avoir été assez long-tems à courir le païs, trouva enfin le moyen
d'assembler quelques troupes de Bretons & tua Macliau

& un de ses enfans. *Waroque* autre fils de Macliau lui
succeda.

Remarquez que Chanao, Macliau & Varoque étoient
Seigneurs de Vannes. Remarquez encore que le Dictionaire s'est trompé, en disant que Macliau fut fait
Evêque de Vannes vers l'an 516. Car il ne fut fait Evêque qu'assez long-tems après qu'il fut sorti de prison à
la sollicitation de Felix Evêque de Nantes. Or Felix ne
fut fait Evêque de Nantes qu'en 550. ou au plûtôt en
549. étant mort en 582. dans la trente-troisiéme année
de son Episcopat, comme le dit Gregoire de Tours, *His-*
tor. Francor. L. 6. c. 15. Peut être n'est-ce qu'une faute
d'impression, & avoit-on mis 581.

Le P. Ruinart dans une Note sur le ch. 16. du L. 5.
du même Ouvrage de Gregoire de Tours, remarque que
Macliau, quoiqu'il eût apostasié, ne voulut jamais permettre tant qu'il vécut, que l'on ordonnât un autre Evêque de Vannes à sa place.

CHANOINES *Laïques, &c. Les Rois de France par*
la seule vertu de leurs Couronnes, sont Chanoines de l'E-
glise de saint Hilaire de Poitiers, de saint Julien du Mans,
de saint Martin de Tours, d'Angers & de Challon. Aparemment le sont dans plusieurs autres Eglises. Ils le
sont certainement de saint Aignan d'Orleans.

CHAPELAIN, *Jean, ancien Poëte François, vivoit*
vers l'an 1300. Il fit un Roman intitulé, Fabliau du Secre-
taire des Chiens. Lisez, du Secretain, c'est-à-dire, du
Sacristain.

CHARDON, *ou N. Dame du Chardon.* On y contredit quelque chose au mot, *Allen,* où l'on assure que *Louis*
II. Duc de Bourbon prit, *Allen,* pour mot de devise, &
qu'il le changea ensuite pour celui d'*Espérance.* Ici on supose qu'il garda l'un & l'autre. Voyez l'article, *Allen,*
dans mes Remarques, & conferez-le avec celui-cy.

CHARENTON. *Il y a proche de Charenton un bel*
Echo, qui renvoye le son jusqu'à douze fois. Ce fait n'est
pas veritable, & contredit ce que l'on dit au mot,
Conflans, qu'avant que les Carmes déchaussez eussent
fait bâtir aux Carrieres, il y avoit entre *Conflans &*
Charenton un Echo des plus surprenans du monde. Ainsi

cet Echo étoit, mais il n'est plus. Au reste dans ce dernier article on dit que l'Echo de Charenton *rendoit la voix jusqu'à dix.*

CHARISIUS *Prêtre, &c.* On y dit que le Concile d'Ephèse défendit de faire signer aux Hérétiques qui se convertissoient d'autre symbole que celui de Nicée, *sous peine de déposition pour les laïques.* C'est une faute d'imprimeur. Lisez comme dans l'édition de 1712. *de déposition pour les Evêques & pour les Clercs*... thême & *d'excommunication pour les laïques.*

CHARITÉ (la) *sur Loire, Ville*... de *Cosme,* Lisez *Cosne.*

CHARITON, *Moine, Grec*... *Patriarche de Constantinople l'an* 1147. *ne tint ce Siege qu'un mois*... *Chrysoberge lui succeda & non pas Theodose, qui ne fut élu qu'en* 1186. On dit tout le contraire *dans la suite des Patriarches de Constantinople,* p. 1392. On y place *Chariton* en 1177. & on lui donne pour Successeur... même année *Theodose.* On y place Luc *Chrysoberge*... après *Chariton*... mais longtems avant lui... on le supose icy en 1147...

CHARLES V. *dit communement Charles Quint*... On l'accuse avec raison d'avoir laissé croître l'hérésie pendant trente ans en *Allemagne,* pour... des divisions qu'elle faisoit naître... ce qui ne se voit que trop par l'Edit nommé, *Interim,* &c. On ne pouvoit pas donner une plus mauvaise preuve d'un fait qui... d'ailleurs odieux devoit être prouvé de manière à ne point souffrir de replique: car enfin d'*Interim*... Charles ne régna qu'environ pendant sept ans, depuis... Comment donc l'*Interim* fera-t-il voir qu'on... accuse avec raison ce Prince d'avoir laissé croître pendant... ans, &c. Bien plus, on contredit peu après ce qu'on vient de dire, puisqu'on avoue que depuis... fut hors d'état de détruire les Protestans, quoiqu'il n'épargnât rien pour cela. Je crois au reste que cet article de Charles-Quint a besoin d'être retouché en plusieurs points dans lesquels on dit trop de mal de ce Prince.

CHARLES I. *dit le Grand.* ... *Il employa environ* 33. *années à dompter les Saxons, jusqu'à ce qu'il les obli-*

contrains d'embraßer le Christianisme, le Roy Witikind s'étant fait baptiser. Cette époque de 33. ans est certainement fautive; Witikind ayant été baptisé en 785. Il n'y avoit pour lors que 27. ans que Charles regnoit. D'ailleurs on ne met icy le commencement des expéditions de ce Prince contre les Saxons qu'en 772. Ainsi il faut 13. au lieu de 33. Voyez mes Remarques au mot *Albion*, n. 166.

Charles *associa à l'Empire Loüis le Debonnaire, & le fit Couronner à Aix-la-Chapelle, où il fut enterré.* 1°. Cet, *il fut enterré*, est équivoque & se raporte même plus naturellement à Loüis qu'à Charles. 2°. C'est une faute notable de ne point marquer en termes exprès la mort de Charles, ni l'année en laquelle elle arriva. Il falloit dire : *Charles associa à l'Empire Loüis le Debonnaire en 813. & le fit Couronner à Aix la Chapelle. Charles y mourut l'année d'après*, &c.

Il a été mis au nombre des Saints par Paschal III. l'an 1161. &c. Ce qu'on dit icy p. 245. col. 2. on le repete à la page suivante col. 2. mais d'une maniere douteuse. On pretend, y dit-on, *que Charles est mort d'une maniere très sainte* ..... *On pretend qu'il fut Canonisé par Paschal III. Anti-Pape.*

CHARLES-MARTEL. p. 251. col. 1. *Il étoit fils de Pepin qui l'avoit eu d'une seconde Femme nommée Alpaïde.* J'ai déja observé au premier tome de mes Remarques p. 193. n. 125. qu'on varie sans cesse au sujet d'Alpaïde. Icy on la supose *femme* de Pepin, mais dans differens autres articles, on ne la traite que de Concubine.

CHARLEVAL. *Caron qui étoit son ami*, &c. Lisez, *Scarron*.

CHARNACE' *Il fut tué au siege de Breda, à la tête du Regiment qu'il commandoit au service des Etats, quoi qu'il fut pour lors auprès d'eux.* Il étoit donc en deux endroits differens tout à la fois. Retranchez ces mots, *quoiqu'il fut pour lors auprès d'eux.*

CHARTREUX. *Basile huitième Prieur, dreßa avec la permission d'Innocent III. les Constitutions de l'Ordre.* Lisez Innocent II.

CHARTUITUS, *Evêque en Hongrie dans le XI. siecle. Il écrivit la Vie de Saint Etienne premier Roy d'Hongrie, & la dedia au Roy Colman, qui commença de regner l'an 105. & mourut en 1114.* Lif. *De S. Etienne premier du nom*, &c. Au lieu de 105. on a voulu aparemment mettre 1105. Mais la vraie date est 1093. s'il est vrai, comme on le dit, au mot *Coloman*, qu'il mourut en 1114. après avoir regné 21. ans.

CHASSANE'E (*Bertrand*) *premier Président au Parlement de Provence.* Le nom de ce Président est icy très défiguré. Il s'apelloit de Chasseneux, & en latin, *Chasseneus.*

CHATEL (*Tanneguy du*)..... *En 1419. il défit Charles VII. alors Dauphin du Duc de Bourgogne, son plus dangereux ennemi.* Lifez, *alors Dauphin, du Duc*, &c.

CHATEL (*Pierre du*) *ou Chatellain.* Il ne s'apelloit point *Chatellain.* On cite *Robert de Sainte Marthe*, &c. Lifez, *Robert & de Sainte Marthe.* Voyez cy-dessus l'article, *Castellan.* Le vrai nom est *du Chastel.*

CHAUVEAU, *habile Graveur......* a produit une infinité d'Ouvrages de toutes fortes de caracteres. Je n'aime point ces expressions qui disent trop, & qui dans le fond n'aprennent rien à un lecteur. J'aimerois mieux qu'on marquât le nombre. & la qualité des ouvrages au juste.

CHAZELLES. (*Jean Matthieu de*) Son article a prés de trois colonnes. C'est trop, si l'on veut conserver une juste proportion dans les arts du Dictionaire.

CHEFCIER. On y cite le Concile de Constantinople *sous Mennal.* Lifez *Mennas.* On y renvoie à la fin de l'article à M. *Simon* & a M. *Du Pin.* Où veut-on que le lecteur aille chercher les Ouvrages où ces deux Ecrivains parlent de cette matiére?

CHERBOURG. .... *C'est la derniere des Villes de France qui furent entre les mains des Anglois, sous Charles VII. On la leur enleva vers l'an 1453.* Cela porte à croire qu'il ne restoit plus alors aucune Ville en France, aux Anglois. Cependant ils avoient encore Calais qui ne leur fut enlevé qu'en 1558. Voyez *Calais* & l'article de Charles VII. dans le Dictionaire.

CHERON (*Elizabeth Sophie.*) .... *Elle réüssit à peindre des Portraits, & fut associée à l'Academie Royale de Peinture & de Sculpture, & agregée à celle des Ricourats (. Lisez Ricourati) de Padouë. Elle épousa le Sieur Hay (Lisez le Hay:) Elle voulut même s'ériger en Auteur, en donnant au public une traduction en vers de plusieurs Pseaumes. Elle mourut à Paris le trois Septembre* 1711. *âgée de* 63. *ans.* Il n'y a aucune citation à cet article. Ce que j'y trouve particulierement à redire, c'est qu'on y parle de la maniere du monde la plus séche, d'une personne d'un mérite distingué, & qu'on omet plusieurs faits qui la concernent, dont le simple recit auroit fait son Panegyrique. Bien plus, ces mots, *Elle voulut s'ériger en Auteur*, donnent une idée si mince de Mademoiselle Cheron, que qui ne la connoîtroit que par ce que le Dictionaire en dit, ne pourroit la regarder que comme une personne dont le talent pour la Poësie auroit été fort au dessous du mediocre.

Mademoiselle Cheron ne réüssissoit pas seulement à *peindre des Portraits*, son talent s'étendoit bien au-delà. Elle entendoit bien la Figure, & elle a peint plusieurs tableaux qui lui ont fait honneur, même parmi les gens les plus capables d'en juger. M. le Brun, qui étoit assûrément connoisseur, estimoit Mademoiselle Cheron, & il lui procura un honneur singulier à une personne de son sexe, en la faisant associer à l'Academie Royale de Peinture & de Sculpture. Elle peignoit outre cela en Email, & en Miniature. Elle sçavoit aussi fort bien la Musique, & les Langues sçavantes ; & le talent qu'elle avoit pour la Poësie lui a mérité l'estime des connoisseurs. Elle a fait sa Traduction de quelques Pseaumes en Vers, sur l'Hebreux. Elle a laissé plusieurs Pieces de Poësie, qui n'ont pas encore été imprimées, comme une Traduction de la seconde Ode du premier Livre des Odes d'Horace, &c. Elle avoit commencé à traduire en Vers François l'Oedippe de Sophocle d'après le Texte Grec. Elle étoit d'ailleurs d'une grande probité, très-charitable, & très-attachée à la Religion Catholique qu'elle avoit embrassée dans un âge mure & avec connoissance de cause. Ces faits, ce me semble, ne devoient pas être oubliez dans

le Dictionaire. Voyez l'*Eloge Funebre de Madame le Hây,
connue sous le nom de Mademoiselle Cheron*, &c. Par M.
*Fermelhuis Docteur en Medecine de l'Université de Paris
& Conseiller honoraire de l'Academie Royale de Peinture
& de Sculture.* Il a été imprimé à Paris, *in octavo*, chez
Fournier, en 1712. Il y en a un Abregé dans les Memoires de Trevoux au mois de Mars 1713. p. 432.

CHILDEBERT III. *Succeda à son Frere Clovis III.
l'an* 595. Lis. 695.

CHILDERIC II. *Succeda à son Frere Clotaire III.
l'an 674. ou 675...., Bodillon l'assassina l'an 673. ou 677.
à l'âge de 23. ans, après un Regne de onze ans. Bilechilde sa Femme & Dagobert son Fils furent traitez de même.... Leur sépulture fut trouvée dans l'Eglise de saint
Germain des Prez en* 1656. Il est évident que les dates
que l'on met icy ne s'accordent point. Car si Childeric
fut Roy après Clotaire en 674. ou 675. il est clair qu'il
n'a point été assassiné en 673. ou 677. après un regne de
onze ans. La date la plus probable de sa mort est, 673.
après ~~10. à 11.~~ ans de regne. Voyez cy-dessous l'article
Dagobert.

Remarquez qu'un seul article dans lequel on auroit
exposé le trait d'Histoire dont il s'agit icy, suffisoit, &
qu'il étoit inutile de le donner sous 3. articles differens.
Je voudrois donc que dans la future Edition on ne don-
nât aucun article de *Bodillon* ni de *Bilechilde*, mais qu'en
mettant leurs noms dans le Dictionaire, on se conten-
tât d'y joindre un simple renvoy à l'article *Childeric I I.*

Je me suis plaint à l'article *Bilechilde* de ce qu'au lieu
de donner la date juste de la découverte de son tombeau, on disoit seulement qu'on l'avoit trouvé *il y a quelques années*; & assûrément j'avois raison. Car quand
on dit qu'un fait est arrivé *il y a quelques années*, cette
expression marque necessairement un tems peu éloigné,
comme de 7. à 8. ans, ou de dix au plus, de celui auquel on écrit. Cependant dans cet article de *Bilechilde*,
en disant qu'on avoit trouvé son Tombeau depuis quelques années, on copioit cette expression de *Mezeray*,
qui s'en étoit servi il y avoit pour lors environ 50. ans.

Cette

Cette découverte n'est pas de 1656. comme on le dit Ioy, mais de 1646. On en voit toutes les circonstances raportées dans le 1. Tome des , *Annales Ord. S. Benedicti* du P. Mabillon, L. 16. p. 516.

CHOISEUL (*Gilbert de*) Evêque de *Tournay*. . . . . *Il fut employé en* 1644. *dans les negociations sur l'affaire du Jansenisme.* Lis. 1664.

CHOISY (*François Timoleon de*). . . . . *Avant son voïage de Siam il avoit composé des Dialogues sur l'immortalité de l'Ame* , &c. *imprimez à Paris en* 1684. Cet Ouvrage est divisé en quatre *Dialogues* , dont les interlocuteurs sont *Theophile* & *Timoleon*. Plusieurs Ecrivains le donnent à M. de Choisy, mais plusieurs aussi le donnent à M. l'Abbé de Courcillon. Le P. Liron dans sa *Bibliotheque Chartraine* , pag. 333. suit ce dernier sentiment. J'ai eu la curiosité de m'instruire de ce fait , & voicy ce que j'en ai apris par une voye très-sûre. Le premier des quatre Dialogues est entierement de M. l'Abbé de Courcillon , le troisiéme & le quatriéme sont entierement de M. l'Abbé de Choisy : & ils ont travaillé tous deux conjointement au second.

Je ne sçai pourquoy en parlant de M. l'Abbé de Choisy, on a oublié de marquer qu'il est Parisien.

CHRESTIEN (*Florent.*) On cite *Paul Colomb.* Lis. *Paul Colomiez.*

CHRISTINEN , *a recuëilli les décisions du Concile de Malines , en six Volumes.* Lis. *du Conseil.*

CHRISTOPHLE *Longuëil.* On l'a remis au mot *Longuëil* , & c'est sa veritable place. Il faut donc retrancher ce premier article , & reformer le second , où il y a plusieurs fautes , que je corrigerai dans le Volume suivant.

CHROCUS *Roy d'Allemagne , vivoit au commencement du IV. Siécle , ou à la fin du III. . . . . . Angoulême fut emportée par ce Barbare , qui fit souffrir le Martyre au saint Evêque Ausone , & à Privat Evêque de Mende.* Comparez cet article avec ceux de saint *Ausone* & de saint *Privat* , & vous verrez que les Reviseurs n'avoient point de sentiment fixe sur ce qui concerne ces deux Saints.

K

CHYPRE. p. 362. col. 2. *On tient que le Corps de Saint Barnabé y fut trouvé sous l'Empire de Zenon, l'an* 385. On a aparemment voulu mettre 485. On met cette invention en 488. dans l'article de Saint Barnabé.

CINQUARBRES. Son article est repeté au mot *Quincabres.*

CIRCONCISION. *Plusieurs Theologiens ont crû qu'elle remettoit le peché Original. S. Augustin sembla favorable à ce sentiment.* C'est trop peu dire : Saint Augustin enseigne ce sentiment d'une maniere très-expresse, sur tout dans ses Ouvrages contre les Pelagiens. C'est un point de fait qui n'est pas contesté par les Sçavans.

CIRON, *de Toulouse, a donné la cinquiéme compilation des Decretales.* Cet article n'a aucune date. L'Ouvrage de Ciron, est un *in folio,* imprimé à Toulouse en 1645. & dédié par Ciron même à M. de Montchal Arch. de Toulouse.

CIZELEUR. Après avoir fort loüé différens Ouvrages des anciens Cizeleurs, on ajoûte : *On prétend que de nos jours le celebre Bâlin a égalé par son burin, ce que les anciens ont eu de plus beau en ce genre.* C'est s'exprimer peu correctement : car le Burin ne s'employe point à ce qu'on apelle proprement Cizelure.

S. CLAIR, *Prêtre & Martyr,* On cite, Pommeray Archevêque de Roüen. Lisez, Pommeraye, *Histoire des Archevêques de Roüen.*

CLAIRVAUX, *Abbaïe celebre, Chef d'Ordre en France, &c.* L'Auteur des *Remarques Critiques sur le Dictionaire de Moreri de l'Edition de* 1704. a repris cecy, & avec raison. *Cette Abbaïe,* dit-il, *n'est pas Chef d'Ordre, elle est seulement une des quatre principales Filles de Cisteaux . . . . . & soûmise à la Jurisdiction de l'Abbé de Cisteaux.* Observez que le Dictionaire convient de ces faits, dans la suite de l'article.

CHARENDON, *Villa d'Angleterre, renommée par le Conciliabule qui y fut assemblé en* 1164. &c. On ajoûte que saint Thomas de Cantorberi, qui avoit signé les articles de Clarendon, reconnoissant qu'en cela il avoit fait une faute, en demanda l'Absolution *à Alexandre III.* Lis. Alexandre III. *Charendon* est une faute d'impression, pour *Clarendon.*

CLARIO, *Evêque de Fuligno dans le XVI. Siécle,* *nâquit en* 1415. Lisez*, en* 1495.

S. CLAUDE *Archev. de Bezançon, l'an* 526. *fous le* *Pontificat d'Honoré I.* S'il fut fait Archevêque fous le Pontificat d'Honoré I. ce ne fut pas affûrément en 526. Honoré n'ayant été Pape qu'environ un fiécle après. Aparemment on a voulu dire 626. Obfervez qu'on a joint à cet article une double Note critique. On dit la même chofe dans l'une & dans l'autre. Il faut, fi la Note eft bonne, retrancher tout le refte de l'article.

CLAUSER. *Il a traduit des Commentaires fur les Epi-* *tres de faint Paul, faits par un Auteur qui ne connoiffoit* *pas l'Hiftoire des Turcs par Calcondyle.* J'avouë que je ne fçai à quelle fin on a fait entrer icy cette remarque; fçavoir, que l'Auteur de ces Commentaires, ne connoiffoit pas l'Hiftoire des Turcs faite par Calcondyle.

CLEMANGIS. *On ne fçait pas précifément l'année de* *fa mort; mais il eft certain qu'il vivoit encore en* 1425. *& qu'il étoit mort en* 1440. *Il avoit été Recteur de l'U-* *niverfité de Paris en* 1393. *Ainfi il étoit né vers l'an* 1360. *& eft mort vers l'an* 1430. Ce mot, *Ainfi,* marque une conféquence que l'on tire de quelqu'autre fait. Or je ne vois pas cette conféquence, & comment de ce que Clemangis fut Recteur en 1393. On a eu droit d'en conclure qu'il étoit né vers 1360. & mort vers 1430.

CLEMENT V. *Philippe le Bel lui avoit offert de le faire* *Pape, moyennant quatre chofes qu'il lui demanda, dont il* *lui en déclara trois, fe refervant à lui dire la quatriéme,* *en tems & lieu : qui étoit d'abfoudre ceux qui avoient* *attenté fur la perfonne de Boniface VIII. de condamner la* *memoire de ce Pape ; & de donner à Philippe le Bel per-* *miffion de lever de Decimes fur les Eglifes de fon Royaume* *pendant cinq ans . . . . . Clement accorda ce qu'il avoit* *promis au Roy,* &c. Il s'enfuit de là, & un Lecteur eft forcé de le croire, que Clement *condamna la memoire de Boniface,* puifque c'étoit une des chofes que le Roy avoit exigée de lui. Cependant il eft très certain que bien loin de le faire, il fit tout le contraire. Le Roy Philippe le Bel fit de fortes inftances au Pape pour le porter à tenir fa promeffe (promeffe qu'il avoit faite fans sçavoir dequoy il s'agissoit, comme le Dictionaire l'a-voüe :) Le Pape répondit que la chose étoit si importante qu'il falloit la renvoyer au Concile. Enfin en 1311. le Roy se désista de cette poursuite, & en 1312. *les pour-suites contre Boniface furent terminées dans le Concile de Vienne. Le Concile déclara que le Pape Boniface avoit été Catholique, & n'avoit rien fait qui le rendît coupable d'heresie.* Ce sont les paroles de M. Fleury, Histoire L. 91. n. 56. Voyez les poursuites & le désistement du Roy, *ibid.* n. 13. & 47.

CLEMENT VI. *étoit fils de Guillaume, Seigneur de Rozez dans le territoire de Malemont.* Lisez, *de Roziers dans le territoire de Maumont.* Roziers est une Paroisse du Diocese de Limoges, dans laquelle est situé le Châ-teau de Maumont, à 4. lieuës de la Ville de Tulle, à l'Orient, & sur le chemin de Tulle à Clermont.

CLEMENT XI. aujourd'hui Pape . . . . . *Il a fait plu-sieurs Constitutions, entr'autres le Decret par lequel il a condamné le Livre des Maximes des Saints de feu M. l'Archevêque de Cambray, Decret qui a été reçû, &c.* C'est une faute notable de donner à N. S. P. Clement XI. le Decret contre l'Ouvrage de feu M. de Fenelon Arch. de Cambray. Ce Decret est de l'an 1699. 12. Mars, & d'Innocent XII. prédecesseur de Clement. Il y a quel-ques autres choses à retoucher dans ce même article. Conferez-le avec celui qui est dans l'Edition de 1712.

CLERC, (*Sebastien Le*) Chevalier Romain, Gra-veur & Dessinateur ordinaire du Roy, nâquit à Metz le 26. Septembre 1637. Il étoit fils de Laurent Le Clerc, Orfevre & Dessinateur habile, mort en 1695. âgé de 105 ans, & petit-fils d'un Noble Lorrain. Sebastien Le Clerc aprit de fort bonne heure le Dessein sous son Pere, & commença à graver vers l'an 1650. Il s'apliqua peu après à l'étude de la Geometrie, de la Perspective, de la Fortification & de l'Architecture, & il y fit aussi bien que dans le dessein & dans la Gravure, d'assez heureux progrès. En 1660. il fut fait Ingenieur Geomettre de M. le Maréchal de la Ferté, & leva par son ordre les plans des principales Villes du Païs Messin & du Verdunois. Il quitta cet employ & vint à Paris en 1665. & il s'y détermina quelque tems aprés, par le conſeil de l'Illuſtre M. le Brun, à faire deſormais ſon capital de la gravure. En 1668. M. Colbert pour l'obliger à ne plus travailler que pour le Cabinet du Roy, lui fit donner un logement aux Gobelins, avec une penſion de 600. écus, penſion qu'il quitta peu aprés ſon mariage, afin de travailler à ſon choix. En 1672. il fut reçû de l'Academie Royale de Peinture & de Sculpture. En 1673. il épouſa Charlotte Jeanne', Fille de Joſſe Vauden-Kerchoven, Teinturier du Roy aux Gobelins, de laquelle il a eu dix-huit enfans, dont huit ſont morts avant lui. En 1680. il fut fait Profeſſeur en Geomettrie & Perſpective dahs l'Academie de Peinture & Sculpture, emploi qu'il a exercé pendant dix-neuf ans. Sous M. de Louvois, il fut choiſi pour faire les deſſeins des Medailles de l'Hiſtoire de Loüis le Grand, & pour en conduire les Graveurs. Il gravoit le trait ſur leurs Poinçons, & corrigeoit leurs Cires. En 1692. au rétabliſſement de l'Academie de Deſſein aux Gobelins, il fut déſigné par M. de Villacerf pour lors Sur-Intendant des Bâtimens, pour être un des quatre Profeſſeurs qui devoient tour à tour & par ſemaine, poſer le Modéle, & corriger les deſſeins des Etudians : ce qu'il a fait juſqu'à ſa mort. En 1693. il fut honoré du Brevet de Graveur ordinaire du Roy. En 1706. Monſeigneur Gualteri, pour lors Nonce en France, & apréſent Cardinal, qui l'eſtimoit ſingulierement, le fit Chevalier Romain, ſuivant le pouvoir qu'il en avoit reçû de N. S. P. le Pape Clement XI. Enfin cet excellent Graveur qui avoit joint aux rares talens dont Dieu l'avoit avantagé, une pieté vraïement chrétienne, mourut au commencement de ſa 78. année, le 25. Octobre 1714. Les piéces qu'il a gravées ſont à peu prés au nombre de trois mille, preſque toutes de ſon invention ; mais le nombre des deſſeins qu'il a faits eſt plus grand de plus du double. Il eſt ſorti de ſa main trop de Chef-d'œuvres de Gravure pour en pouvoir donner Icy un détail complet. Les principaux ſont, le *Catafalque*, ou repréſentation du Mauſolée dreſſé par l'Academie de Peinture & de Sculpture, dans l'Egliſe des Peres de l'Oratoire de la ruë S. Honoré, pour le Service qu'elle y fit faire pour M. le Chancelier Seguier son protecteur, mort au commencement de l'an 1672. Cette Planche dont toutes les figures sont du dessein de M. Le Clerc, fut le Chef-d'œuvre sur lequel il fut agregé à l'Academie. La représentation des Machines qui ont servi à conduire & ensuite à placer les deux grandes pierres qui couvrent le Fronton de la Façade du Louvre du côté de S. Germain de l'Auxerois. Les Curieux apellent simplement cette Estampe, *La Pierre du Louvre*: elle est de 1679. La représentation de l'*Arc de Triomphe*, qui est au bout du Faubourg S. Antoine: 1680. *Le Grand Concile* & le *S. Augustin* prêchant. Ce sont les deux plus rares Vignettes de l'œuvre de M. Le Clerc, & toutes deux de 1685. La premiere a été faite pour le suplement des Conciles donné par M. Baluze, & la seconde pour tom. 5. tome des Oeuvres de S. Augustin, de l'édition des Peres Benedictins. La Passion de N. S. en 36. Planches, en 1692. *La Multiplication des Pains*, en 1696. L'*Academie des Sciences & des beaux Arts*, en 1698. L'*Histoire de Charles V. Duc de Lorraine*, terminée en 1704. L'*Entrée Triomphante d'Alexandre dans Babylone*, en 1706. &c. C'est dans ces excellens morceaux, & dans beaucoup d'autres semblables qui sont admirez par tous les gens de bon goût, que l'on aperçoit sans peine les grands talens de M. Le Clerc; une imagination vive & brillante, mais toûjours bien reglée, & qui ne sort jamais du caractere de la plus belle nature; une fécondité surprenante, jointe à une facilité extrème à diversifier toûjours les sujets mêmes d'ailleurs assez semblables; un dessein trés correct; des expressions nobles & élégantes; une belle exécution, traitant tout également bien, les sujets anciens & les modernes, le Païsage, les Animaux, l'Architecture, les Ornemens, &c. Tant de talens, dont un seul auroit pû faire un grand nom à M. Le Clerc, se trouvant tous réünis en lui, l'ont fait regarder par les connoisseurs, comme un homme du premier merite, qui a peu d'égaux en son genre parmi les Graveurs dont nous connoissons les Ouvrages, & qui n'est inferieur à aucun. L'infatigable assiduité avec laquelle il a travaillé pendant plus de soixante ans, lui a aussi donné lieu de

produire differens Ouvrages d'esprit, dont la composition lui servoit comme de délassement. Voici ceux qui
ont été imprimez. *Geometrie Pratique*, imprimée in 12.
en 1668. *Dissertation sur le Point de Vûë*, in 12. 1679.
Grand *Traité de Geometrie*, in Octavo 1690. *Nouveau
Systême du Monde*, in Octavo 1706. *Systême de la Vision*,
in Octavo 1712. *Traité d'Architecture*, deux Vol. in Quarto 1714. Une autre espece de recreation de M. Le Clerc,
étoit de travailler à faire diverses Machines, pour la de-
monstration de differentes veritez Mathematiques & Phy-
siques. Il en a fait un grand nombre, dont quelques-
unes sont de son invention. Il prenoit plaisir à en donner l'intelligence à ceux qui lui faisoient l'honneur de lui
rendre visite, & il le faisoit avec une netteté admirable.

CLICTOU ou CLICTOVE'E, (*Josse*) ..... *fut reçû
Docteur de Navarre*, &c. Monsieur de Launoi dans
son *Histoire du College de Navarre*, a prétendu que Clictou étoit Docteur de cette Maison: Mais assûrément il
s'est trompé. M. Chevillier a demontré par des preuves
qui ne souffrent point de replique, que Clictou étoit de
la Maison & Societé de Sorbonne, & non point de celle
de Navarre. M. Chevillier dans son Traité *de l'origine
de l'Imprimerie de Paris*, &c. Partie iv. ch. 7. Voici ses
preuves.

La premiere est tirée d'un Registre de Sorbonne dans
lequel Thomas Faverel Procureur de cette Maison rend
compte des deniers qu'il a reçûs depuis le premier Octobre 1499. jusqu'au premier Octobre 1500. On y lit ces
paroles au feüillet 3. *A Magistro Nicolao Clerico* RE-
CEPTO IN SOCIUM, *sexdecim asses par. A Magistro
Judoco Clicthoveo* PRO EADEM CAUSA, *sexdecim asses par.
A Magistro Joanne Gueffier pro simili causa, sexdecim
asses par.* Voilà donc la reception de Clicthove dans la
Societé de Sorbonne bien marquée.

La seconde est tirée d'un autre Registre, par lequel
on apprend que Clicthove paya les droits ordinaires que
les Bacheliers de la Maison de Sorbonne payoient pour
avoir une clef de la petite Bibliotheque, & une du cof-
fre où étoit celle de la grande, le 23. Avril 1504. & qu'il
fut un des deux Bibliothecaires de la petite Bibliotheque en 1505.

La troisiéme est tirée d'un Contract du dix May 1518. par lequel Clicthove donne à la Maison de Sorbonne 120 livres pour une Fondation. Il y est qualifié *Discrete Personne Maitre Josse Clicthove Docteur Regent à Paris en ladite Faculté de Theologie*, aussi COMPAGNON *dudit College.* C'est ce que l'on apelle, *Socius Sorbonicus*, & ce que l'on exprimeroit aujourd'hui par ces mots : *aussi de la Societé dudit College.*

La quatriéme est prise de l'ancien Calendrier de Sorbonne, où la Fondation dont je viens de parler est marquée en son jour. On y lit, *Magister noster Judocus Clicthove Socius Sorbona.* Il y est encore specifié qu'on dit le jour de sainte Cecile une Memoire, *pro Sacerdote vivente, Magistro nostro Judoco Clictoveo hujus obitus fundatore, Socio Sorbonico.*

La cinquiéme est tirée de l'ancien Necrologe de Sorbonne ou Clicthove est aussi qualifié, *Socius hujus Domus.*

La sixiéme enfin se prend du Testament de Clicthove, dans lequel il fait quelques legs à la Maison de Navarre, sans insinuer qu'il en fut membre. Mais au contraire en léguant à celle de Sorbonne, il dit : *In celebratissimo Collegio Sorbona,* CUJUS SUM JAM PRIDEM SOCIUS. Encore une fois, ces preuves ne souffrent point de replique.

Observez que le vray nom de ce Docteur étoit *Clicthove*, & non pas *Clictou* ou *Clictovée* comme le Dictionaire le supose. Néanmoins il est ordinairement apellé *Clicthou.*

Il y a une faute d'impression à corriger dans le Dictionaire ; on y nommé *Loüis Gaillard Evéque de Chartres.* Lis. Guillard.

Voici quelques dates oubliées par le Dictionaire. Clictove fut reçû Docteur, le 17. Novembre 1505. étoit Professeur avant 1510. & l'étoit encore en 1526. Il fut Docteur ou Precepteur de Loüis Guillard (depuis Evéque de Tournay, & ensuite de Chartres :) en 1513.

CLISSON, (*Olivier de*). . . . *Il donna les premieres marques de son courage à la Bataille d'Avray en 1346.* Lis. à la Bataille *d'Auray en 1364..*

CLOCHE.

CLOCHE. *On ne voit pas qu'on s'en soit servi dans l'Eglise pour apeller le Peuple, avant le tems de saint Paulin, qui le premier a introduit cet usage à Nole.* Je croy que c'est sans beaucoup de fondement qu'on assûre que S. Paulin a introduit l'usage des Cloches pour apeller le Peuple à l'Eglise. Aucun Auteur ancien ne le dit. Voyez le Cardinal Bona, *De Rebus Liturgicis,* L. 1. c. 22. n. 3.

Quintilien fait mention des Cloches sous le nom de, Nola. Ce fait est très-douteux. Voyez le même Cardinal, *ibidem.*

Ce qu'on apelle baptême ou benediction des Cloches est une ceremonie Ecclesiastique que l'on fait sur les Cloches, &c. Cette coutume de baptiser ou de benir les Cloches doit être plus ancienne que le X. Siecle, puis qu'Alcuin qui vivoit sous Charlemagne, en parle comme d'une chose qui étoit en usage. Il falloit observer que les mots de *Baptême* ou de *Baptiser,* pour marquer la Benediction des Cloches, est une expression qui n'est point juste, que l'Eglise ne s'en sert point, & que l'on ne doit point s'en servir. Beaucoup de Rituels le défendent. Voyez Monsieur Thiers, *Traité des Superstitions,* Tom. 2. ch. 7.

Je voudrois aussi que l'on eût marqué en quel endroit de ses Ouvrages Alcuin parle de la Benediction des Cloches. Quelques Monumens du VIII. & du IX. siécle en font mention. Voyez le même Card. Bona, *ibid.* n. 7. & M. Thiers, dans l'endroit que j'en ai cité.

CLODION *dit le Chevelu, second Roy de France, succeda environ l'an 428. à Pharamond. Gregoire de Tours lui donne le nom de, Chlogio, Sidonius le nomme, Cleïo, & Prosper l'apelle Clodion. On le surnomma Chevelu, parce qu'il portoit de longs cheveux, & qu'il fit une loy touchant les longues chevelures, qu'il n'étoit permis porter qu'aux personnes libres, ou aux Princes du Sang Royal..... Gregoire de Tours dans son premier Epitome, & Sigebert, disent qu'il étoit Fils de Pharamond. Le même Gregoire dans son dernier Epitome, le fait Fils de Theudemer.*

Au lieu de *second Roy de France,* il seroit plus à propos de dire *des François;* ou bien il faut marquer qu'on ne parle point icy de ce que nous apellons aujourd'hui,

L

Francis Sidonius l'apelle *Cloio*, & non pas *Cloid*.

Les deux *Epitomes* que l'on cite, ne sont point de Gregoire de Tours, comme l'on en convient en divers endroits du Dictionaire, & c'est ce qu'il étoit necessaire de marquer icy, afin que le Lecteur ne s'imaginât pas que Gregoire est contraire à lui-même, ou qu'il ait parlé de Pharamond. Gregoire de Tours ne parle de Chlodion, ou comme il l'apelle Chloglou que dans son second Livre de l'*Histoire des François*, à la fin du nombre ix. & ne dit pas un mot du Pere de ce Prince. Fredegaire qui est un des abreviateurs de Gregoire de Tours, dit que Chlodion étoit fils de Theudemer. Aimoin Auteur plus recent que Fredegaire dit que Chlodion étoit fils de Pharamond. Remarquez que Gregoire n'a jamais parlé de Pharamond; & que dans l'endroit même où il parle de Chlodion, il en parle après avoir fait mention de Theudemer; mais sans insinuer qu'il crût que ce dernier fût Pere ou parent de l'autre.

Ce qu'on supose icy que Chlodion fit une loy touchant les longues chevelures, a besoin de preuve. Je voudrois qu'on eût marqué, quel est le premier Auteur qui a indiqué le surnom de *Chevelu*, comme un surnom particulier à Chlodion. Gregoire de Tours dans l'endroit que j'ai cité, dit seulement que les François ou François se choisirent des Rois *chevelus*, & qu'ils les tirerent de la plus noble famille de leur nation. *Traduns multi trans ed: transacto Rheno . . . . Reges crinitos super se creavisse, è nobiliori suorum familia.* Ensuite il parle de Theudemer & de Chlodion.

CLODOMIR second fils de Clovis. Il fit la guerre à Sigismond fils de Gondebaud. On dit que ce dessein lui fut inspiré par la Reine Clotilde. Il se joignit à ses freres Thierri, Childebert & Clotaire; & tous insemble attaquerent si vivement Sigismond & ses freres nommez Gondemar & Gondebaud, qu'ils les défirent en 523. & prirent Gondebaud prisonnier avec sa femme & ses enfans, Clodomir les envoya à Orleans, & depuis les fit jetter dans un puits, en un Village nommé saint Pere Avy-la-Colombe, au Diocese d'Orleans. Ce fut le 8 May de l'an 524. qu'il se porta à cette violence; malgré tous ce que lui pût représenter *Avitus Abbé de saint Mesmin.* Il y a icy plusieurs choses à retoucher.

1°. Gondebaud n'est point nommé par Gregoire de Tours, & les Auteurs qui le nomment remarquent qu'il étoit fils, & non pas frere de Sigismond.

2°. On ne devoit point par conséquent dire que Clodomir *prit Gondebaud prisonnier avec sa femme & ses enfans : qu'il les envoya à Orleans,* &c. mais il faut mettre Sigismond au lieu de Gondebaud. *Sigismandus,* dit Gregoire de Tours, *Histor. Francor.* L. 3. a. 6. *à Chlodomere captus cum uxore & filiis,* &c. Ce fut le même Sigismond, dont il n'est pas possible de deviner le sort en ne lisant que cet article du Dictionaire, qui fut jetté *dans un puits ,,* &c.

3°. On assure icy que ce puits est *en un village nommé saint Pere-Avy-la-Colombe,* & en cela on paroit s'écarter de la verité, Saint Gregoire de Tours dit que Clodomir tua Sigismond, sa femme & ses enfans, & qu'il les fit jetter dans un puits, *apud Columnam Aurelianensis Urbis vicum.* Cet endroit n'est point saint Pere, mais en est proche, & saint Pere est sur le chemin qui conduit à ce que l'on apelloit, *Columna.* Car *saint Pere-Avy-la-Colombe* est en Latin, *sanctus Petrus in Via Columne,* c'est-à-dire, *saint Pierre, sur le chemin qui conduit à Columna.* Il y a dans ce canton une Paroisse, qu'on apelle Coulmers, un Village sans Paroisse, qu'on nomme *Columelle ;* & enfin un autre Paroisse qu'on apelle *saint Sigismond,* ou *saint Simon,* par contraction du mot Sigismond. Dans cette Paroisse on voit les mazures d'une ancienne Eglise, au milieu de laquelle est un puits que l'on apelle le puits de saint Sigismond, qui est le même (suivant la Tradition du Païs ,,) dans lequel saint Sigismond fut jetté avec sa femme & ses enfans.

4°. Icy on met la mort de saint Sigismond au huitiéme May 524. dans l'article, *Sigismond,* on la met au premier May 523. Ce n'est pas être assez uniforme. Selon la Chronique de Marius, Sigismond fut mis à mort sous le Consulat de Maxime. Or Maxime, comme le Dictionaire l'avoüe dans la suite des Consuls, au Tom. 2. p. 336. fut Consul en l'an 523. Ainsi la seconde date vaut mieux que la premiere.

L ij

CLOPINEL, *autrement dit Jean de Meung, Religieux de l'Ordre de saint Dominique, vivoit vers l'an 1300. On dit qu'il étoit natif de Meung sur Loire, & qu'il fut surnommé Clopinel, parce qu'il étoit Boiteux.... il continua le Roman de la Rose, &c.*

J'ai remarqué ailleurs que cette expression, *On dit*, ne s'employe communément par les bons critiques, que dans les faits qui ne sont pas certains ; ainsi on ne devoit pas s'en servir icy, puis que c'est un fait indubitable que Jean étoit de Meung sur Loire, comme il le dit lui-même très-expressément.

Je pense qu'on s'est trompé en assûrant qu'il étoit Religieux de l'Ordre de saint Dominique.

CLOUD (*Saint*) *Evêque de Mets.* Il étoit déja au mot *Claudulfe*, mais sans aucune date fixe.

Sous *Claudulfe*, on apelle sa mere, *Dole*. Icy on la nomme mieux, *Dode*.

On dit icy qu'il mourut âgé de 99. ans. Dans l'autre article on ne lui en donne que 86. Car on dit qu'il fut fait Evêque étant âgé de 46. ans, & qu'il gouverna son Eglise près de 40. ans. M. Baillet au 8. Juin, dit que saint Cloud mourut vers 696. âgé de plus de 50. ans.

Remarquez que dans ces deux articles on supose avec raison que saint Cloud, (fils de saint Arnoul) dont on parle icy, fut Evêque de Mets pendant 40. ans. Cependant dans l'article de saint Arnould on n'avoit donné ce fait que comme un fait assez douteux en disant : *Clodulfe depuis Evêque de Mets, à ce que quelques-uns croyent.*

Remarquez encore que *Claudulfe* est un nom défiguré : le mot Latin étant *Glodulfus*.

CLOVIS II. *Succeda au Royaume d'Austrasie à son Frere Sigebert, vers l'an 650.* On contredit cette date dans l'article *Sigebert* II. où l'on ne fait mourir ce dernier qu'en 655.

D'ailleurs on supose dans l'article de *Sigebert* que ce ne fut point Clovis II. son frere qui lui succeda dans le Royaume d'Austrasie ; mais que Sigebert eût pour successeur son fils Dagobert II. On se contredit encore à l'article, *Dagobert II.* où l'on donne une autre date de la mort de Sigebert. Car on dit que *Dagobert naquit vers 648. & que son Pere étant mort le laissa à l'âge de trois ou quatre ans*, &c. Ainsi c'est suposer trois dates différentes de la mort de Sigebert. Il falloit avant toutes choses établir une suite Chronologique de nos Rois, qui fût uniforme, & ensuite la consulter *avec soin* dans les articles particuliers que l'on donne à chacun d'eux. Voyez cy-dessous ce que j'en dis dans l'article de Dagobert I.

CLUNY, *Abbaïe* ..... Il y a une faute considérable de Moreri, laquelle a passé dans toutes les éditions du Dictionaire, au moins elle est dans la premiere édition de 1674. & dans les deux dernieres de M. Du Pin de 1712. & 1718. On y a méconnu le celebre André du Chesne, & on l'y a transformé en *André de Quercy*. On y dit: *Martin Marrier, & André de Quercy, qui ont fait le recüeil de la Bibliotheque de Cluny*, &c. Il falloit dire: *Martin Marrier & André du Chesne*. Les termes Latins que l'on a si mal traduits, sont, *Bibliotheca Cluniacensis* .... *Collecta à D. Martino Marrier, cum notis Andrea Quercetani*. Corrigez dans les Citations, *Julien, Baleure* ..... & *Rodolphe Galaber*. Lisez *Julien Baleure* ..... & *Rodolphe Glaber*.

COEUR. On y met le mariage de Germaine Cœur avec Loüis de Harlay, en 1413. Lisez 1493.

COGNI, *Iconium*, Ville, &c. *Il s'y est tenu un Concile au commencement du III. Siecle de l'Eglise, qui autorisa la rebaptisation des Heretiques.* Cette date n'est pas correcte. Firmilien assista à ce Concile, comme il le dit expressément dans sa Lettre à Saint Cyprien, qui est la 75. parmi celles du même S. Cyprien. Ce Concile par conséquent comme M. de Tillemont le soutient avec raison, tome 2. p. 716. ne peut avoir été tenu avant 231.

On renvoie le lecteur pour aprendre plus à fond ce qui touche l'Histoire de ce Concile, au mot *Icone* : mais à cet article d'*Icone*, on ne nous donne qu'un simple renvoi, en ne disant uniquement que ces deux mots, *Voyez Cogni*.

COLIGNI, *Odet, &c. le Pape Clement VII. le fit Cardinal en 1553. Lisez 1535.*

COLLIN ou COELLIN ..... Il publia des Commentaires sur la premiere partie de la somme de S. Thomas. Le vrai nom de ce Dominicain est Koellin. Son Commentaire n'est pas sur la premiere partie de S. Thomas, mais sur la premiere seconde, *in primam secundae* .....

COLLYRIDIENS, *Heretiques qui s'éleverent dans le* IV. *siecle, vers l'an* 773. *Lisez* 373.

COLOGNE. p. 445. col. 1. *On met ordinairement en l'année* 346. *un Concile de Cologne, dans lequel on dit qu'*Euphratus. *Evêque de cette Ville fut deposé. On a même les Actes de ce Concile. Mais il y a bien de l'apparence que ces Actes sont supposez, & que cette Histoire est fausse. Voyez au mot* Euphratus, *Lis.* Euphratas *dans les deux endroits où l'on met* Euphratus.

Je remarquerai en passant que puisque l'on prend le parti de croire que le Concile de Cologne est supposé, aussi bien que les Actes, que nous en avons, on doit éviter de s'en servir en differentes occasions, dans lesquelles on les cite comme s'ils étoient fort authentiques. Par exemple, on en fait usage dans l'article de Châlon sur Saône, où l'on dit simplement que *Donatien* en étoit Evêque, & se trouva au Concile de Cologne en 346. Dans cet article même de Cologne, on se contredit: car dans la page précédente on venoit de suposer comme certain, qu'*Euphrate* en 346. favorisa les Ariens, & que la foy ne fut rétablie à Cologne que par son successeur saint Severin. Au reste je pense qu'on a raison de regarder ce Concile de 346. comme une piece fausse.

COLOMB. (*Ferdinand*) &c. *a vécu vers l'an* 1445. *Lis.* 1525.

COLOMIEZ, (*Paul*) *a publié un Livre sur la vie & les écrits des François savans dans les Langues* Occidentales. *Lis.* Orientales.

COLONIE. *On cite à la fin de cet article* André Valais. *Lis.* Adrien Valais.

COLONNE, (*Gilles*)..... *Gautier a fait une faute lors qu'il a crû que Gilles Colonne étoit different de Gilles de Rome. Cela est très-vrai: mais le Dictionaire a fait la même faute, en donnant icy un article de Gilles Colonne, & un autre au* 5. Tome *de Gilles Romain. Comme* portez les ensemble & vous verrez qu'on a crû que c'étoient deux personnages différens.

On dit qu'il mourut le 22. Septembre 1516. & on raporte son Epitaphe où il est dit expressément que ce fut le 22. Decembre.

COLONNE, (*Jacques*) *Cardinal* . . . . *Le Roy Philippe le Bel en* 1300. *envoya Sciara Colonne en Italie avec Guillaume de Nogaret. Ils surprirent Boniface V I I I. à Anagnie,* &c. Lisez, en 1303. comme on le dit avec raison dans l'article de Boniface VIII.

COLONNE, (*Marc Antoine*) *Cardinal,* &c. p. 451. col. 2. . . . . .

Il fut mis au nombre des Cardinaux en 1565. *par le Pape Pie IV. qui lui donna l'Archevêché de Salerne* . . . . .

Il remit à Cornelio Marsilio l'Archevêché de Salerne, que le Pape Pie V. lui avoit donné. Il faut aparemment, que le Pape Pie IV. lui avoit donné, ou bien dans l'autre endroit il faut Pie V.

COLONNES . . . . . *La Colonne Trajane avoit* 128. *pieds de hauteur. On y montoit par* 18. *marches éclairées par* 45. *fenêtres.* Le nombre des marches est fautif; mais je ne sçai pas le veritable.

COLTELLINI, *Avocat de Florence, chef de l'Academie des Anabaptistes.* Lisez, *des Apatistes.* Le nom de cet Avocat étoit, *Augustin.* Son article n'a aucune date. Coltellini mourut à Florence, âgé de 81. an, le 26. Aoust 1693. Voyez M. de la Monnoye dans le nouveau *Menagiana,* tom. 3. p. 137.

COMACCE, *fut fait General des Dominicains en* 1684. Il avoit été fait Vicaire General de son Ordre par le Pape Sixte IV. Par conséquent il y a icy une faute de chiffres. Peut-être n'y a-t'il qu'une transposition, & 1684. pour 1486.

COMEDIE . . . . . *Quant à l'origine de la Comedie en France, elle vient d'une Confrairie de la Passion qui fut fondée avant l'année* 1402. *en l'Eglise de la Trinité à Paris. Les Confreres representoient en certains jours, dans des lieux particuliers, les Mysteres de la Passion,* &c. Ainsi, les Comediens & la Comedie ne commencerent à être connus en France qu'à la fin du XIV. siécle, ou

au commencement du XV. Je ne ſçai comment accorder cela avec ce que l'on dit dans le premier volume,
au mot, *Alais*, que *Jean Alais étoit de Paris*, & *il fut
maître des Comediens dans le XII. ſiecle*. Car enfin ſi
ce dernier fait eſt vrai, la date de *l'Origine de la Comedie en France à la fin du XIV. ſiecle ou au commencement du XV.* eſt fauſſe. Au reſte l'article d'*Alais* n'eſt
fondé dans le Dictionaire que ſur deux Ecrivains aſſez
recens, qui ſont Du Verdier & l'Auteur des Antiquitez
de Paris. Remarquez qu'il y a un autre défaut dans l'article, *Alais*. On y dit *qu'il prêta de l'Argent au Roy*.
Quel eſt ce Roy? Il faut être bien fin pour le deviner,
car pour toute date de ce fait on ne marque que le XII.
ſiecle.

COMINGE, (*Jean Raymond de*) *Card*. Le Pape Jean XII.
ayant érigé en 1317. *l'Egliſe de Touloufe en Metropole*,
Jean Raymond en fut le premier Archevêque. Liſez Jean
XXII. Ce Pape le mit au *nombre des Cardinaux*, *le*
18. *Decembre* 1327. *entre leſquels, il eut le titre d'Evêque
de Porto*. Il ne fut pas ſi-tôt Evêque de Porto, mais ſeulement après Pierre d'Arablay, lequel ſuivant le Dictionaire, au mot, *Arablay*, vivoit encore en 1328. Voicz
M. Baluze, *Vita Pap. Aven*. tome 1. p. 731.

COMMERCE. On y dit que ce fut par les Ordres
que François I. donna à l'Amiral Chabot, qu'on decouvrit le Canada en l'Amerique. On n'en marque point
l'année. Dans l'article *Chabot* (*Philippe*) p. 241, on dit
que Chabot fut *Amiral* en 1526. & on n'y dit pas un
mot de ſon voyage en Canada. Dans l'article , *Canada*,
on aſſure que ce Païs fut découvert par *les François en*
1504. Dans l'article de Jacques *Cartier*, on dit que ce
dernier *decouvrit une partie du Canada dès* 1518. & *qu'il
y fit un ſecond voyage en* 1534. Tout cela n'eſt pas aſſez
uniforme.

CONANTIUS, *Evêque de Palenza au commencement
du VII. Siecle*. *Gennade en parle*. On cite Gennade, *de
Script. Eccleſ*. & M. Du Pin, *Biblioth. des Aut. du VII.
& VIII. Siecles*. Gennade qui écrivoit à la fin du V.
ſiécle, n'a pû parler d'un Auteur du VII. Auſſi n'en dit-
il rien. C'eſt le Catalogue attribué communément à St.
Iſidore

Isidore de Séville, qui parle de Conantius. M. Du Pin n'a point cité Gennade, mais Isidore.

CONCEPTION *Immaculée*, &c.

1°. Le Concile de Trente n'a rien voulu décider sur le fond de cette question : mais il a néanmoins excepté la sainte Vierge du Decret qui porte que tous les hommes sont conçus dans le peché originel. Cette exception ne se trouve point dans les premieres Editions du Concile de Trente, & la raison est, comme on l'aprend d'un manuscrit de Curtembosche qui assistoit en ce tems-là au Concile, que la question y souffrit quelques difficultez & quelque contradiction ; mais enfin l'exception passa, & a été reçüe & aprouvée par le Concile dans la derniere Session. J'ai examiné autrefois ce dernier point de fait, contre ce qu'en dit M. de Launoy dans son Traité *Des Prescriptions touchant la Conception de N. D.* p. 39. & suiv. Ce Docteur ne s'apuye uniquement que sur un argument negatif. *Quand les six premieres Sessions du Concile de Trente furent achevées*, dit Monsieur de Launoy, *on en imprima à Paris les Decrets l'an 1546. on n'y trouve point l'exception qui se trouve dans l'impression de Rome, de l'an 1564. Elle n'est point non plus dans l'Edition de Paris de 1555. ni dans la somme des Conciles de Caranza, ni dans Crabbus.* Il en conclut que cette exception n'a point été admise dans le Concile, mais que c'est uniquement le Pape Pie I V. qui l'a fait mettre pour la premiere fois dans l'Edition du Concile de Trente, faite à Rome, où elle parut en 1564. Il ajoûte que *pour invalider les impressions qu'il a marquées, où cette exception ne se trouve point, il faudroit aporter quelque impression faite avant l'année 1564. ou elle se trouvât.* Il soûtient enfin que sans cela, *il n'y auroit pas moyen d'excuser de subreption toutes les Constitutions faites sur cette matiere depuis ce tems-là.*

Je vais montrer que M. de Launoy s'est trop fondé icy (& c'étoit sa coûtume :) sur un argument purement negatif. Pour que cette espece d'argument puisse être poussée à la rigueur, il faut que l'argument soit vraïement négatif, & qu'il ne soit contrebalancé par aucune preuve positive. Or l'argument que fait icy M.

M

du Launoy.) On n'est point ... & il est ... par des preuves positives. ... la derniere ... La voicy.

2°. La premiere est que Calvin dans son Antidote (contre les Decrets des sept premieres Sessions du Concile de Trente) imprimé en Latin, ... ayant ... d'Imprimeur ... de la Bible où il a été imprimé, ... rapporte le Decret du Concile, avec la declaration (c'est l'exception dont il s'agit icy) comme il se trouve dans l'Edition de 1564. ce sont les termes propres à l'avis de Mr. de Launoy, p. 4.) Remarquez que Calvin a fait imprimer ces sept premieres Sessions en leur entier, & que l'exception s'y trouve dans les mêmes termes dans lesquels elle est dans l'Edition de 1564. & dans le même lieu, c'est-à-dire, à la fin du Decret touchant le peché Originel. Il avoit donc certainement copié un exemplaire de ce Concile où cette exception se trouvoit. D'ailleurs, aucun Catholique ne se recria là-dessus, & n'accusa Calvin d'avoir imposé au Concile, en lui attribuant cette exception.

M. de Launoy a cru se tirer d'affaire en disant que cette exception avoit été proposée au Concile, & non pas reçûe. Calvin, ajoûte-t-il, eut avis de cette proposition & la fit imprimer, pour avoir plus sujet de contredire le Concile; comme il a fait dans son Antidote. Rien qui soit moins juste que cette réponse; puisque Calvin après avoir raporté le Decret entier avec l'exception qui le termine, & y avoir repris ce qu'il y croyoit voir de mauvais, ne dit pas un seul mot contre l'exception. Il est donc évidemment faux qu'il ne l'ait raporté que *pour avoir plus de sujet de contredire le Concile.*

3°. La seconde est que cette exception se trouve dans une Edition de Milan de 1548. comme je l'apprend de Mr. Du Pin, partie premiere de son Histoire du XVI. Siecle, p. 81.

4°. La troisiéme est que Catharin dans son Traité pour l'Immaculée Conception, imprimé à Rome en 1551. dit formellement à la pag. 95. que cette exception avoit été reçûe unanimement, *unanimi consensu.* Catharin est un témoin qu'il n'est pas possible de recuser; puis qu'il avoit assisté à cette Session, & que son Ouvrage fut imprimé à Rome dès alors, & qu'il mourut en 1552. douze ans avant que l'Edition du Concile de 1564. parût. Catharin étoit Jacobin ... chose ... que ...

5°. La quatriéme est que Dominique Soto, autre Dominicain célebre, qui avoit aussi assisté à cette Session du Concile, a connu aussi bien que Catharin, que l'exception dont il s'agit y avoit été reçûë & mise dans le Decret du Péché Original par le Concile. Voicy ce qu'il dit dans son Commentaire sur le chap. 5. de l'Epître de saint Paul aux Romains. *Absit ut ullum hic verbum illis addita Virgini Mariae faciam: sed etsi Concilium Tridentinum Decretum ... quando libertatem fecerit sentiendi in ... partem*, &c. Remarquez que Soto composa son Commentaire peu après la tenuë de la cinquiéme Session de Concile, qui fut du 17 Juin 1546. & que son Ouvrage fut imprimé à Anvers en 1550.

6°. Je pourrois apporter plusieurs autres preuves de ce même fait, celles 1°. de Salmeron, de Canus & de Vega qui avoient assisté au Concile de Trente, & des deux Historiens du même Concile, qui n'ont jamais douté que cette exception y eût été admise dès le sens de la cinquiéme Session. 2°. de l'aveu de Barthelemy ..., lequel fut ... publique de ce fait, écrivit dès l'année 1547. contre les Pères du Concile à ce sujet, comme le rapporte Catharin dans l'Ouvrage que j'ai cité. 3°. D'un Manuscrit de la Bibliothèque du Roy, de l'année ... cité par M. Balluze *Miscellanea* Tom. 7. p. ... que cette exception se trouve toujours du Decret touchant le Péché Original. 7°. De l'Edition Françoise du Concile donnée par Gautier Hervet, dont le Privilege est daté du pénultiéme Octobre 1564. Edition qui doit par conséquent passer pour antérieure à celle de Pie IV. où la même exception se trouve aussi. Mais ce détail, qui n'est nullement nécessaire, m'engageroit trop ... reflexion. Mes quatre premieres preuves démontrent clairement contre M. de Launoy, que cette exception fut admise dans le Concile, & contre M. Du Pin, que ce ne fut pas seulement dans les dernieres Sessions du Concile en 1563. mais dans la cinquiéme de ... 1546. Voyez Chemnitin, &

l'endroit que je viens de citer de M. Balus... où ... vous
remarquierez, que s'il y eut d'abord quelques difficultés
là-dessus, ce fut particulièrement parce que plusieurs vouloient qu'on dit quelque chose de plus ... ... la
Conception Immaculée de la T. S. Vierge ... ...
... 78. Le Dictionnaire marque ensuite plus ... ...
... commencemens de la Fête de la Conception ... ...
V. & il en donne pour première époque ... ...
la Constitution de l'Empereur Manuel Comnène qui l'é-
tablit dans l'Eglise Grecque au XII siècle. La Fête de la
Conception de la Ste. Vierge n'a point été établie comme on le supose icy, par Manuel Comnène. Ce Prince
dans sa Constitution Impériale raportée par Balsamon
(in Nomocanonem Photii ... cap. ... ... Paris ...
p. 80.) fait un dénombrement des jours ausquels il ne
veut point que l'on rende aucun jugement, ni que l'on
fasse aucune affaire. Dies qui sunt ab ... ...
... ab omni negotio penitus immunes, ...
eis ... ... omnis ad judicium aditus. Il met au nombre de ces jours, le neuvième de Décembre, parce que
c'est le jour auquel on célèbre la Fête de la Conception de
la très-Sainte Mere de nôtre Dieu. Concluez de là que
cet Empereur a institué cette Fête, c'est à faire sans
juste raison, n'y ayant rien dans ... ... qui insinuë
le moins du monde que ce Prince fut le premier Auteur de cette Fête. Il est clair au contraire qu'il la supose comme une solemnité connuë de son temps, aussi-
bien que toutes les autres dont il fait le détail. D'ailleurs, nous voyons pas quelques Sermons ... ... differens Auteurs Grecs, dont M. Du Pin ... ... ne
connoît d'authenticité, qui ou célèbrent la Fête de la
Conception de la sainte Vierge, sous le titre de la Conception de ... sainte Anne, dès la fin du IX. Siècle. Ainsi
nous avons deux Sermons, de Conception ... ... Annæ,
de George Archevê. de Nicomedie, qui vivoit, comme le
Dictionnaire le marque avec raison, ... George ...
255. Col. ... vers l'an 880. ... étoit ami de Photius. Ces
Sermons ont été donnez par le Pere Combefis. Il y en
a un sur la même Fête, parmi les discours de l'Empereur Leon VI. surnommé Le Sage, qui sont gardez ma-

M

nuſcrits dans la Bibliotheque Sforcienne. Voyez le Dictionaire au mot, *Leon VI.* p. 85. Leon mourut en 911.

8°. Le Dictionaire après avoir raporté l'établiſſement
de cette Fête à l'Empereur Manuel Comnene *au XII.*
Siécle dans l'Egliſe Grecque, ajoûte : *Elle commença à*
s'introduire en France en même tems. Les Chanoines de
Lyon l'ayant voulu établir, ſaint Bernard s'y opoſa : mais
n'anobſtant ſon opoſition elle s'établit en France & en An-
gleterre. J'ai trois choſes à reprendre icy. 1°. Ces mots,
en même tems, ſe raportent à l'établiſſement prétendu de
la Fête par Comnene. Or cela fait un Anachroniſme.
Car la Conſtitution de ce Prince n'eſt que de 1174. &
la Lettre de ſaint Bernard eſt anterieure d'environ 30.
ans. 2°. Cette expreſſion, *les Chanoines de Lyon l'ayant*
voulu établir, &c. ne marquent pas que ces Chanoines
euſſent en effet reçû cette Fête, & cependant il eſt conſ-
tant qu'ils l'avoient reçûë. 3°. *Nonobſtant ſon opoſition,*
elle s'établit en France & en Angleterre. Cela donne à
entendre que cette Fête ne s'établit en Angleterre qu'après
l'opoſition de ſaint Bernard, ce qui eſt encore faux. Cette
Fête avoit paſſé d'Angleterre en France.

Au reſte cette Fête étoit fort ſolennelle en Eſpagne
dès le X. Siécle, & l'on y croyoit dès-lors que ſaint Ilde-
phonſe qui vivoit dans le VII. en étoit le premier Auteur. Vous trouverez de bonnes preuves de cecy, données par le P. Mabillon dans ſes *Acta 8s. Ord. S. Bened.*
p. 520. La même Fête ſe faiſoit à Paris dès la fin du XIII.
Siécle. Voyez M. Fleury, *Hiſt.* L. 89. n. 11. M. Baillet
ſemble revoquer ce dernier fait en doute, quoy qu'il
ſoit très-certain.

CONCILE. M. Du Pin dans cet article n'eſt pas aſſez
d'accord avec lui-même. Il y fait & défait d'une page
à l'autre & de fantaiſie, des Conciles Generaux, diſant
quelquefois d'un même Concile qu'il eſt General, &
quelquefois qu'il ne l'eſt pas. Confrontez ce même article avec celui du Dictionaire de 1712.

Après avoir donné une *Table univerſelle Chronologi-*
que des Conciles depuis la p. 468. juſqu'à la 482. on parle
des *Recüeils des Conciles,* & on y dit: *vers la fin du*
VI. ſiecle, les Canons des principaux Conciles, qui avoient

été tenu jusqu'alors, furent confisqués, &c. Lisez, *vers la fin du IV. siècle*.... *& au VI. Concile de Carthage*; lisez, *au IV*.

Denys, surnommé le Petit, fit sur la fin du V. siècle, une Collection plus ample que les précédentes. On a donné une date toute différente de ce fait, au mot *Canon*, p. 87. col. 2. On y dit que ce *Code de Canons fut composé l'an 520. & traduit par Denys le Petit*. On n'en donne aucune date au mot, *Denys le Petit*. Je croi que ce Recüeil fut fait peu après le commencement du VI. siècle, mais avant 510. par Denys, qui n'en fut pas le simple traducteur, comme on semble le suposer en disant, *composé .... & traduit*, &c. Autre contradiction. On dit en parlant du Recüeil fait avant la fin du IV. siècle, que *nous l'avons encore aujourd'hui sous le titre de, Codex Canonum Ecclesiæ universæ*. Au mot *Canon*, on dit le contraire que *ce Code ne se trouve plus*. Ce dernier sentiment me paroît mieux fondé que l'autre, & je pense que les Codes des Canons de l'Eglise universelle donnez par Justel & par le dernier Editeur de Saint Leon, ne sont point l'ancien Recüeil en question.

En 1670. le P. Labbe & le P. Cossart, Jesuites, ont donné un nouveau Recüeil de Conciles, &c. En lisant ceci on suposera que le P. Labbe vivoit encore en 1670. & que ce Recüeil des Conciles parut en cette même année, cependant le P. Labbe mourut en 1667. & il avoit déja pour lors huit volumes de son Recüeil d'imprimez, le P. Cossart n'ayant commencé qu'au neuvième.

Je n'ai point examiné la *Table universelle des Conciles*, que l'on donne icy. Les futurs Reviseurs doivent prendre le soin & la patience de la diséuter.

CONDE', *Ville dans le Hainaut*.... *Elle tomba dans la Maison de Bourbon en 1487. par le mariage de François de Bourbon, avec Marie de Luxembourg, veuve de Jacques de Savoye, Comte de Romont, fille aînée & principale heritiere de Pierre de Luxembourg second du nom*, &c. *Cette Princeße mourut à la Fere, le premier Avril 1546. après avoir été Veuve 51. ans; car le Comte de Romont son Mari mourut à Verceil le 3. Octobre 1695. & ses petits fils porterent le nom de Princes de Condé*. Lisez, en

François de Bourbon son Mari mourut à Vencest en 1495.
&c. Le Comte de Romont son premier Mari étoit mort
en 1486.

CONDOM, Ville, &c. Elle a été autrefois de la Séné-
chauffée, & de l'Evêché d'Agen; mais depuis qu'elle a eu
des Evêques particuliers, on lui a aussi accordé un Préfidial. C'est supofer que le Préfidial est aussi ancien à
Condom, que l'Evêché. Cependant l'Evêché y fut érigé,
comme on le dit icy, en 1327. & la création des Préfi-
diaux en France est postérieure à l'an 1550. comme on
le dit au mot, Préfidial.

Raimons Goulard, Abbé de S. Pierre de Condom, fut
premier Evêque de cette Ville. Lifez, Raymond Galard,
ou de Galard. Dans les Ecrivains de ce tems là il est
nommé Raymundus Galardi.

CONDREN (Charles de) fut reçû dans l'Oratoire
le 17. Juin 1617. & d'abord il eut la conduite de plufieurs
perfonnes qui afpiroient à la perfection; entr'autres de M.
Olier Fondateur du Seminaire de S. Sulpice. Mr. Olier
n'avoit pas encore neuf ans pour lors, n'étant né qu'au
mois de Septembre 1608. comme on le dit dans son article: & certainement il ne se mit fous la conduite du
P. de Condren que plus de 15. ans aprés. Voyez la Vie
de M. Olier dans les additions du P. Giry au fecond
jour d'Avril.

CONECTE, fameux Carme en 1428. . . . . Il fut brûlé
à Rome, en 1334. Lifez en 1434.

CONGAN, Abbé, vivoit en 1180. & étoit Contemporain de S. Bernard. Il écrivit la Vie de S. Malachie,
que S. Bernard compofa depuis, à la Priere du même
Abbé. La date de 1180. n'est point exacte. Il étoit Abbé
dès 1120. & S. Bernard étoit mort dès 1153.

CONGREGATION de Auxiliis, ou des Secours de la
Grace. C'est le nom que l'on a donné à la celebre Affem-
blée de Prélats & de Docteurs, que les Papes Clement VIII.
& Paul V. formerent à Rome, pour juger du Livre &
de la Doctrine du R. Loüis Molina, Jefuite Efpagnol, qui
a pour titre, de Concordia Gratia & Liberi Arbitrii.

1°. Les Dominicains furent fes Denonciateurs à Rome
(du Livre & de la Doctrine de Molina.) Un fait remar-

quable eſt , que le Livre de Molina fut imprimé en 1588.
avec l'Aprobation & l'éloge d'un Dominicain , nommé
Barthelemi Ferreira, qui jugea cet Ouvrage de Molina *très*
digne d'être imprimé *pour l'utilité publique de l'Egliſe*, non
ſeulement parce qu'il *ne s'y trouve rien de contraire à la*
Foy , mais encore parce que ce qui peut y avoir d'obſ-
cure dans les Peres , touchant cette matiere ſi *épineuſe*,
y eſt *très-bien éclairci.*

   2ª. *Cinquante propoſitions* , de Molina, *y furent jugées*
dignes de Cenſure , *& l'on prit la reſolution de les con-*
damner. Le P. Serry raporte qu'en 15. ſéances , dont la
premiere fut du 2. Janvier 1598. & la derniere du 15.
Mars de la même année , les Conſulteurs jugerent juſqu'à 90. Propoſitions de Molina dignes de Cenſure. Clé-
ment VIII. ayant oüi le raport , s'aperçut ſans peine que
ces Conſulteurs avoient été bien vite , & vouſut qu'ils
recommençaſſent tout de nouveau , & qu'ils diſcu-
taſſent le tout avec plus de maturité : *Cauſam maturiori*
judicio dirimendam judicavit. (Obſervez que les Jeſuites
s'étoient plains des préjugez de ces Conſulteurs & de la
diſpoſition où ils étoient de condamner Molina à quelque prix que ce fût.) Dans le ſecond examen , ces 90.
Propoſitions furent réduites à 20. Ces faits ſont tirez du
P. Serry, *Hiſtoria Congregat. de Auxilis* , L. 2. c. 2. 3.
& 11. pag. 164. 173. 230. & 231. Je cite l'Edition de 1700.
Le ſeul endroit où il ſoit fait mention de cinquante Propoſitions cenſurables eſt la Bulle attribuée à Paul V. que
je montrerai cy-deſſous, n. 8. & 9. être une piece ſu-
poſée.

   3ª. *Après la 68. Seſſion du 22. Janvier 1605. qui fut la*
derniere ſous Clement VIII. ce Pontife commanda aux
Secretaires de la Congrégation , de faire ſçavoir aux Do-
minicains & aux Jeſuites, qu'ils euſſent à ſe tenir prêts
pour répondre à la premiere Seſſion , s'ils reconnoiſſoient
que la Doctrine de ſaint Auguſtin touchant la Grâce , fut
contenuë dans quinze articles qu'il avoit dreſſez. On croit
que ce Pape avoit réſolu de décider ces differens par une
Bulle , ſi les Jeſuites refuſoient de ſe rendre. Mais ſa mort
arrivée, &c. Suivant le P. Serry, *in Appendice,* p. 175.
ces 15. articles furent propoſez dès le 9. Juillet 1603.

mais

mais ce défaut dans la date est peu de chose, en com-
paraison de l'autre faute que je vais reprendre. M. Du
Pin supose que ces 15. articles furent proposez par le
Pape, comme autant de points décidez, & qu'il vouloit
que les Dominicains & les Jesuites *reconnussent* comme
renfermant la Doctrine de saint Augustin : de sorte qu'il
étoit disposé à agir contre les Jesuites, *s'ils refusoient
de se rendre.* Le P. Serry, p. 395 convient du contraire. *Scriptum hoc*, dit-il, *complectebatur assertiones quinde-
cim, quibus suam sententiam exponebat Pontifex, non eo
tamen fine ut eas pro definitis à se dogmatibus traderet,
sed ut tempore suo in Congregationibus expenderentur, an
S. Augustini mentem feliciter attigisset.* C'étoient donc
des articles que le Pape proposoit *pour être examinez,*
& nullement comme autant de points *décidez.*

4°. *On croit* (mettez, les adversaires des Jesuites
croyent) *que le Cardinal du Perron favorisoit les Jesuites
par ordre du Roy Henry IV. qui vouloit par là obliger ces
Peres à parler bien à Rome de sa Catholicité, qui y fut
toûjours suspecte.* D'un autre côté les amis des Jesuites
croyoient que les Consulteurs ne vouloient tant de mal
à ces Peres, que parce qu'ils étoient attachez à ce Prince, & qu'ils parloient avantageusement à Rome de sa
Catholicité. Ainsi chacun pense sur ces sortes de faits
suivant le parti qu'il prend dans ces contestations. Voici
ce que le Cardinal du Perron, raporté par le P. Serry
p. 566. écrivoit à Henry IV. le 23. Janvier, 1606. *Les
Espagnols font profession ouverte de proteger les Jacobins,
en haine, comme je crois, de l'affection que le Pere General des Jesuites & presque tout son Ordre, ont montré de
porter à vôtre Majesté : & il semble que d'une dispute de
Religion, ils en veüillent faire une querelle d'Etat.*

5°. *Paul V. promettoit* (dans un Rescrit) *de publier
la décision en son tems.* On croit que cette décision auroit
été contraire aux Jesuites. Reste à sçavoir quelles personnes on designe par ces mots, *On croit.* Car les Jesuites disent de leur côté, *on croit que cette décision auroit été favorable à Molina.* Le P. Serry p. 704. & suiv.
paroît étrangement surpris de ce que les Jesuites soûtinrent toûjours, depuis que les Assemblées *de Auxilis*

N

eurent été congediées, que Molina y avoit triomphé.
Il raporte p. 713. que les Jesuites Espagnols avoient même dressé des Ares triomphaux, où on lisoit pour devise capitale, *Molina Victor*, c'est-à-dire, Molina Vainqueur. Si cela est vrai, je n'ai garde de l'aprouver.
Mais je ne sçai comment le P. Serry répondroit à un
Jesuite qui prétendroit justifier ses Confreres en ce
point, & qui lui diroit: De vôtre aveu, un Livre est cen-
sé aprouvé à Rome, lors qu'y ayant été deferé, & ensuite discuté & examiné, il n'y est condamné par aucun
Decret. Or le Livre de Molina a été deferé à Rome par
les Dominicains, il y a été examiné pendant près de dix
années consecutives, & après tout cela, il n'y a été condamné par aucun Decret. Donc le Livre de Molina a
été aprouvé à Rome. C'est par un argument semblable
que le P. Serry p. 59. a prétendu démontrer que les
Censures de Louvain & de Douay contre Lessius, avoient
aussi été aprouvées à Rome. *Etsi nulla nobis (approba-*
tionis) suppeterent testimonia, id unum nobis sufficeret,
quod fuerint Romano Pontifici delata, quod rigoroso trium
mensium examine discussa sint, nec tamen ullo Decreto
damnata. Quotquot enim Romana Curia, ac præsertim
Generalis Inquisitionis praxim vel leviter norint, certo
sciunt non aliter ab eis libros approbari; sic ut censeatur
approbatus liber, dum judicio delatus est, & ex eo pro-
dit illæsus. Quelques amis de M. Arnauld ont fait usage
de ce même principe, & en ont conclu que son Livre
de la Frequente Communion, avoit été aprouvé à Rome.
Ou le P. Serry niera son principe, qui me paroît très-
faux, ou il se trouvera obligé, malgré qu'il en ait, de
joindre sa voix à celles des Jesuites Espagnols, & de
chanter avec eux, *Molina Vainqueur.*

6°. Je pense que quand le Dictionaire dit, *On croit*
que cette décision auroit été contraire aux Jesuites, il copie le même Pere Serry, qui prétend prouver, p. 70.
qu'il n'étoit pas possible que la décision du saint Pere ne
fut pas contraire à Molina & aux Jesuites qui soutenoient
sa Doctrine. Sa raison est, que les Consulteurs & les Cardinaux Juges, ayant presque dans toutes les Congregations toûjours conclu pour les Dominicains & contre

les Jesuites, le Pape ne pouvoit s'écarter de ce que de si habiles gens avoient déterminé par avance au sujet de Molina & de sa Doctrine. J'en aurois jugé comme le P. Serry, s'il ne m'avoit lui même fourni des raisons très-fortes du contraire. Ce Pere avoüe p. 565. que si l'on examine de près où en étoient pour lors ces contestations, on trouvera que presque toute l'Europe étoit réünie en faveur des Jesuites : *Totam penè in gratiam Societatis conspirantem Europam videbis*. Or, peut-on se persuader aisément que le Pape qui étoit très-bien informé de l'état des choses, eût pû se déterminer à condamner des Théologiens en faveur desquels presque toute l'Europe se déclaroit, c'est-à-dire, dont presque toute l'Europe, ou aprouvoit expressément la Doctrine, ou au moins la regardoit comme nullement censurable ? Mais le Pape auroit-il pû, dit le P. Serry ne pas prononcer conformément à l'avis & au jugement des Théologiens & des Prélats de la Congregation ? Oüi, il le pouvoit : & le Pape Serry lui même en fournit une preuve à ses adversaires. Il nous aprend que dans la Séance du 29. Novembre de l'an 1605. à laquelle Paul V. assista, il fut décidé que saint Augustin dans son Livre *de Correptione & Gratia*, établit, en parlant du secours donné aux Anges & au premier Homme dans l'Etat d'innocence, la necessité de la Grace Prédeterminante. Serry, L. 4. c. 9. Cependant le même P. Serry soûtient dans ses, *Addenda*, p. 128. que saint Augustin dans cet Ouvrage enseigne tout le contraire. Il est donc conséquemment obligé d'avoüer que le Pape, qui vouloit que l'on suivît saint Augustin en tout, pouvoit, & devoit même décider contre le sentiment de l'Assemblée. D'ailleurs, si, comme le P. Serry en convient dans ce dernier endroit, saint Augustin a été convaincu que les bons Anges ont perseveré sans Grace prédeterminante, & uniquement par le moyen d'un secours non prédeterminant, il faut convenir que saint Augustin a reconnu, au moins par raport aux Anges & au premier Homme dans l'Etat d'Innocence, la *Science Moyenne* des Jesuites, & a rejetté la *Prédetermination Physique* des Dominicains : le P. Serry n'en disconvient pas. Le Pape ne pouvoit donc

au plus que partager le different entre les Jesuites &
leurs adversaires, & leur ajuger respectivement, moitié
perte & moitié gain dans le Procés qu'ils poursuivoient
à son Tribunal.

7°. On croit que cette décision *auroit été contraire aux*
Jesuites qui s'étoient engagez temerairement de soutenir à
Rome, des opinions contraires à celles de saint Thomas
& de saint Augustin, que l'on n'oseroit y accuser d'er-
reur, sans se rendre soy-même suspect d'heresie. On vient
de voir dans l'aveu du P. Serry, que ce reproche d'a-
voir soûtenu des opinions contraires à celles de saint
Augustin, que ce reproche dis-je doit, selon lui, être
partagé entre les Jesuites & leurs adversaires.

8°. *Cependant quoique cette Bulle n'ait point paru, les*
ennemis des Jesuites n'ont pas laissez de tirer avantage des
Actes de la Congregation de Auxiliis, dont le P. Coronel
à fait un abregé, & d'une copie de la Bulle que l'on dit
que Paul V. avoit resolu de publier, &c. M. Du Pin ne
dit pas positivement ce qu'il pense de cette Bulle non
plus que des Actes, &c. mais il semble pencher à croire le tout assez authentique & de bon alloi. Le P. Serry
soutient fort vivement que l'on ne peut seulement douter ni de la verité de la Bulle, ni de la sicérité des Actes
des Congrégations, sur lesquels il a composé son Histoire. Il convient pourtant que cette Bulle n'ayant jamais été publiée, elle n'est dans le fond d'aucune authorité. Examinons la preuve sur laquelle ce Pere se
fonde, pour soutenir que la Bulle qu'il nous donne dans
son *Appendix*, p. 214. sous le nom de Paul V. est
réellement de ce Pape, & que ce n'est point une pièce
supposée.

Le Pape Paul V. dit le P. Serry p. 707. avoit très-
certainement porté un jugement définitif touchant les
matiéres *de Auxiliis*. Il avoit par conséquent fait une
Bulle décisive sur ce sujet. Or, il n'y a point d'autre
Bulle qui puisse être celle que ce Pape avoit arrêtée sur
ces matiéres, que celle que je donne & que j'ai tirée
des Actes mêmes de la Congrégation *de Auxiliis*. Car
enfin, si les Jesuites ou leurs Partisans en connoissent
quelqu'autre, ils n'ont qu'à la produire. Donc la Bulle

que je donne eſt indubitablement celle que le Pape avoit arrêtée & qui avoit été compoſée par ſon ordre dans les mêmes Aſſemblées. J'aprehende que mon Lecteur ne s'imagine peut-être que j'en impoſe au P. Serry, & c'eſt ce qui m'oblige à tranſcrire icy ſes propres paroles : les voicy. *Paulus non ſe judicium laturum dixit, ſed latum jam opportuno tempore promulgaturum. Quodnam porro judicium illud eſt à Paulo jam inſtructum? Proferant ſi quod habent Societatis Actores; (nullum enim eſſe non poteſt, atteſtante id Pontifice Maximo.) Nos ex Congregationis Tabulis damus, Bulla videlicet ideam à conſultoribus Paulo jubente delineatam, &c.*

Tout me paroît peu aſſuré dans ce raiſonnement du P. Serry. 1°. Il n'eſt point vrai que le Pape eût porté dans les Congrégations un jugement définitif. Je le prouverai cy-deſſous par le témoignage du Pape même, de Lemos, &c. 2°. Quand on accorderoit au P. Serry que Paul V. avoit pris ſon parti & fait réſolution de terminer ces diſputes par un jugement définitif, (ce qui eſt la ſeule choſe qu'il puiſſe prétendre en ſupoſant que le Pape ne dit point qu'il jugeroit, mais qu'il publieroit ſon jugement :) il ne s'enſuivroit nullement qu'il eût déja fait une Bulle. Voicy ce que porte l'Acte ſur lequel le P. Serry ſe fonde; *dixit Sanctitas ſua ſe in tempore ſuo publicaturam determinationem ac declarationem ſuam.* Serry p. 703. Il eſt clair que cela ne veut dire autre choſe ſinon que le Pape promettoit de publier en ſon tems ſa réſolution ; ce qui bien loin de prouver qu'il eut dès lors fait une Bulle, ne prouve pas même qu'il eût encore pris un parti fixe ſur ce qu'il avoit à faire : à-peu-près comme lors qu'un homme dit, je publierai en ſon tems mon ſentiment ſur telle choſe, ou un ouvrage ſur telle matiére ; cela ne ſignifie point néceſſairement que ſon parti ſoit déja pris, ou que ſon ouvrage ſoit terminé. 3°. Quand on paſſeroit au P. Serry que le Pape avoit fait une Bulle, il ſeroit hors d'état de prouver que c'eſt celle-là même qu'il nous a donnée. On pourroit d'abord lui dire que cette Bulle ou s'eſt perduë, ou a été ſuprimée par le Pape même. Tout le monde ſçait qu'un homme qui produit un titre n'en eſt point quitte pour dire, on reconnoiſſez la vérité du titre que je produis, on produiſez le véritable. D'ailleurs, le P. Serry lui-même a fait imprimer dans ſes *Addenda*, p. 102. un autre projet de Bulle préſenté à Paul V. par Bovius ; & quand un Jeſuite voudra ſoutenir que le Pape l'avoit approuvé, le P. Serry ſera dans l'impoſſibilité de montrer le contraire. La preuve du P. Serry eſt donc peu concluante. Cependant un homme qui donne au public une piéce de l'importance d'une Bulle, & qui veut obliger ſes Lecteurs à la reconnoître comme indubitable, eſt obligé d'en démontrer l'authenticité par des preuves au moins vraiſemblables, & qu'on ne puiſſe conteſter avec quelque apparence de raiſon. Le P. Serry ne l'ayant point fait, j'en conclus que l'on eſt en droit de s'inſcrire en faux contre ſa prétendue Bulle, & de la rejetter comme une piéce au moins très ſuſpecte de fauſſeté.

2°. Mais ſi les preuves manquent au P. Serry pour appuyer cette Bulle, il en fournit lui-même à ſes adverſaires, & de très fortes, pour la combattre. Faites attention aux faits que je vais raporter & rejoignez les tous enſemble contre lui.

Les Jeſuites, après que le Pape eut congédié les Aſſemblées, ſe vanterent, ſur tout en Eſpagne, que Molina avoit enfin triomphé, & pluſieurs d'entr'eux aſſuroient même qu'il y avoit eu une déciſion en ſa faveur *vel adjudicatam Molinæ cauſam, vel doctrinam ejus abſolutam jactitarunt.* Serry, p. 706. Ils n'avoient donc aucune connoiſſance, pas même le moindre ſoupçon que le Saint Pere eût fait une Bulle contre lui.

Les adverſaires des Jeſuites furent ſcandaliſés de leurs vains triomphes, & ſur tout Lemos & Pegna, qui ſeuls apprirent les nouvelles de toutes parts en furent piqués juſqu'au vif. Ils en firent de grandes plaintes à Rome, mais, prenez garde à ceci, ils ne s'aviſerent point d'oppoſer à ces Peres, la prétendue Bulle du Pape damnant Molina. Cependant c'étoit bien le moyen de reſiſter le plus naturel & en même tems le plus efficace pour leur fermer la bouche, & les obliger à moderer leur fauſſe joye. Lemos & Pegna n'avoient donc pas plus de connoiſſance de la Bulle en queſtion que les Jeſuites. Pegna

qui avoit été un des deux Secretaires de la Congréga‑
tion, ne pouvoit pourtant l'ignorer, suposé qu'elle eût
été réelle, comme le soutient le P. Serry, car dans le
titre de la seconde partie de cette Bulle, qui contient les
propositions censurables au nombre de 50. il est dit ex‑
pressément qu'elles avoient été redigées *par les Secretai‑
res & arrêtées par les Consulteurs*: Ainsi elle auroit passé
par les mains de Pegna & par son suffrage.

Que firent donc Lemos & Pegna? Ils porterent leurs
plaintes à Sa Sainteté. Serry p. 715. & suiv. Pegna fit
entendre entr'autres choses au Pape, dans une audience
particuliere qu'il en eut, que le seul moyen d'apaiser les
troubles qui augmentoient chaque jour en Espagne étoit
que Sa Sainteté décidât bien-tôt comme elle l'avoit pro‑
mis. Le Pape répondit à Pegna deux choses fort remar‑
quables (Serry p. 717.) la premiere, que *tous les jours
il recommandoit cette affaire à Dieu, & qu'il l'avoit con‑
tinuellement dans l'esprit*: La seconde, que bien loin
d'avoir donné gain de cause aux Jesuites, *il n'avoit pas
même reconnu que leur Doctrine fut probable.* De bonne
foi, le S. Pere, parlant en particulier à Pegna qui au‑
roit dû avoir une pleine connoissance de la Bulle en ques‑
tion, si elle eût été arrêtée, & que la publication seule
en eût été differée, comme le P. Serry le prétend, le
S. Pere, dis-je, eût'il pû s'empêcher d'en dire un mot?
Au lieu de dire, *verum non est me opinionem Jesuitarum
ut probabilem approbasse*, n'eût'il pas dit tout rondement,
bien loin d'avoir donné gain de cause aux Jesuites, je
les ai condamné par une Bulle expresse, comme vous le
sçavez, & ce n'est que par compassion pour eux que j'en
ai differé pour quelque tems la publication? Voyez le
P. Serry, p. 699. & suiv. où il raporte les prétenduës
raisons de politique pour lesquelles il pense que le Pape
à la sollicitation du Cardinal du Perron suspendit la pro‑
mulgation de la Bulle. Au reste je n'examine point la
vérité de la reponse que Pegna assure que lui fit *Paul V.*

Il falloit désabuser beaucoup de gens en Espagne, les‑
quels ajoutoient foy trop legerement aux Jesuites, tou‑
chant le triomphe de Molina. Pour cela le Pape fit faire
par Lemos & Pegna un modéle de Lettre , qu'il lût &

relût, & qu'il corrigea lui-même, en voicy les propres termes. *Certissimum est , nihil à S. D. N. definitum esse. Immò post reservatam sibi determinationem , eam etiam num animo meditatur & tractat. Qua-propter qui oppositum affirmant aut divulgant, summa impudentia rei sunt, & injuria, qua Sanctitati Suæ & Apostolicæ Sedi irrogatur. Hoc unum est quod mihi in hac parte , omni asseveratione, omnique , quanta haberi potest , morali certitudine dicere liceat.* Cette Lettre est raportée par le P. Serry, p. 718. Elle est datée de Rome, du 8. Janvier 1608. & ainsi posterieure de plus de quatre mois, au tems où les Congregations avoient été terminées. Elle fut envoyée separément par Lemos & par Pegna, qui en avoient fait faire quantité de copies, aux Evêques, aux Inquisiteurs, aux Universitez, & à différens Docteurs ou Religieux d'Espagne. Faisons nos reflexions là-dessus. Les Jesuites soutenoient que le Pape avoit décidé, & qu'il avoit décidé d'une maniere favorable à Molina. Le P. Serry soutient au contraire, que le Pape avoit en effet décidé, mais qu'en décidant il avoit condamné la Doctrine de Molina contenuë en 50. Propositions, & qu'il avoit fait une Bulle avant même de rompre les Congrégations, & qu'il avoit seulement differé la promulgation de cette Bulle. Ecoutons maintenant ce que le Pape même , juge irréprochable de ce fait, va nous en aprendre, par la bouche de Lemos & de Pegna, autres témoins qui ne peuvent être suspects au P. Serry. *Il est* TRE's - CERTAIN, disent-ils par ordre du Pape , *que le saint Pere n'*A RIEN DECIDE'. Mais de quelle certitude cela est-il sûr ? *De la plus grande que l'on puisse avoir* dans ces sortes de faits, en sorte que *ceux qui assurent ou qui publient le contraire, sont coupables d'une impudence extrême.* En quelle état étoit donc cette grande affaire, quatre mois après la fin des Congregations ? Sa Sainteté encore indeterminée, pensoit tous les jours comment elle s'y prendroit pour la décider par un Jugement définitif. Ces faits sont ce me semble décisifs contre la prétention du P. Serry, & la preuve que l'on en tire contre la prétenduë Bulle qu'il nous a donnée, me paroît si évidente, que j'aprehende que mon Lecteur ne se

formalise

formalise, de ce que je ne me suis pas contenté de la raporter toute seule. C'étoit en effet le parti que j'avois pris d'abord, mais j'ai succombé à une pensée, qui n'est peut-être au fond qu'un jugement temeraire : j'ai craint que quelqu'un ne s'avisât de soupçonner le saint Pere d'avoir usé de quelque dissimulation dans ce fait, & c'est ce qui m'a porté à le munir de plusieurs autres preuves qui me paroissent assez convainquantes. Je vais en toucher encore quelques unes.

Depuis cette année 1608. l'animosité dura entre les contendans, jusqu'à l'an 1612. que le Roy d'Espagne vint enfin à bout de les raprocher un peu : mais cette paix ne fut pas de longue durée. Serry, p. 742. & 747. Les choses demeurerent long-tems dans le même état de dé-sunion, & elles y étoient encore après l'an 1627. Serry p. 774. & suiv. Or pendant tout ce tems-là ; ni Lemos, ni Pegna, ni Coronel même, en un mot, aucun ad-versaire des Jesuites n'a fait usage contre eux de la Bulle en question. On peut en conclure que son époque n'est pas anterieure à l'an 1630.

Le lieu d'où elle a été tirée la rend encore suspecte. On l'a trouvée dit-on dans la Bibliotheque des Augustins de Rome, parmi d'autres papiers, &c. Mais les Papes n'ont-ils pas des Archives ? & n'est-ce pas là où l'on doit avoir recours pour y trouver des Bulles, &c. Le saint Pere eût-il ainsi abandonné à des mains étrangeres une Bulle, &c ?

Enfin j'observerai que celui qui a fabriqué cette Bulle a mis à la tête des 50. Propositions un titre équivoque qui donne gain de cause aux Jesuites. Le voicy. *Propositiones erroneæ, à Secretariis digestæ, & à Consultoribus ultimò recognitæ, atque à Summo Pontifice PROBATÆ*, c'est-à-dire, Propositions erronées redigées par les Secretaires, revûës par les Consulteurs *& aprouvées par le Pape.* Vehons à la qualité des Actes.

10. Je viens de démontrer que la Bulle est une piece supofée. J'en conclus que les Actes qui la donnent comme une Bulle authentique sont suspects. Je montrerai cy-des-sous, à l'article *Duval*, la fausseté de deux autres pieces importantes qui se trouvent dans ces mêmes Actes. J'en

conclus que ces Actes font, ou d'un imposteur qui forgeoit des pieces à fa fantaisie, ou d'un ignorant, qui ne cherchoit qu'à groffir fon Recüeil, & qui ramaffoit fans difcernement & fans choix toutes les pieces bonnes ou mauvaifes qui lui tomboient fous la main.

A la fin de cet article, on cite, *Lefmas.* Lif. *Lemos.* Je ne fçai pourquoy on n'y nomme point le Pere Serry.

CONINGTHON, *écrivit contre Ockam, & mourut en 1130. Lifez, 1330.*

CONON, *Difciple de Philoponus, foûtint fon parti dans une Conférence, en préfence de Jean le Scholaftique au commencement du VII. fiécle.* Cette Conférence eft mieux datée dans l'article, *Philoponus,* où on la place à l'an 578. Voyez l'article fuivant.

CONONITES, *Heretiques qui fuivoient dans le VI. fiécle les erreurs d'un certain Conon.* On contredit icy avec raifon la date marquée dans l'article précedent. *Conon inventa les erreurs des Severiens, Theodofiens & Tritheites, &c.* Il ne les inventa point, mais les foûtint. Voyez les articles, *Severe, Theodofe, & Philoponus,* inventeurs de ces Herefies & plus anciens que Conon.

CONRAD, *Evêque d'Utrecht en 1705.* Lifez 1075.

CONRAD *de Mayence, p. 498. col. 1. Il compofa les Chron. de Mayence depuis 1140. jufqu'à 1150.* Lif. jufqu'à 1250.

CONSTANTIN IV, *Patriarche de Conftantinople, fut élû en 1117. après Théodore de Chalcédoine, & n'occupa le Siege que très-peu de tems.* Cette date eft fautive, puifque Jean IX. fut Patriarche depuis onze cens onze, jufqu'en 1134. Dans la fuite Chronologique on met Conftantin après Théodore, depuis 1153. on lui donne deux ans de Prélature, & Luc pour fon fucceffeur. Le P. Pagi, *ad An. 1153. n. 20.* remarque que Théodote, & non pas *Théodore,* mourut en 1153. & que Neophytus lui fucceda. Sur l'an 1155. il obferve, *n. 12.* que Conftantin fucceda à Neophytus & eut Luc Chryfoberge pour fucceffeur en 1155. Voyez cy-deffus l'art. *Chariton,* & ajoûtez à ce que j'y dis, que Chariton fut Patriarche en 1177. & eut Théodofe pour fucceffeur & non pas Luc qui étoit mort long-tems auparavant.

CONSTANTIN *Le Grand, Empereur, &c. On prétend

qu'il étoit honoré comme un Saint dans differens endroits de l'Occident. On semble douter de ce fait, qui est certain. On a fait long-tems la Fête de Constantin comme d'un Saint dans l'Eglise d'Orleans, au 21. May. Elle est marquée dans tous les Breviaires imprimez de ce Diocése, à commencer à celui de l'Edition de 1494. Elle se trouve aussi dans des Breviaires Manuscrits plus anciens. Elle a été retranchée du Calendrier & du Breviaire, par M. de Coislin Evêque d'Orleans, & depuis Cardinal, dans le nouveau Breviaire qu'il publia en 1693.

CONSTANTIN XIII. *Empereur, défendant vaillamment Constantinople, fut étouffé par la foule à l'une des portes de la Ville, après avoir reçû une blessure à l'épaule.* On nous renvoye à l'article *Constantinople,* mais on y raporte la mort de ce Prince, tout autrement, p. 513. On y assûre que Constantin combattant vaillamment, *& voyant que tous ceux qui l'avoient suivis étoient tuez, s'écria, ne trouverai-je pas quelque Chrétien qui me tranche la tête.... Alors un des ennemis qui ne le connût pas, lui donna un grand coup de sabre sur le visage, & comme il lui en déchargeoit un second, un autre lui en porta un troisiéme par derriere, qui le fit tomber mort sur les corps des siens,* &c. On ajoûte que *ceux qui racontent sa mort autrement, & qui le font mourir étouffé dans la foule,* &c. se sont trompez. Il falloit donc corriger cela dans l'article que je retouche icy.

CONSTANTIN (*Robert*) .... *vécut jusqu'à l'âge de* 103. *ans.* M. de Thou le dit, mais je ne sçai si son témoignage est préferable à celui de Joseph Scaliger, qui dit, dans le dernier *Scaligerana, Constantin n'a pas plus de dix ans plus que moi.* Si cela est vrai Constantin sera né vers 1530. & étant mort en 1605. n'aura vécu qu'environ 75. ans. Deux choses me font croire que Constantin n'est pas mort aussi vieux que le supose M. de Thou. La premiere est que Constantin ayant été domestique de Scaliger le Pere jusqu'à la mort de ce dernier, il est presque incroyable que Scaliger le fils qui avoit vécu long-tems avec Constantin, ait pû ignorer son âge jusqu'à le croire d'environ 30. ans plus jeune qu'il ne l'étoit en effet; & que d'ailleurs on ne voit rien qui eut pû le déterminer à mentir fur ce fait. La feconde eft que Conftantin fut reçû Docteur en Medecine à Caën fa patrie en 1564. Dans la fuputation de M. de Thou, il auroit eu pour lors 62. ans : c'eft bien tard. Au contraire fuivant celle de Scaliger il avoit environ 34. ans, qui eft un âge affez ordinaire pour cela, & plus vrai-femblable.

CONTARDI, *Evéque de Nebio, floriffoit vers la fin du XIV. fiécle, & fut pourvû de cet Evêché par Gregoire XIII.* Lifez à la *fin du XVI. fiécle.*

COP, Médecin. Son article eft repeté inutilement au mot, *Copus.*

CORDES, (*Jean des*) .... On dit qu'il fut ami de *Mrs. de Marca, de Launoy, Bini,* &c. Je penfe qu'au lieu de *Bini,* il faut mettre *Bignon.* C'eft le celebre Jérôme Bignon.

CORNET, (*Nicolas,*)... *Le Cardinal de Richelieu fe fervit de lui à ce qu'on croit, pour compofer la belle Preface, qui eft à la tête de fon Livre de controverfe.* Je voudrois que dans ces fortes de faits, où il s'agit d'ôter à un Auteur un Ouvrage qui porte fon nom, on ne le fît jamais fans en donner des preuves de quelque force.

C'eft M. Cornet qui a commencé les conteftations fur le Livre de Janfenius, en propofant en Faculté la condamnation des 5. Propofitions, en Juillet 1649. Il eft vrai qu'il ne les attribuoit pas alors à Janfenius, mais c'eft à l'occafion de ce livre qu'il les mit au jour.

Il n'eft point vrai que M. Cornet ait commencé ces conteftations, qui étoient déja fort échauffées à Paris depuis fept à huit ans. M. Habert, depuis Evêque de Vabres, prêcha le premier Dimanche de l'Advent de 1642. & au commencement de 1643. contre la doctrine & l'ouvrage de Janfenius, fans pourtant le nommer. M. Arnauld fit fa premiere Apologie de Janfenius dans ce tems là contre M. Habert, & la publia en 1644. M. Habert repliqua, & depuis ce tems là jufqu'à l'an 1649. Janfenius, fes Difciples & fa Doctrine furent combattus par un grand nombre d'écrits publiez à Paris.

Quand on ajoûte *qu'il ne les attribuoit pas alors à*

Janfenius, on ne s'exprime pas correctement: car le sens qui se présente d'abord à l'esprit, est que M. Cornet ne croyoit pas pour lors que ces Propositions fussent de Janfenius, comme il le crut depuis, ce qui est un fait qui n'est pas véritable. Il falloit pour se faire entendre, & pour exposer la vérité du fait, dire qu'il les proposa à la Faculté sans faire aucune mention du Livre de Janfenius.

On n'est pas plus exact quand l'on dit que *ce fut à l'occafion du Livre de Janfenius*, qu'il les proposa, &c. M. Cornet étant Syndic & sa charge l'obligeant à examiner toutes les Theses, (dont aucune ne peut être imprimée sans être auparavant signée du Syndic;) il ne manquoit pas d'effacer toutes les propositions favorables au Janfenifme qu'il trouvoit de tems en tems dans les Theses qu'il examinoit: mais s'étant aperçû que plusieurs Bacheliers faifoient imprimer ces mêmes propositions sans avoir égard à ses ratures, il s'en plaignit en Faculté; & ce fut à cette occafion qu'il dénonça sept Propositions, dont les cinq prémieres étoient celles que les Papes & toute l'Eglise ont depuis condamnées comme extraites du Livre de Janfenius.

CORNU; connu sous le nom de *Petrus de Cornibus....* *mourut l'an* 1550. Le P. Jean Rioche, dans son, *Compendium Temporum*, imprimé en 1576. p. 512. *fol. verfo*, dit que *Petrus à Cornibus* mourut en 1555. Notez que Rioche étoit du même Ordre des Freres Mineurs, & qu'il avoit été Difciple de Pierre. Il ajoûte que François le Picart qui fit l'Oraifon Funebre de Pierre, mourut l'année d'après, en 1556. ce qui est très vrai. Je rapporte ce dernier fait de peur que quelqu'un ne s'imagine que peut-être il pourroit y avoir faute d'impreffion dans la date de 1555.

CORSINI, *Cardinal, vivoit fur la fin du XIV. fiécle, & au commencement du XV. Aprés avoir pris le degré de Docteur és Droits, il fut Auditeur du Sacré Palais... En 1363. Urbain V. l'envoya Legat en Allemagne, lui donna à son retour l'Evêché de Florence, & enfuite le fit Cardinal en 1370. Depuis, Corfini fuivit le parti de Clement V I. (Lifez Clement V I I.) & mourut le 26*

Aouſt de l'an 1375. *à Avignon.* Voicy mes Remarques ſur cet article.

J'aperçois d'abord une contradiction évidente dans la date de mort. On commence par ſupoſer que Pierre ne mourut qu'aprés 1400. & *au commencement du XV. ſié- cle :* & enſuite on aſſure qu'il mourut en 1375. c'eſt-à- dire 25. ans avant la fin du XIV. ſiécle. La véritable date de ſa mort eſt 1405. comme le porte ſon Epitaphe qui ſe trouve dans Aubery tom. 1. p. 549. *obiit XVI. Au- guſti an. Dom.* M CCCC. V. Il eſt qualifié Evêque de Porto, ayant été fait Evêque de ce Siége par Gregoire XI. en 1374. comme le marque M. Baluze tom. 1. p. 1040. le Dictionaire ne dit rien de ce fait.

Obſervez encore que la date de 1375. ne pourroit s'a- juſter avec ce que l'on aſſure que Corſini *ſuivit le parti de Clement VII.* qui ne fut élû qu'en 1378.

CORTEZ, *Paul,* &c. On dit que *Rhenatus* fit impri- mer en 1540. les Commentaires de Paul Cortez *ſur les quatre Livres des Sentences.* Liſez *Rhenanus.*

COSME I. *Patriarche de Conſtantinople depuis* 1080. *juſqu'à* 1086. COSME II. *ſucceda à Michel, l'an* 1147. *& mourut dix mois aprés.* Coſme I. ſucceda à Jean Xi- philin en 1075. & abdiqua volontairement, le 7. May, 1681. aprés cinq ans & neuf mois d'Epiſcopât. Le Pere Pagi prouve fort bien ces faits, *ad an.* 1080. n. 17. & 1086. n. 9. Le Dictionaire a ſuivi ces dates dans la ſuite Chronologique des Patriarches de *Conſtantinople;* mais il y nomme mal le ſucceſſeur de Coſme, *Euſthatius II.* Il faut *Euſtratius.* Pagi, *ibid. & ad an.* 1089. n. 8.

Le même Pere ſur l'an 1146. n. 16. montre que Coſme II. ſucceda à Michel en 1146. & fut chaſſé aprés dix mois de Siege en 1147. Ces dates ſont bien marquées dans la ſuite Chronologique.

COSNAC (*Bertrand de*) ou *Chanac, Evêque de Co- minges. Le Pape Urbain V. l'envoya Nonce en Eſpagne. Gregoire XI. lui continua le même employ, & le créa Cardinal en* 1370. Le nom de ce Prélat n'étoit nulle- ment *Chanac.* Voyez cy-deſſus l'article, *Chanac.* Il fut envoyé en Eſpagne en 1370. par Urbain, & ne fut fait Cardinal par Gregoire qu'en 1371. Notez que Gregoire ne fut Sacré qu'au commencement de 1371.

COSSE', p. 570. *Artus de Coßé fut Gouverneur de Metz en 1552. & Lieutenant de Roy de Marienbourg en 1544.* Cette date eſt fauſſe, il faut aparemment 1554.

COSTER (*Laurent* ......) C'eſt ſans fondement que quelques-uns aſſûrent qu'il inventa l'Art de l'Imprimerie en 1420. en ſorte que *cet Art ſe trouva preſque en ſa perfection en 1440.* Il falloit en avertir le Lecteur. Voyez M. Chevillier, *Origine de l'Imprimerie*, &c. p. 279. & ſuiv.

COSTES (Gautier de) Chevalier, Sieur de la Calprenede, Toulgou, Vatimeny, &c. Gentilhomme ordinaire de la Chambre du Roy. Le Dictionaire en donne un article très-imparfait, ſans date, & où il y a pluſieurs fauſſetez. Il eſt dans l'addition, p. 1044. Le voicy. *La Calprenede étoit un Gentilhomme de Perigord. Il ſe rendit à Paris, & ſe mit dans le Regiment des Gardes, où il compoſa ſon Sylvandre. De l'argent qu'il en eut, il s'habilla d'une maniere bizarre, & comme on lui demandoit le nom de ſon étoffe, il répondoit que c'étoit du Sylvandre. Il épouſa une femme qui avoit cinq maris, & il en fut ſeparé par Arreſt du Parlement.* Il eſt faux que la femme de la Calprenede eût, ou eût eu cinq maris. Il eſt faux qu'il en ait jamais été ſeparé. Je ne ſçai ſi le fait du Sylvandre n'eſt pas auſſi un petit conte : La Calprenede n'ayant point fait d'Ouvrage au moins conſiderable ſous ce titre, & d'ailleurs étant aſſez commode pour ne pas avoir eu beſoin d'un pareil ſecours pour s'habiller. Voici quelques circonſtances qui le touchent, que j'ai apriſes par une voye auſſi ſûre que je le pouvois déſirer.

Gaultier étoit fils de Pierre, & de Catherine du Verdier Genoüillac. Il nâquit vers 1610. au Château de Toulgou, qui eſt à deux lieuës de Sarlat, mais du Dioceſe de Cahors. Après avoir fait ſes études à Toulouſe, il vint à Paris vers 1632. & entra dans les Gardes en qualité de Cadet. (C'étoit le poſte ordinaire où la jeune Nobleſſe faiſoit ſon aprentiſſage des Armes, en ce tems-là, comme le Dictionaire le remarque au mot, *Cyrano.*) Il fut enſuite Officier dans le même Regiment. N'étant encore que Cadet, il ſe fit connoître par le premier Volume de sa *Cassandre*, Roman qu'il dédia à la Reine Anne d'Autriche, & qui fut achevé vers 1640. & imprimé en 10. vol. in 8°. La Calprenede composa ensuite sa *Cléopatre*, autre Roman en même nombre de volumes & de même taille que le précedent, & imprimé vers 1648. Il avoit aussi fait quelques Tragedies, sçavoir, *la mort de Mithridate*, en 1635. *Le Comte d'ESSEK*, & sept à huit autres. (Voyez le 3. chant de *l'Art Poëtique* de M. Despreaux, vers 130. & la note qui y est jointe dans les dernieres édit. où vous trouverez une petite saillie de la Calprenede :) En 1648. il épousa Magdelaine De Lyée, Dame du Coudray, Hurtevent, &c. veuve en premieres nôces de Jean de Vieuxpont, Chevalier, Seig. de Compant, & en seconde & dern. d'Arnoul de Braques, Chev. Seig. de Vaulart & de Châteauvert (Le Contrat de mariage où ces faits sont énoncez est du 6. Decembre 1648. passé pardevant Paisan & Laleu, Notaires à Paris.) De ce mariage est sortie une fille unique, Jeanne de Costes, Demoiselle de la Calprenede, mariée en 1669. à Armand de Coustin de Bourzolles de Caumont, Vicomte de Beaurepos. M. de la Calprenede fut fait Gentilhomme Ordinaire peu aprés 1650. Il travailla ensuite à son dernier Roman, intitulé, *Pharamond*, & en fit imprimer les sept premiers volumes. Le Privilege est de 1658. Il mourut en 1660. ou en 1661. d'un coup de tête que son Cheval qu'il avoit relevé trop vivement dans un faux pas lui donna au front. Il étoit en chemin pour se rendre de Paris en Perigord, & mourut chez un de ses amis. Son Epouse ne se remaria point, & mourut en 1666. Elle avoit composé un Roman, intitulé, *la Princesse Alcidiane*. Sorel dans sa *Bibliotheque Françoise*, imprimée en 1664. parle fort honorablement de M. de la Calprenede, duquel dit'il *on regrette extremement la mort*, &c. p. 166. Il parle à la page suivante de l'*Alcidiane* de Madame de la Calprenede.

M. de la Calprenede avoit un frere puisné, Jean, surnommé de Toulgou, lequel ayant servi quelque tems dans les guerres d'Italie en qualité de Capitaine d'Infanterie, fut fait Gouverneur de Monte-Calvo dans le Mont-Ferrat, par la Duchesse de Savoye Christine de

France

France, vers l'an 1638. Cette place ayant été assiégée par les Espagnols, Toulgou se retira dans la Citadelle, resolu de la défendre jusqu'à l'extrémité, mais il y périt à la fleur de son âge qui n'étoit que d'environ 28. ans, ayant été emporté par une mine des assiegeans ; ce fut en 1639. Ricci dans ses *Rerum Italicarum Narrationes*, p. 403. fait le détail de ce Siege, mais il se contente de loüer le courage du François qui soûtint avec tant de vigueur tous les efforts des Espagnols pendant 12. jours, sans le désigner par son nom.

COUR DES AIDES. On termine cet article par ces mots : *La Cour des Aides dans le Ressort du Parlement de Bourdeaux, est à Agen.* Une personne que je croy bien instruite là-dessus m'a assuré qu'il n'y a point de Cour des Aides à Agen : mais qu'elle est à Bourdeaux. Aussi le Dictionaire dans l'article d'*Agen*, y fait mention de la Sénéchaussée, du Présidial, &c. & nullement de la Cour des Aides. Il est vrai qu'il n'en dit rien non plus en parlant de *Bourdeaux*.

COUR-DIEU, *Abbaïe, à trois lieuës d'Orleans.* Il y en a six assez grandes.

COURBON, (*le Marquis de* .....) Cet article a plus de deux colonnes : c'est trop de plus de moitié. Nonobstant sa longueur, il n'y a pas une seule date. J'aprens du P. Le Long n. 13779. qu'il mourut en 1688. Le Dictionaire dit qu'il étoit âgé de 38. ans. Il y a certains endroits dans ce qu'on en raporte qui paroissent tenir un peu du Roman. Tel est celui où l'on nous dit qu'il avoit le secret de changer en argent plusieurs métaux, par le moyen d'une poudre d'injection, &c. La maniere dont on prétend que ce secret fut découvert à celui qui le lui communiqua, paroît encore plus fabuleuse.

COURT, (*Charles Caton de* .....) *Des 24. heures du jour, il en étudioit vingt. ..... Il aprit les Langues mortes & vivantes, & puisa une infinité de connoissances dans les sources. .... Tout ce qu'il avoit lû lui étoit présent*, &c. Je ne sçai s'il n'y a pas icy un peu trop de panegyrisme.

COXIS, *Peintre. ... peignit sous Raphaël, & mourut en* 1692. *âgé de* 95. *ans.* Lisez, 1592. comme dans l'Edition de 1712.

P

CRABBE, (Pierre) recoeillit les Conciles en trois volumes, qu'on publia l'an 1538. à Cologne. Il mourut en 1553. âgé de 38. ans. L'Edition des Conciles de Crabbe de 1538. ne contient que deux volumes. Le troisiéme ne fut imprimé qu'en 1550. la date de 38. ans est une transposition de chifres, il faut 83.

CRAMAUD, (Simon de) Cardinal . . . . . fut Evêque de Poictiers en 1385. . . . . Il mourut en 1429. Lis. en 1419.

CRASSOT, Philosophe estimable entre les interpretes d'Aristote, mais qui a nui à son Livre, par un trop grand nombre de divisions; si l'on en croit l'Auteur de l'Art de penser. Part. 2. c. 15. Voilà ce que l'on peut apeller un article imparfait dans toutes les formes. Il n'y a aucune date, aucun titre d'Ouvrage, ni nom, ni païs de l'Auteur, &c. Ce Philosophe s'apelloit *Jean*, & avoit enseigné la Philosophie dans l'Université de Paris pendant plus de trente ans. Sa Philosophie fut imprimée peu après sa mort, en 1618. Je ne sçay pas de quel païs il étoit. En 1587. il enseignoit au College de sainte Barbe, L'Auteur de *l'Art de Penser* a eu raison. La Philosophie de Crassot est en deux gros in quarto, de près de 1400. pages chacun : & chaque page est chargée de divisions & de sous-divisions qui sont disposées comme elles ont coûtume de l'être dans les tables Philosophiques.

1º. CRECI ou Cressi sur l'Autie . . . . Divers Auteurs se sont trompez au sujet de ce Creci sur la riviere d'Autie, en Ponthieu, en le confondant avec Cressi sur Serre, en Tierache. C'est dans ce Bourg que furent tenus les Conciles dont nous parlerons. On ne sçait auquel de ces deux endroits ou Bourgs, se raporte cette Phrase ; *c'est dans ce Bourg, &c* Mais quel qu'il soit, on se contredit d'abord après : car en parlant de ces Conciles on dit qu'ils ne furent point tenu à Cressi, *mais à Chierci, sur Oyse,* suivant l'opinion de M. Baudrand, qui est *la plus probable.* Notez que M. Baudrand l'écrit mieux, *Quierzi,* & que le Dictionaire même l'écrit ainsi au 4 Tome, au mot *Quierzi.* Au lieu de mettre *Cressi sur Serre,* il faut dire sur *Surre* ou *Seure.*

2º. L'an 853. Hincmar de Reims assembla un second Concile à Cressi, où il dressa 3. Chapitres oposez aux opé-

ſtions (Liſez, aux Propoſitions) de Gottescalque. On y
dreſſa quatre Chapitres , & non pas ſeulement trois. *Mais
comme ils ſembloient refuter une Propoſition de ſaint Eul-
gence , & en combattre d'autres de ſaint Auguſtin , Prudence Evêque de Troyes ; Loup Prêtre de Mayence ,
Loup Abbé de Ferrieres , Ratramne , & même l'Egliſe de
Lyon (au Jugement de laquelle Hincmar s'étoit raporté
avec ſaint Remy ſon Archevêque ;) enfin preſque toutes
les Egliſes du Royaume d'Arles déſaprouverent ces Chapitres , ſur la condamnation deſquels les modernes ſont fort
partagez.* Les Reviſeurs s'expriment ſi malicy. que l'on
ne ſçait preſque ce qu'ils veulent dire. J'avouë que je
ne conçois point ce que veulent dire ces mots, *avec
ſaint Remy ſon Archevêque.* Car ſi on les entend dans
leur ſens naturel , ils ſignifient qu'Hincmar & Remy
s'étoient ſoûmis au Jugement de l'Egliſe de Lyon , ce
qui eſt indubitablement faux. On vouloit aparemment
dire tout le contraire , & faire entendre au Lecteur
qu'Hincmar avoit bien voulu ſoumettre le Jugement qu'il
avoit prononcé contre Gottescalque , à Remy Archevêque de Lyon & à ſon Egliſe. Pour remedier à cette faute,
il n'y a qu'à fermer la parentheſe après ce mot, *raporté.* Comment un Lecteur qui ne ſera pas fort au fait de
ces matieres , entendra-t'il auſſi ce qu'à voulu dire le
Dictionaire , lorſqu'il aſſûre que les *Modernes ſont fort
partagez ſur la condamnation de ces Chapitres ?* Remarquons les autres fautes de ce narré.

3°. On y fait deux hommes differens, *de Loup Prêtre
de Mayence,* & de Loup *Abbé de Ferrieres.* Cependant
au mot *Loup,* on reconnoit & avec raiſon , que *Loup
Abbé de Ferrieres eſt le même que Servatus Lupus,* qui
eſt le prétendu Prêtre de Mayence dont on parle icy.

4°. Il ſemble encore que pour multiplier les Auteurs
qui écrivirent contre les Capitules de Quierzi, on a
affecté de diſtinguer *l'Egliſe de Lyon de ſon Archevêque
S. Remy.* Cependant dans l'article de ce dernier on dit
*qu'on attribuë avec raiſon à Remi , la reponſe faite au
nom de l'Egliſe de Lyon , &c.* (Si c'eſt avec raiſon qu'on
fait Remi Auteur de cet Ouvrage , je l'examinerai au
mot, Remi.)

P ij

5°. Les *Evêques s'aſſemblerent en* 857. *pour une troi-*
ſiéme fois à Creçi .... *Ils s'aſſemblerent encore à Creçi*
en 858. Cette quatriéme Aſſemblée des Prélats à Quierzi
eſt de 868.

6°. *Baudrand dit que ce ne fut pas en ce lieu* (à
Creçi) *que ſe tinrent les Conciles contre Gotteſcalque,* &c.
C'eſt mal s'exprimer : car cela donne naturellement à
entendre aux lecteurs , que ces quatre Conciles furent
aſſemblez contre Gotteſcalque, quoiqu'il n'y en ait eû
que deux à ſon ſujet, & qu'on n'ait fait aucune mention
de lui dans les deux derniers. Ainſi il falloit retrancher
ces mots , *contre Gotteſcalque.*

On renvoye à l'article *Gotteſcalque* , & on a raiſon.
Mais on devoit pour ménager ſon terrain, ſe conten-
ter, ſans rien repéter de l'Hiſtoire de ce Moine , de
dire icy en deux mots qu'il eſt probable que *Cariſia-*
cum n'eſt point Creſſi , mais *Quierzi* ; & renvoyer le
lecteur à ce dernier art. qui eſt au tome 4. & à *Quierzi,*
après avoir donné une notion de ce lieu , renvoyer pour
les Conciles qui s'y ſont tenus contre *Gotteſcalque* à
l'article de ce dernier.

CROCUS, (*Corneille*) *Jeſuite mort en* 1550. *Le zéle*
fit concevoir à ce bon Religieux le deſſein de bannir des
écoles les Livres de Grammaire compoſez par les Hereti-
ques ; ainſi il fit une Grammaire pour l'opoſer à celle de
Melancthon, &c.

Ces mots , *ce bon Religieux* , ne me laiſſant aucun lieu
de douter que Crocus ne fut déja Jeſuite , lorſque *le*
zéle lui fit concevoir, &c. Je ne pouvois croire que la
date de ſa mort en 1550. fut bonne. J'ai eu recours à
Alegambe qui raporte un aſſez grand nombre d'Ouvrages de Crocus , mais qui remarque auſſi qu'il les compoſa avant d'entrer parmi les Jeſuites, où il fut reçû
par S. Ignace en 1550. étant âgé de plus de 50. ans, &
qu'il mourut la même année. Voyla ce que le Dictionaire devoit faire entendre au lecteur , & ne pas donner à Crocus compoſant divers Ouvrages avant d'être
Jeſuite, le titre *de bon Religieux.*

CROIX. On dit dans cet article, p. 629. col. 2. *les*
Iconoclaſtes & les Evêques de France , qui ne reconnoiſ-

foient point le Culte des *Images* , *ont avoüé qu'il falloit excepter la Croix.* Ce fait, en ce qui touche les *Icono-claftes*, eſt très-certainement faux. Ils briſoient les Croix, auſſi-bien que les Images des Saints.

CROIX DU MAINE, (*François de la*) *publia en* 1584. *la Bibliotheque Françoiſe* , &c. *Il n'avoit alors que* 27. *ans.* C'eſt aparemment une faute d'impreſſion ; car on venoit de remarquer que la Croix du Maine dit lui-même qu'il fut envoyé à Paris pour étudier , *l'an de ſalut* 1569. étant âgé de 17. ans. Il étoit donc né en 1552. & avoit 32. ans en 1584.

CROS (*Pierre du*) *Cardinal . . . . fut élû Evêque de Senlis le* 29. *May* 1347. Mrs. de Sainte Marthe ſe ſont trompez en ce point, auſſi-bien que le Dictionaire qui les a ſuivi. Pierre fut fait Evêque de Senlis en 1345. ſes Bulles ſont du 22. *Août* de cette année. Voyez M. Ba-luze, *Vita Papar. Avenion.* tom. 1. p. 901.

CROS (*Jean de*) *Evêque de Limoges & Cardinal, donna ſa voix à Clement VI. Liſez VII.*

CROS, (*Pierre de*) *Cardinal.* Ces trois Cardinaux étoient parens, & il faut les apeller uniformément *du Cros*, qui eſt le nom véritable de cette noble Maiſon. 1º. *Il fut Religieux de l'Ordre de S. Benoiſt, dans le Monaſtere de S. Martial de Limoges ; d'où il paſſa enſuite à celui de Briſſac.* Pierre, de Religieux ſimple , devint Prévôt de Rouſſac , *de Roſſaco* (dans le même Monaſtere de ſaint Martial,) & non de Briſſac.

2º. *Enſuite il paſſa au Monaſtere de Toul.* Il faut de Tulle & non de Toul. Il fut *Celerarius Eccleſia Tuto-lenſis.*

3º. *On le choiſt pour être Evêque de Saint Papoul en* 1375. *De cet Evêché il paſſa à l'Archevêché de Bour-ges . . . . . Enfin il s'éleva à celui d'Arles, & fut fait Cardinal par Clement VII. qui l'avoit choiſi pour être ſon Camerier.* Cela eſt plein de fautes. Pierre, qui étoit Abbé de Tournus depuis 1341. fut fait Evêque de Saint Papoul en 1361. Archevêque de Bourges en 1370. Came-rier de Gregoire XI. dont il étoit parent, en 1371. Cle-ment VII. le fit Cardinal en 1383. Il mourut comme le marque le Dictionaire, en 1388. Voyez M. Baluze,

Vita Papæ Avenion. p. 1302. & seq.

CRUCE', Procureur au Parlement de Paris, & l'un de ceux que l'on nomma *Les Seize* du tems de la ligue. Le Dictionaire n'en dit rien, & je ne le mets icy que pour une petite particularité qui peut n'être pas inutile. Il parut en 1594 un petit Ouvrage intitulé, *Dialogue entre le Maheustre & le Manant, contenant leurs raisons & leurs débats & questions en ces présens troubles au Roïaume de France.* Naudé dans son *Mascurat*, seconde édit. p. 711. en porte ce jugement: *un Carabin Maheustre, c'est-à-dire du parti du Roy de Navarre* (Henry IV que les Ligueurs ne vouloient point reconnoître en ce tems-là pour Roy de France:) *& un pauvre Manant, Ligueur, ont mieux discouru au milieu d'un Champ, des secretes intrigues & des cabales de la Ligue, & des interests de ces deux partis, & en font des Colloques si serieux & si amples, que l'on n'a rien vû au jugement des mieux entendus en ces matieres, qui fut de meilleur trempe.* Différens écrivains ont attribué ces Dialogues à divers personnages, & la plûpart de nos modernes sont encore dans l'incertitude là-dessus, ne sachant quel en est le véritable Auteur. Voyez le Pere Le Long, n. 8400. Raoul Bouthrays, qui étoit dès lors Avocat au Conseil, assure avoir apris du Libraire qui vendoit ce Livre, que Cruсé en étoit l'Auteur. Voyez, *Radolphi Botarei, de rebus in Gallia & pene toto orbe gestis*, &c. L. 1. p. 6.

CRUSSOL, Maison, &c. Au n. v. *François de Crussol épousa Peronne de Salignac.* Il faut, *de Salagnac.* Observez que dans le Dictionaire on apelle cette derniere Maison, *Salagnac*, en différens endroits, par exemple sous *Rochechoüart*, n. 3. sous *Gourdon Genoüillac*, n. 3. & dans *Soüillac*, n. 24. & 25. &c. & que dans plusieurs autres articles on écrit, *Salignac*, comme par exemple dans cet article de *Crussol*, dans celui de *Biron*, n. 30 &c. cela met un Lecteur dans l'incertitude si ce sont deux Maisons, ou si ce n'en est qu'une seule, & quel en est le vrai nom. Tous les anciens Titres nomment *Salanhacum* [en latin] le lieu d'où elle tire son nom, & ce lieu se nomme en François, encore aujourd'hui, *Salagnac*, [plusieurs l'écrivent, mais avec la même

119

pronončiation, *Salanbac*] Mrs. de Sainte Marthe dans
leur, *Gallia Christiana*, nomment quatre Evêques de
Sárlat, de cette Maison, *de Salignaco & de Salignac*,
en quoi je pense qu'ils ont eû tort, quoiqu'ils ne soient
pas les premiers qui ayent nommé *Salignacum* au lieu
de *Salanbacum*. Monsieur de Thou dans son Histoire
Liv. 21. l'écrit de la même maniére. Le Cardinal du Perron
dans ses *Ambassades*, adresse plusieurs Lettres à *M. le
Baron de Salagnac*, qui est très-certainement l'ancien &
le véritable nom. L'embarras est que Mrs. de Fenelon
qui sont les aînez de cette Maison, se nomment eux-
mêmes depuis assez peu de tems, *de Salignac*. On pourroit remédier à cette confusion, dans le Dictionaire,
en donnant un article de cette Maison, [qui vaut beaucoup mieux que beaucoup d'autres que l'on y a placées,
& qui étoit considérable dès le XI. siècle ;] & en aver-
tissant que son vrai nom est, *Salagnac*, quoi qu'on la
nomme assez communément aujourd'hui, *Salignac*.

Au nombre IX. *Elizabeth épousa François de Lostange
Seigneur de S. Aulaire en Perigord.* Saint Aulaire est
dans le Limousin. Il faut, Seigneur *de Saint Alvaire*.

CUJAS, *le plus celebre Jurisconsulte du XVI. siecle ...
se remaria avec Gabrielle Hervée dont il eut une Fille
nommée Suzanne, à qui le commerce qu'elle entretenoit
avec les Ecoliers de son Pere, acquit une très - mauvaise
reputation.* Bayle dans l'article, *Stilpon*, note, G, a raporté amplement les désordres de cette fille, & a crû
que Cujas en avoit connoissance & qu'il devoit en
avoir eu bien du chagrin. Le Dictionaire semble suposer que ce fut en effet du vivant de Cujas que Suzanne
se débaucha : car c'est ce que signifient ces paroles, *avec
les Ecoliers de son Pere.* Or en cela & Bayle & les Reviseurs de Moreri se sont trompez. Suzanne Cujas ne
naquit qu'en 1587. & son Pere mourut en 1590. [non
pas le 15. Septembre comme le dit le Dictionaire, mais
le 4. Octobre.] Voyez la Vie de cette Suzanne, dans
le 2. tome des *Pieces fugitives* de M. Archimbaud, p. 92.

Le Dictionaire dit que Cujas avoit quand il mourut,
68. ou 70. ans. Il avoit 70. ans, étant né en 1520. *Ibid.*
p. 94. Son premier Mariage est du 24. May 1558. selon

M. de la Monnoye, Tom. 3. du *Menagiana*, p. 253. &
le Contrat du second est du 17. Novembre 1586. selon
M. Catherinot, dans M. Archimbaut, *supra*.

CUICKIUS. Il est une seconde fois sous, *Cuyck.*

CUNIBERT, *Evêque de Cologne*. On nous en donne
deux articles consécutifs, l'un tiré de Mezeray, &c. &
l'autre de M. Baillet. Dans le premier de ces deux articles on dit : *tandis que Clotaire suivit les instructions
de saint Cunibert, sa vie fut une exemple de justice, &c.
Ce Prince ayant eu un fils nommé Sigebert, &c.* C'est supposer que Sigebert fut fils de Clotaire. Cependant il est
certain que Sigebert fut, comme on le dit dans son article, fils de Dagobert, & petit fils de Clotaire. On en
convient dans le second article de Cunibert, en remarquant que ce fut Dagobert qui donna ce Prelat pour
Gouverneur à Sigebert. Aparemment au lieu de *Clotaire,*
on avoit eu dessein de mettre, *Dagobert.*

CURSON. Il est une seconde fois sous *Robert de
Corceon.*

CURTI [*Guillaume*] Cardinal, &c.

Le Dictionaire assûre qu'il étoit *parent* de Benoît XII,
& son neveu. M. Baluze que l'on n'a point consulté, soûtient que M. Frison qui a avancé ces faits s'est trompé,
& qu'ils n'ont aucun fondement.

Benoît XII. le nomma l'an 1337. *à l'Evêché de Nî-
mes, & l'année d'après à celui d'Albi.* Il fut transferé
à Albi la même année 1337. le 3. Decembre.

On dit qu'avant cela *il avoit été Abbé de Bolbone.* Il
étoit Profés dans la maison de Bolbone, Ordre de Cisteaux, mais il n'y a point de preuve qu'il en eût été
Abbé.

Le même Pape le fit Cardinal. Ce fut le 18. Decembre 1338.

Clement VI. l'envoya Legat en Italie. Ce fut en 1342.

On a oublié de marquer qu'il fut fait Evêque de Fres-
cati en 1350.

*Il fit continuer l'Eglise des Bernardins de Paris. Il y
fonda une Bibliotheque.* Il est dit dans l'Inscription d'où
on a tiré ces faits, *Libris Bibliothecam insignivit,* ce qui
ne veut point dire qu'il fonda la Bibliotheque, mais seulement

lement qu'il l'augmenta en y mettant beaucoup de livres.

Il mourut le 22. Juin 1361. Lif. le 11. Juin. Voyez M. Baluze, *Vita Papar. Avenion.* tom. 1. col. 816.

CYNTHIUS [*Jean Baptiste*] *ou Giraldus.* On l'a remis une seconde fois sous *Giraldus.* Icy on dit qu'il mourut en 1593. Sous *Giraldus,* on assûre que ce fut en 1573. Cette derniere date est la veritable.

S. CYPRIEN *Evêque de Carthage. . . . est exempt non seulement d'erreurs grossieres, mais aussi de celles qui sont legeres,* &c. Il falloit au moins en excepter son sentiment touchant le Baptême donné par les Hérétiques, qu'il ne croyoit pas valide : en quoi tout le monde convient qu'il a erré.

M. Lambert a donné une belle traduction en François des œuvres de S. Cyprien. Lisez M. *Lombert a donné,* &c. Voyez l'article *Lombert.* On met dans le même article, un *écrit à Demetrius.* Lifez, *Demetrien.*

S. CYPRIEN, *Evêque de Toulon . . . . Il a écrit la Vie de S. Cesaire d'Arles.* Ce fait n'est pas véritable. Voyez cy-dessus l'article de S. Cesaire n. 3.

CYRIAQUE, *d'Ancone &c. . . . . vivoit en 1442. Il voyagea par toute l'Europe . . . . & fit une rélation fort curieuse de tout ce qu'il avoit vû. Antoine Augustin & d'autres, disent qu'il étoit peu fidele, & qu'il inventoit plusieurs choses à l'imitation d'Annius de Viterbe.* On devoit sentir que Cyriaque vivant en 1442. étoit antérieur à Annius de Viterbe, & qu'ainsi s'il a été un imposteur, ce n'a pas été à l'imitation d'Annius. Voyez mes Remarques sur l'article, *Annius.*

S. CYRILLE, *Patriarche d'Antioche, succeda à Timée l'an 281. & mourut l'an 297.* Dans la suite des Patriarches d'*Antioche* tom. 1. p. 376. on met le commencement de son Episcopat en 279. & sa fin en 302. en lui donnant vingt-trois ans de durée. Eusebe dans sa Chronique marque son élection en 281. & sa mort en 303.

CYRILLE, *Moine de Palestine, & disciple du grand S. Euthyme, vivoit dans le V. siécle. Il a écrit la Vie de son maitre, que Surius & Bollandus raportent au 20. Janvier.* C'étoit icy le lieu de remarquer que cette Vie de S. Euthyme par Cyrille a été donnée non seulement par

Q

Surius & Bollandus , mais aussi par M. Cotelier dans
ses *Monumenta Græca tom. 2.* & depuis, plus correcte,
par le P. Dom Jacques Loppin Bénédictin de la Congrégation de S. Maur. dans les, *Analecta Græca*, publiez par le P. de Montfaucon en 1688.

D'ailleurs , Cyrille a vécu dans le VI. Siécle & non
pas dans le V. En effet on supose dans la suite de cet
article que Cyrille peut bien être l'Auteur de la Vie de
S. Cyriaque. Or S. Cyriaque ne mourut qu'en 557.
Voyez la Vie de ce S. dans les mêmes Analectes p. 127.
Cyrille n'aprit les circonstances de la Vie de S. Euthyme
de la bouche de S. Cyriaque que vers l'an 546. Il aprit
aussi du même Cyriaque différentes particularitez touchant plusieurs autres Saints Religieux de ce tems là ,
vers l'an 555. Voyez *ibid.* p. 120. & 121. Au reste la Vie
de S. Cyriaque n'est pas de Cyrille.

CYRUS , *Evèque & Heretique Monothelite dans le
VI. siecle.* Lisez, dans le VII. siécle.

*Sa pieté aparente n'avoit pour but que la prévarication
de grand nombre de fideles, qu'il pervertit.* Cette phrase
n'est pas ce me semble fort correcte.

REMARQUES

SUR

DIFFERENS ARTICLES

DE LA LETTRE

D,

DU DICTIONAIRE

DE MORERI,

De l'Edition de 1718.

DACIER. Il faut effacer dans cet article, ce que l'on y dit de Madame Dacier, (morte en cette année, 1720.) parce qu'il eſt ailleurs au mot, Anne le Fevre.

DACRYEN, *que l'on croit avoir été Abbé de l'Ordre de ſaint Benoiſt, & avoir vécu dans le V I I I. Siécle,* &c. Ce prétendu Benedictin du VIII. Siécle, n'eſt autre que Loüis de Blois, plus connu ſous le nom de Bloſius, qui vivoit dans le XVI. Siécle. Voyez mes Remarques ſur l'article *Blondel.* Il faut donc ſuprimer cet article, & n'y laiſſer que le mot *Dacryen,* & y renvoyer à l'article, *Bloſius.*

DADASTUNE, *étoit un lieu ſitué entre la Galatie & la Bithynie. L'Empereur Jovien étoit à Antioche en 362, s'apliquant à rétablir la Religion Chrétienne que Julien l'Apoſtat ſon prédéceſſeur avoit taché de détruire.... Peu après il vint à Dadaſtune, où il mourut le 19. Février 363. Ces dates ſont fautives. Julien ne mourut, comme*

Q ij

on le marque bien dans son article, qu'en 363, Jovien lui succeda, & mourut après un regne d'un peu moins de huit mois; la nuit du 16. au 17. Février 364. comme on le dit au mot, *Jovien*. Observez qu'il ne faudroit mettre icy que le commencement de cet article, & renvoyer pour le reste au mot, *Jovien*.

DADON *ou Audeon (Lisez Audoën.....) Compagnon de saint Eloy. Sa vertu le fit considerer à la Cour de Dagobert I. & là fit élever sur le Siege de Roüen l'an 646. Il écrivit la Vie de saint Eloy, & l'adreßa à Robert Evêque de Paris. Il mourut le 24. Aouß de l'an 697. D'autres placent sa mort en 676. & d'autres en 689.*

1°. On ne devoit pas omettre le nom sous lequel il est le plus connu, qui est, Oüen, en latin, *Audoënus*. Dadon étoit son surnom.

2°. On l'a remis une seconde fois au mot Oüen, & on y fixe le commencement de son Episcopat à l'an 640.

3°. On en donne une autre Epoque dans l'article de saint Eloy, où l'on supose que ce dernier fut fait Evêque le 14. May 649. (peut-être n'est-ce qu'un chiffre renversé, au lieu de 646.)

4°. La veritable date est la troisiéme année de Clovis II. qui est l'an 640. Saint Oüen & saint Eloy furent sacrez ensemble. *Convenientes igitur simul in civitatem Rotomagensem quarto-decimo die mensis tertii, tertio anno Clodovei, juvenculi adhuc Regis, die Dominico ante Litanias, consecrati sumus Episcopi, &c.* C'est ce que dit saint Oüen dans la Vie de saint Eloy, l. 2. c. 2. *Spicileg. Acheri.* Tom. 5. p. 194.

5°. L'Evêque auquel saint Oüen adreßa la Vie de saint Eloy, n'est pas Robert Evêque de Paris. Saint Oüen écrivoit cet Ouvrage après la mort de Clothaire III, arrivée en 670. & sous Childeric, qui mourut en 673, Or Robert, apellé autrement *Chrodobert*, Evêque de Paris, & son successeur Sigobrand, étoient morts avant Clothaire. Voyez le P. Mabillon, *Annales Ord. S. Bened.* Tom. I. p. 478.

6°. L'année de la mort de saint Oüen n'est pas fort aisée à fixer. L'opinion la plus probable est, que ce saint mourut en 683. Cette époque est fondée sur le témoi-

…ge de Fridegode qui dit qu'il mourut après 43. ans, trois mois & dix jours d'Episcopat. Voyez le P. Mabillon, *ibid.* p. 570.

DAFIS, (*Jacques*) *Avocat General au Parlement de Toulouse, fut massacré sous le regne d'Henry III. pour s'être oposé aux seditieux*, &c. ce fut en 1589. On ne dit rien icy qui ne soit dans l'article d'Estienne *Duranti:* ainsi on feroit bien de ne mettre icy que le mot, *Dafis*, avec un simple renvoy au mot *Duranti*.

DAGOBERT I. *fils de Clotaire II. fut Roy d'Austrasie l'an 622. du vivant de son pere, sous la conduite de saint Arnoul Evêque de Mets, de Pepin, nommé de Eandon (Lisez, de Landen) qui étoit Maire du Palais, & enfin sous celle de Cunibert Evêque de Cologne. Il succeda l'an 688. aux autres Etats de son pere..... Il donna à son fils Sigebert le Royaume d'Austrasie.... Il mourut le 19. Janvier de l'an 638. ou 644. âgé d'environ 42. ans.*

1º. Pepin n'étoit point *Maire*, comme on le supose icy, en 622. & il ne le fut que sous le regne de Sigebert, comme on en convient au mot, *Pepin*, *dit de Landen*.

2º. S. Cunibert n'étoit point non plus pour lors, c'est-à-dire, en 622. Evêque de Cologne. Il ne le fut qu'en 623. Voyez, *Cunibert*.

3º. La date de 688. est une faute d'impression, au lieu de 628.

4º. Il falloit marquer en quelle année Dagobert ceda l'Austrasie à son fils Sigebert. Ce fut en 633. Voyez le P. Pagi sur cette année, n. 30.

5º. Les deux dates de la mort de Dagobert que l'on marque icy, sans se fixer à l'une ni à l'autre, sont la source d'un assez grand nombre de fautes & de contradictions qui se trouvent en differens articles du Dictionaire. Il faut donc necessairement prendre un parti & s'y tenir constamment & uniformément dans tous les endroits qui y ont quelque raport. La veritable date est l'an 638. J'avois dessein d'en donner icy les preuves avec une suite Chronologique des Rois de la premiere race. Mais j'ai crû qu'il étoit plus à propos de remettre cette matiére, qui ne peut être traitée qu'avec une certaine étenduë, à un autre lieu. C'est ce qui m'a porté à la renvoyer à la Préface de ce second Volume de mes Remarques, où je prie mon Lecteur d'avoir recours.

6°. Comme on varie icy sur la date de la mort de Dagobert, il falloit conséquemment varier aussi sur la date de son âge. Cependant on supose qu'il étoit âgé de 42. ans ou environ lorsqu'il mourut, soit qu'on place sa mort à l'an 638. soit qu'on la recule jusqu'à l'an 644. Il est néanmoins indubitable qu'il ne pouvoit avoir 42. ans en 638. puisqu'en ce cas il seroit né en 596. son pere n'étant pour lors âgé que de 12. ans ou environ. Il faut donc retrancher necessairement sur l'âge de Dagobert, les six années qu'on retranche sur son regne, en plaçant sa mort à l'an 638. Observez d'ailleurs que, suivant le Dictionaire, Dagobert ne fut fils que de la seconde femme de Clotaire. Aussi les Historiens de ce tems-là suposent-ils que Dagobert étoit encore assez jeune lorsque son pere le fit Roy d'Austrasie. Cependant suivant le calcul que je retouche icy, il auroit eu environ 26. ans.

DAGOBERT II. *Roy d'Austrasie, que les Chroniques de Jean, (Lisez, de saint Jean.) de Beze & de saint Benigne apellent le jeune, étoit fils de Sigebert.... Après la mort de Childeric, Dagobert revint en 673.... fut remis en possession de l'Austrasie, après un exil de 18. ans.... Il fut assassiné par ordre d'Ebroüin, Maire du Palais. Les uns veulent que ce soit en 678. d'autres en 680. Mais le sentiment le plus probable est que ce fut le 23. Decembre 697.... Le P. Mabillon croit, avec les plus Doctes Critiques de ce tems, que ce Dagobert est aparemment le même qui est enterré à Stenai, où il est honoré comme un Martyr.... Hentchenius (Lisez, Henschenius) attribuë, &c.*

On revient icy avec raison, pour la mort de Childeric II. à l'an 673. quoy qu'on en ait donné deux autres dates dans son article. Voyez cy-dessus, *Childeric II.*

L'année du retour de Dagobert est 674. & celle de sa mort, 678. La date de 697. que l'on supose icy, est une faute évidente, puis qu'il y avoit pour lors environ 15.

... qu'Ebroïn étoit mort. Voyez au mot *Ebroïn*, dans le Dictionaire. Peut-être n'eſt-ce qu'une faute d'impreſ-ſion, pour 679.

Le P. Pagi ſur l'an 678. n. 18. & 19 ſoûtient contre les Peres Henſchenius & Mabillon, que le ſaint Dagobert de Stenai, n'eſt point Dagobert II. Roy d'Auſtraſie.

DAILLE', *Miniſtre de Charehton.* Bayle en donne un article qu'il termine par ce reproche : *on ne ſçau-roit aſſez admirer la mauvaiſe foi des Miſſionaires (Ca-tholiques.) Ils ont repeté mille fois que M. Daillé avoit reconnu que le retranchement de la Coupe étoit de nulle ou de très petite importance; quoi qu'on n'eût ceſſé de leur repondre que M. Daillé ne parloit point du retran-chement de la Coupe, mais des raiſons qui avoient porté l'Egliſe Romaine à la retrancher.* Les Miſſionaires ont été encore plus loin : ils ont ajoûté que Meſtrezat, Dre-lincourt & Aubertin, qui avoient aprouvé le Livre de Daillé, & déclaré qu'ils *n'y avoient rien trouvé que très convenable à leur croyance,* étoient convaincus auſſi-bien que lui, que le retranchement de la Coupe étoit une choſe *de nulle ou de très-petite importance.* En cela ont-ils donné lieu d'être traitez de gens de mauvaiſe foy? Je vais montrer que non.

1ᵉ. En 1633. Daillé fit imprimer le Livre en queſtion. Il eſt intitulé, *Apologie des Egliſes reformées,* &c. Le but qu'il s'y propoſe eſt de faire voir que les Proteſ-tans Calviniſtes ont été forcez de ſe ſéparer de l'E-gliſe Romaine, mais qu'ils ont dû au contraire rece-voir les Luthériens comme freres. La raiſon en eſt, ſelon ce que porte le titre du chapitre VII. de cet Ou-vrage, *qu'il y a deux ſortes d'erreurs, les unes qui cho-quent les fondemens de la Foy, & obligent à ſeparation, & les autres non : que les opinions de Rome ſont de la premiere ſorte, & celles des Luthériens de la ſeconde.* Dans la ſuite de ce chapitre il fait trois claſſes diffé-rentes, de trois ſortes de ſentimens ſur les matiéres de Religion. Il met dans la premiére les opinions que l'on peut regarder comme de nulle conſéquence. Dans la ſeconde, les erreurs tolérables, telles que ſont, celle des Grecs touchant la Proceſſion du S. Eſprit, & celle

des Luthériens touchant la présence réelle du corps de
J. C. dans l'Eucharistie. Enfin il place dans la troisième
les erreurs que l'on ne peut ni admettre ni tolérer,
parce qu'elles renversent les fondemens du Christianisme.
Telles sont, selon lui, l'*Adoration de l'Eucharistie* & plusieurs
autres points, sur lesquels il explique de très mauvaise
foy les sentimens de l'Eglise Romaine; mais ce n'est pas
dequoi il est icy question. Venons au point dont il s'agit touchant le fait que je conteste.

2°. Voicy comme Daillé s'explique sur les opinions
de la premiere classe. *Qu'on lise le Concile de Trente,
jamais l'on ne vid gens plus libéraux d'anathêmes.
A peine y a-t'il herbe dans le champ de leurs adversaires,
pour si basse & si menuë qu'elle puisse être, qui ne soit
sauvée de leur foudre. Ceux qui doutent que le mariage
soit un Sacrement, ou que l'Eglise puisse dispenser les degrez établis dans le Levitique, ou que l'Evêque soit au-
deßus du Prêtre, ou que les raisons qui ont meu Rome
à retrancher la Coupe aux Laïcs sont valables,* (remarquez bien cecy:) *choses, comme chacun voit, ou
nulle ou de très petite importance à la pieté, sont aussi
bien frapez d'anathêmes, que s'ils nioient la divinité du
Seigneur.* Observez que Daillé dans la traduction latine
de son ouvrage, qui fut imprimée en 1652. a ajoûté que
ces choses sont de peu d'importance, & que quand même elles seroient véritables, on ne voit pas en quoi elles
pourroient contribuer à la pieté & au salut: *admodum dif-
ficile sit intelligere, quid illa, etiamsi vera essent, ad
pietatem & salutem conferant.* Daillé ajoûte ensuite: *nous
confessons que la charité chrétienne ne va pas si vite,
qu'elle suporte beaucoup de choses qu'elle n'aprouve pas,
qu'elle ne rejette que ce qui ne se peut souffrir sans hazarder le salut de nos prochains & de nous-mêmes: Tant
s'en faut qu'elle voulût avec les Peres de Trente traiter
des chrétiens pour ses menuës puntilles, que j'estime qu'elle
suporteroit facilement en des personnes fidèles l'opinion des
Grecs,* &c. Ce que Daillé nomme icy *menuës puntilles,*
il l'apelle en latin, *res nihili,* c'est-à-dire, des choses
de néant ou de rien. Voilà l'extrait de Daillé dont il s'agit.

3°. Avant de faire mes reflexions sur ce texte, je
demande

demande à M. Bayle ce qu'il pense du sentiment de Daillé touchant le retranchement de la Coupe. L'a-t'il regardé comme une chose qui *choque les fondemens de la Foy*, & qui *renverse les fondemens du Christianisme, &c.* A-t'il cru avec beaucoup d'autres protestans outrez, que ce retranchement est une contravention formelle à l'Institution & au précepte de N. S. J. C, & une mutilation impie & sacrilege du Sacrement de l'Eucharistie ? Bayle est obligé de repondre que tel a été en effet le sentiment de Daillé, ou bien il faut qu'il recule, & qu'il avoüe que c'est mal-à-propos & par pur préjugé qu'il accuse nos Missionaires de mauvaise foy là-dessus. Mais s'il fait une fois ce premier aveu, le voilà dans un embarras d'où il ne se tirera jamais à son honneur : car il se trouvera réduit à attribuer à Daillé les sentimens du monde les plus absurdes.

4°. De vôtre aveu, dira un Missionaire à Bayle, Daillé soutient que le retranchement de la Coupe est un sacrilege, une impieté, une prévarication qui renverse les fondemens du Christianisme. Or Daillé regarde comme une question *de néant*, de sçavoir si l'Eglise Romaine a eu des raisons valables ou non pour retrancher la Coupe. Donc, Daillé a cru que c'étoit une question *de néant*, de sçavoir si l'Eglise Romaine a eu des raisons valables ou non, pour ériger en point de sa discipline une impieté, un sacrilege, en un mot une pratique *qui renverse les fondemens du Christianisme.*

Qu'est-ce que Bayle niera dans ce raisonnement ? La premiere proposition est incontestable selon lui. Il ne peut nier la seconde ; il l'avoüe même expressément dans le reproche qu'il fait aux Missionaires : *on n'a cessé, dit-t'il, de leur repondre que M. Daillé ne parloit point du retranchement de la Coupe, mais des raisons qui avoient porté l'Eglise Romaine à la retrancher.* Ce sont les raisons, selon lui, sur lesquelles Daillé disoit que de sçavoir si elles étoient *valables* ou non, c'est une *pointille*, une question de *néant*, laquelle n'interesse point la Foy. Il faut donc qu'il avoüe la conséquence, & qu'il convienne que Daillé, duquel il nous donne un

R

grand panégyrique comme d'un homme des plus sçavans & des plus sensez de son siécle, ait crû que c'est une question *de néant*, de sçavoir si d'Eglise a eu des raisons valables pour renverser les fondemens du Christianisme.

19. Le Missionaire poussera son raisonnement plus loin & dira: ce que Daillé apelle *puntille*, question de *néant &c.* c'est tout article, lequel, soit qu'il *soit vrai*, *soit qu'il soit faux*, est *de nulle ou de très petite importance à la pieté*, & qui *se peut souffrir sans hazarder le salut de nos prochains & de nous mêmes*. Ces sortes d'articles, chacun peut les croire ou ne les pas croire, & ce seroit aller contre la charité que de ne pas souffrir ceux qui en pensent autrement que nous: mais ce seroit une cruauté de les anathématiser, *de les écraser sur ces menües puntilles*. Or Daillé met au nombre de ces *menües puntilles*, cet article, *les raisons qui ont porté Rome à retrancher la Coupe sont elles valables*. Il a donc crû qu'il étoit permis de croire là-dessus indifferemment le pour ou le contre, & que, quoi qu'on en pense, on doit *souffrir* en esprit de charité ceux qui en pensent autrement. Ce raisonnement est incontestable, & Bayle n'en peut nier quoique ce soit. Le Missionaire joindra à ce raisonnement la prétention de Bayle, & lui dira: or, selon vous, Daillé a crû que le retranchement de la Coupe renverse les fondemens du Christianisme. Donc il faut aussi qu'il ait soutenu qu'il est permis de croire que l'Eglise a eu des raisons valables pour renverser les fondemens du Christianisme.

Cette conséquence & celle de l'argument précedent sont si absurdes, que je ne pense pas que Bayle, s'il eût plus écouté son bons sens que ses préventions contre l'Eglise Romaine, eût pû se resoudre à avoüer que Daillé avoit donné dans de pareils travers. Il seroit au contraire convenu de bonne foy que les Missionaires raisonoient fort juste en disant: il n'est pas possible qu'un homme qui fait le moindre usage de sa raison, soutienne qu'il est peu important de sçavoir, & qu'il convienne même qu'il est permis de croire que l'Eglise a eu des raisons valables pour retrancher la Coupe, qu'il ne convienne en même tems que ce retranchement est une chose de nulle ou de trés petite importance. Or Daillé soutient que de sçavoir si l'Eglise a eu des raisons valables pour retrancher la Coupe est une chose *de nulle ou de très petite importance, une menüe puntille, laquelle après tout, soit qu'elle soit vraye, soit qu'elle soit fausse ne contribuë ou ne préjudicie en rien à la pieté & au salut,* sur laquelle il est permis de croire le pour, ou le contre. Donc il étoit trés convaincu que le retranchement de la Coupe est de nulle ou de trés petite importance, &c. bien loin de croire que ce fut une impieté, un sacrilege, un point qui renversât les fondemens du Christianisme, &c.

6°. Les Missionaires n'ont pas raisonné moins sensément qand ils ont dit, que Mestrezat, & Drelincourt & Aubertin (ils y pouvoient joindre Blondel auquel Daillé dédia la traduction Latine qu'il fit, du même Ouvrage en 1652.) avoient pensé comme Daillé, que le retranchemens de la Coupe est de nulle ou de trés petite importance, puisque sans cela ils n'eussent jamais pû aprouver son Ouvrage & déclarer qu'ils n'y *avoient rien trouvé que de trés convenable à leur croyance.* A peu près comme Bayle lui-même soûtiendroit qu'un homme regarderoit la Religion comme une chose peu importante qui aprouveroit cette proposition, *c'est une question de néant, de sçavoir si les raisons que l'Eglise Romaine a pû avoir d'excommunier les Protestans, ou si celles pour lesquelles les Protestans se sont separez de l'Eglise Romaine sont valables ou non.* Au reste Daillé & les quatre autres Ministres que je viens de nommer, ne sont pas les seuls parmi les prétendus Reformez qui ayent avoüé que le retranchement de la Coupe n'est point un article qui ait dû obliger les Protestans à se separer de l'Eglise. On trouvera le même aveu dans Luther, Melancthon & Bucer, raportez par Grotius dans ses Notes sur la consultation de Casfander. C'étoit aussi ce qu'en pensoient, Casaubon, Joseph Scaliger, &c.

DAILLON, *Maison*..... 1°. *Jean*... *laissa Philippe de la Jumeliere*, &c. Lisez, *laissa de Philippe*, &c.

DALMACE, *Archimandrite*.... *sortit de son Monas-*

tire, pour aller détromper Théodose qui étoit prévenu contre S. Cyrille fit sçavoir au Concile, &c. Lisez, prévenu contre S. Cyrille, fit sçavoir, &c.

DALMATIUS Evêque de Cyzique dans le IV. siècle, assista au Concile d'Ephese, & écrivit les Actes de celui de Nicée. Lisez, dans le V. siècle. Gelase de Cyzique que l'on a mal copié, dit simplement qu'il avoit vû un fort ancien Manuscrit qui contenoit l'histoire du Concile de Nicée, & que ce Manuscrit avoit autrefois appartenu à Dalmace, mais il ne dit point qu'il en fut l'auteur. Il donne au contraire à entendre que ce Manuscrit étoit plus ancien que le tems auquel vivoit Dalmace.

DAMASE, Pape.... Il établit Ascole & Anysius Evêque de Thessalonique, ses Vicaires en Illyrie. Lisez, Ascole & Anysius Evêques, &c.

On a encore cité Lettre de Damase, rapportée par Théodoret, Livre 5. Chapitre 10. [...] Théodoret. Dans l'édition de 1712. on lit toûjours Théodoret, (qui n'étoit pas encore au monde.) Je ne sçai d'où vient cette faute. Lisez, Lettre contre Apollinaire & Timothée.

On lui attribuë des Epigrammes & des Epitaphes en Vers, recueillis par Sarrazanius. Ce Collecteur ne s'appelloit point Sarrazanius, mais comme Moréri l'avoit bien marqué, Sarrasani, & en Latin, Sarrazanius. On ajoûte en parlant de ces Poësies : mais il n'est pas certain qu'elles soient de lui. C'est supposer que l'on n'a aucune assurance que ces Poësies soient de Damase, ou au reste ou en partie. Or, cela me paroît très-éloigné de la verité. Ces pieces sont au nombre de quarante, dans vingt-et-une [...] qu'elles Damase a fait entrer lui-même son nom. Il y en a encore deux autres que je croy incontestables, qui sont la 14. & la 36. Des douze qui restent, je ne voy que les 3. 4. 9. 20. 33. & la 38. que l'on ait raison de contester.

DAMPIERRE, (Jean) natif de Blois.... [se rendit] chez les Cordeliers, chez lesquels il fut Directeur [...] Monastère de Religieuses près d'Orléans. C'est là qu'il finit ses jours. Le Monastère en question est celui de la Magdelaine, Ordre de Fontevrauld dans un Fauxbourg d'Orléans. Il me paroît douteux que Dampierre ait été

[note manuscrite en marge :] Il paroit qu'il estoit mort vers 1540. Son epitaphe se trouve dans les poesies de Baze.

Cordelier. Voyez la *Bibliotheque Chartraine* du P. Liron, p. 148. Dampierre mourut vers l'an 1550.

DANDINI (Jérôme) Jesuite, mourut le 26. Novembre 1634. âgé de 80. ans. On cite Bayle qui a remarqué que la date de 80. ans n'est pas exacte. Dandini avoit 18. ans, lorsqu'il se fit Jesuite en 1569. & ainsi il mourut âgé d'environ 83. ans.

DANE'S, [Pierre] eut pour maîtres, Budée (Lisez, Budé :) & quelques autres . . . . Il fut envoyé au Concile de Trente, où il prononça un très beau discours en 1546. qui fut imprimé l'an 1567. à Louvain. On pouvoit remarquer que ce discours fut imprimé chez Chaudiere, à Paris, dès la même année 1546. dans le petit recüeil intitulé, *Acta Concilii Tridentini*.

On supose ensuite, aprés Scevole de Ste. Marthe, que *Danés qui étudioit continuellement n'avoit pourtant point donné de ses productions au public*. Cela n'est pas assez exact. Danés avoit donné avant sa mort plusieurs de ses productions au public, quoi qu'en petit nombre, eû égard à sa grande capacité, à sa vie fort longue & à son étude fort assidue. On en trouvera le Catalogue dans les *Eloges des Hommes Sçavans*, &c. de M. Teissier, tom. 3. p. 122. de l'édition de 1715.

Danés fut nommé Evêque de Lavaur en 1556. & mourut en 1579. âgé de 62. ans. Il mourut en 1577. comme on l'a bien marqué dans l'édition du Diction. de 1712. Pour ce qui est de l'âge que l'on donne à Danés dans les deux dernieres éditions, on s'est mépris d'environ 10. ans. Peut-être n'est-ce qu'une faute d'impression ; & pour 82. Genebrard ami particulier de Danés, marque dans sa Chronique, sur l'an 1577. que ce Prélat mourut en cette année âgé d'environ 80. ans. Messieurs de Sainte Marthe (*in Episcopis Vaurensib.*) lui en donnent 82. Une preuve évidente de la méprise du Dictionaire, c'est que l'on a un *Dodecasticum in laudem Manuelis*, qui se trouve à la tête de l'Ouvrage du même Manuel, imprimé à Paris en 1516. sous le titre de, *Isagogica terminorum introductio*. Au compte du Dictionaire, Danés auroit fait cette petite piece de vers, n'étant pour lors âgé que d'un an.

DAVILA (*Henrico-Catherino . . .*) *étoit de Chypre . . . .*
Lors que les Turcs se furent rendus maîtres de cette Isle
en 1570 & 1571. Davila fut obligé d'abandonner son
païs. . . . . . Il se retira en Espagne . . . . Ensuite il vint en
France, & se fit connoître à la Cour d'Henry III . . . .
Il se retira à Venise, &c. J'aurois souhaité qu'on eût
donné quelques dates fixes touchant la mort & l'âge de
Davila. J'ai voulu supléer à ce défaut, mais je me suis
trouvé fort embarassé. Baudoin dans l'éloge de Davila
qu'il a mis à la tête de sa Traduction de l'Histoire du
même Davila, s'est contenté de dire qu'il vécut environ
cinquante-six ans. Il marque aussi que lors qu'il se retira
de France pour aller à Venise vers 1598 ou 99, il étoit
au penchant de son âge. De là il est naturel de conclure
que Davila qui étoit déja dans un âge assez mûre, lors
que les Turcs prirent Chypre, & qui devoit par conséquent être né avant 1550. mourut peu après 1600. D'un
autre côté je trouve des faits qui obligent de reculer sa
mort après l'an 1634. Les voicy. M. l'Abbé Le Gendre
dans le Catalogue des Historiens qu'il nous a donné à
la suite de son Histoire de France, dit que *Davila dédia*
son Ouvrage en 1630. au Senateur Dominique Molino. Le
P. Le Long n. 8490. marque une seconde Edition du même Ouvrage imprimée à Venise comme la précedente,
& cela en 1634. Il en marque encore une *troisiéme,* aussi
de Venise, *corrigée par l'Auteur,* & imprimée en 1638.
L'Auteur pouvoit être mort pour lors, mais il est clair
qu'il n'étoit mort qu'après 1634. Ces faits me paroissent
prouver que Davila vécut plus de 85. ans. Néanmoins
le portrait qui est à la tête de son Ouvrage ne le repré-
sente que comme un homme d'environ 55. ans. La Com-
mission dont la Republique de Venise l'avoit chargé, &
qui fut l'occasion de sa mort, & le fils âgé seulement de
dix-huit ans qui l'y accompagnoit, semblent aussi autho-
riser les *cinquante-six ans* que Baudoin lui donne. J'a-
voüe que je n'ai rien qui puisse m'aider à éclaircir mes
doutes là-dessus; peut-être qu'en les proposant icy, quelqu'un aura la bonté de les resoudre. Au reste, il me paroît incontestable que Baudoin s'est trompé en ne donnant que *cinquante-six ans* à Davila.

DAZA [*Antoine*] *Religieux de l'Ordre de saint Fran-*
çois, &c. On y renvoye à Alegambe, *Bibl. Scriptor. Soc. J.*
qui n'a pû faire entrer un Cordelier dans ſa Bibliotheque des Ecrivains Jeſuites. Vous trouverez ailleurs la
même négligence, comme à l'article de Damaſe Coninck,
qui étoit Auguſtin, &c

DECE *Empereur*, *&c. Denys Evêque d'Antioche a écrit,*
au raport d'Euſebe que la perſecution de Dece fut terrible,
&c. Liſez, Denys Evêque d'Alexandrie.

DEMETRIADE, *fit deſſein d'embraſſer l'état de Vir-*
ginité. Saint Jerôme la voulant affermir dans une ſi ſainte
reſolution, lui écrivit une belle Lettre. .... Saint Proſper
adreſſa auſſi à Demetriade une Lettre, qu'on trouve parmi
celles de ſaint Ambroiſe. Pourquoy ne pas dire qu'elle ſe
trouve dans preſque toutes les Editions des Ouvrages de
ſaint Proſper ? Au reſte le Dictionaire n'eſt pas d'accord
avec lui-même ſur l'Auteur de cette Lettre. Icy il ſupoſe
qu'elle eſt de ſaint Proſper ; & au contraire dans l'article de ce Saint, il décide que cette Lettre *eſt attri-*
buée fauſſement à ſaint Proſper, mais qu'elle eſt de quelque Auteur *aparemment Africain*, qui nous eſt d'ailleurs
inconnu. Ce ſecond ſentiment me paroît meilleur que
le premier.

DEMETRIUS *de Theſſalonique traduiſit de Latin en*
Grec la ſomme de ſaint Thomas, &c. Cet article n'a au-
cune date. Demetrius vivoit au milieu du XIV. Siecle.
Il mourut après 1360. mais on ne ſçait pas en quelle an-
née. Il ne traduiſit pas ce que l'on apelle próprement *la*
Somme de ſaint Thomas, mais ſon Ouvrage contre les
Gentils. Ce fut *Maximus Planudés* qui traduiſit *la Somme*.
Le P. Echard a fait cette remarque dans le premier Vol.
de ſes, *Scriptores Ordinis Prædicatorum*, p. 346. col. 2.

DENDROPHORES. Cet article eſt inutilement repeté
icy, puis qu'il eſt déja au mot, *College des Dendrophores*,
p. 440. col. 2.

DENYS *de Corinthe. .... avertit Pynitus Evêque des*
Gnoſſiens, de ne pas charger les Chrétiens du lourd fardeau
de la Virginité. Il falloit mettre en ſon entier la phraſe
de Denys qui avertiſſoit Pynitus de ne pas charger les
Chrétiens du lourd fardeau de la Virginité, *comme d'une*

pratique necessaire, mais d'avoir égard à la foiblasse de la plûpart des hommes. Pynitus, lequel peut-être poussoit les choses un peu trop loin sur cet article, fit une réponse à Denys, dans laquelle il l'exhortoit à écrire de nouvelles Lettres à l'Eglise des Gnossiens, & à leur y inspirer l'amour de la perfection Evangelique avec plus de zele & de force qu'il ne l'avoit fait dans ses Lettres précedentes. Voyez Eusebe, *Hist. L. 4. c. 23.*

DENYS *d'Alexandrie.... écrivit en 253. au Pape Estienne.* Estienne ne fut Papé, comme on le dit dans son article, qu'en 255. & la Lettre de Denys est de l'an 256.

Il écrivit un Ouvrage, dont saint Athanase raporte plusieurs passages, par lesquels il prouve invinciblement contre les Ariens, qui se servoient de l'authorité de saint Denys, que le sentiment de ce Saint contre (c'est une lourde méprise, Lisez *touchant.*) *la Trinité, est conforme à la décision du Concile de Nicée, quoy qu'il n'ai prouve pas qu'on se serue du terme de Consubstantiel.* Ces dernieres paroles ajoûtées au hazard par le Dictionaire, quoy qu'il n'aprouve pas qu'on se serve du terme de Consubstantiel n'ont aucun fondement, ni dans l'Ouvrage de saint Athanase que l'on cite, ni dans les fragmens de celui de saint Denys, qui y sont raportez. Au contraire, dans l'un de ces fragmens, saint Denys, dit expressément que ce n'est que par une pure calomnie qu'on l'accuse de nier *que le Fils soit consubstantiel au Pere,* & qu'il a démontré par un écrit particulier la fausseté de cette accusation. Voicy ces paroles, *in alia Epistola, ea scripsi, quibus criminationem aduersariorum repuli mendacemque ostendi, qui aiebant me Christum negare esse Deo Consubstantialem.*

DERHODON, (*David*) *Professeur en Philosophie, &c. Il avoit été Catholique, & c'est pour cela que Théophile Raynaud le nomme deserteur de la Foy.* Ce Philosophe est icy inutilement, pour deux raisons. 1º. Parce qu'il est au mot *Rodon.* 2º. Parce que son vrai nom est de *Rodon,* & non point *Derhodon* comme on semble le suposer icy aprés Bayle. D'ailleurs on ne fait pas icy assez entendre au Lecteur le double changement en fait de Religion, de ce Philosophe. De Rodon étoit né hu guenot, & fut converti à la Foy Catholique en 1 6 3 0. Depuis, mais je ne sçai pas précisément en quelle année, il retourna à son vomissement. Voici le titre de l'Ouvrage qu'il publia pour justifier son retour à l'Eglise Catholique. *Quatre raisons pour lesquelles on doit quitter la Religion prétenduë Reformée*, &c. *Par David de Rodon, converti & reçû en l'Eglise par le R. P. Athanase Molé, Prédicateur Apostolique, Capucin. In 12. Paris, chez Rousset,* 1631. Dans l'aprobation des Docteurs, qui est du 13. Juin 1630. de Rodon est qualifié ; *Professeur en Philosophie.* Les quatre raisons alleguées dans cet Ouvrage sont : 1°. Que les Protestans nient à tort la présence réelle. 2°. qu'ils ne reconnoissent point le Purgatoire. 3°. Qu'ils croyent qu'on est damné & puni sensiblement par le feu d'enfer, pour le seul peché originel. 4°. Qu'ils enseignent que la Prédestination & la Reprobation dépendent uniquement de la volonté de Dieu, & qu'elles ne sont point fondées sur la prévision des merites ou des demerites futurs de chaque Elû ou Reprouvé.

DEMARES (*Toussaint*) . . . . . . *fut l'un des deputez à Rome, pour défendre la Doctrine de Jansenius . . . . Il prononça devant le Pape Innocent X. un discours dont le but étoit de montrer, que la Grace Efficace par elle-même, qui fait vouloir & agir, est necessaire à tout bien. . . . Après avoir fait ses études à Caën, il entra fort jeune dans l'Oratoire . . . . Son attachement à la Doctrine de Jansenius fut la cause de diverses affaires qui lui furent suscitées. Le P. Catillon* (Je pense qu'il faut écrire & prononcer, Castillon :) *Jesuite, d'ailleurs fameux Predicateur, fut interdit de la Chaire* (il falloit dire où, par qui, & en quelle année :) *pour avoir declamé trop fortement contre lui. Cependant ses ennemis ne se lassant point de le harceler, on envoya un jour pour le prendre par ordre de la Cour, mais il échapa . . . . A son retour de Rome, il ne pensa plus qu'à vivre dans la retraite, & à garder le silence,* &c. On cite, *Histoire des cinq Propositions de Jansenius. Journal de S. Amour. Memoires du temps.*

1°. On peut d'abord remarquer icy le dérangement de presque tous les faits qui y sont raportez, & qui

font pour la plûpart fans aucune époque. D'ailleurs ce
dérangement, conduit néceſſairement à de fauſſes dates.
Par exemple, on parle de *l'Ordre de la Cour* pour arrêter le P. Deſmares, comme étant antérieur à ſon voïage
de Rome: puiſqu'on ajoûte enſuite; *à ſon retour de Rome,*
&c. Cependant cet ordre eſt poſterieur au retour du P.
Deſmares, de ce voyage.

2°. Autre inexactitude: pourquoi ne pas marquer en
particulier les endroits de *l'Hiſtoire des cinq Propoſitions,*
& du *Journal de S. Amour*, auſquels on renvoye le lecteur. Qu'eſt-ce auſſi que ces *Memoires du temps?* Remarquez qu'il y a quantité d'articles du Dictionaire, à
la fin deſquels on ne nous donne pour garans de pluſieurs
faits, que des *Memoires du temps.* Or, à quoi ſert cette
eſpece de citation? A rien du tout, tant qu'on ne dit
point quels ſont ces Mémoires, de quelle main ils vien-
nent, quelle créance ils méritent, &c.

3°. On dit que le diſcours que le P. Deſmares prononça à Rome, avoit pour but *de montrer que la Grace
efficace par elle-même eſt neceſſaire à tout bien.* On a
tiré ce fait de l'*Hiſtoire des cinq Propoſitions de Janſe-
nius*, mais on ne l'a pas raporté aſſez fidelement. Il
falloit dire avec M. Du Mas, auteur ce cette *Hiſtoire,*
(l. 1. p. 34. de l'édit. de Trevoux, de 1702.) que le but
du diſcours du P. Deſmares, étoit *de montrer que la
Grace efficace par elle-même qui fait vouloir & agir, eſt
neceſſaire à tout bien, & que toute autre Grace qu'on
peut imaginer outre celle-là, n'eſt point Grace de Jeſus-
Chriſt, mais une Grace Pelagienne.* Les perſonnes qui
ſont au fait de ces ſortes de matiéres ſentiront aiſément
que ce que dit M. Du Mas eſt fort différent de ce que
dit le Dictionaire. Au reſte pour être convaincu que
M. Du Mas ne dit rien en cela que de trés vray, il
n'y a qu'à lire ce diſcours du P. Deſmares, qui ſe trouve dans le *Journal de S. Amour*, p. 484. & ſuiv.

4°. Quant à ce que l'on dit que le P. Deſmares *à ſon
retour de Rome ne penſa plus qu'à vivre dans la retraite,
& à garder le ſilence,* & qu'il *ſe retira pour le reſte de
ſes jours,* &c. Cela n'eſt pas tout à fait exact. J'aprens
de l'*Hiſtoire du Janſeniſme* du P. Gerberon, tom. 2. p.

72. que le P. Desmares *devoit prêcher à Paris le Carême de l'an* 1653. *mais que le Roy donna une Lettre de Cachet, par laquelle il enjoignoit à l'Archevêque de Paris, de défendre au P. Desmares de prêcher : ce* qui fut exécuté. Ainsi, ajoûte le P. Gerberon , *la bouche du Pere Desmares fut fermée, & il ne l'ouvrit plus jusqu'à l'an* 1668. Cela prouve deux choses qui ne font pas affez marquées dans le Dictionaire. La première est, que si le P. Desmares garda le silence depuis 1653. ce ne fut pas tout à fait de son plein gré, quoiqu'on semble icy vouloir faire entendre au lecteur, que ce fut par esprit de retraite & de silence, qu'il se retira, &c. La seconde est, que ce P. recommença à prêcher en 1668. Je croi pourtant que cela ne dura pas long-tems, & que ce fut peu après, que vint l'ordre de la Cour pour l'arrêter, qui l'obligea de se retirer à Liancourt.

DEXTER . . . . *Les Chroniques qui portent le nom de Flavius Dexter, ont été fabriquées par le P. Jérôme de la Higuera, Jesuite Espagnol, mort en* 1611. *Elles furent publiées en* 1620 *par Bivarius, Espagnol, de l'ordre de Cisteaux.* Sur quoi fonde-t'on un fait de cette nature, qui n'a dû être avancé que sur des preuves sans replique ? Sur rien, au moins qui paroisse icy. Alegambe dans l'article de ce Jerôme, p. 187. col. 1. dit que la Chronique qui porte le nom de Dexter, fut trouvée à Vormes par le P. Torralba : que Torralba la communiqua à Jerôme, lequel après en avoir éclairci beaucoup d'endroits par des notes ou par une espece de Commentaire, remit le tout entre les mains du Pere Bivarius.

DIANA, (*Jean Nicolas*) *Jesuite, s'est distingué dans le XVII. siecle par un Sermon de saint Lucifer qu'il prêcha, & que les Inquisiteurs de Sardaigne condamnerent. Diana n'acquiesça pas à ce jugement, ni sa Compagnie car ils entreprirent la defense de ce Sermon. Diana fit d'abord un écrit pour justifier ce qu'il avoit avancé, & sa societé présenta aussi quelque tems après sa justification, une Requête au Roy d'Espagne, en* 1696. *pour se plaindre du jugement des Inquisiteurs, dont Diego Arze Reynoso Inquisiteur General, cassa toutes les procedures.*

punit quelques-uns des Inquisiteurs.... & purgea *Diana*, par un Decret du 19. Decembre 1653. On cite le *Libellus Supplex Patrum Societatis Jesu*, & Bayle. J'avois crû d'abord que la date de 1696. étoit fausse, parce que de la manière qu'on expose le fait, on donne clairement à entendre que la Requête des Jesuites est antérieure au jugement de Diego, qui est de 1653. J'ai eu recours à Bayle, duquel seul on a tiré tout cet article, & j'ai trouvé qu'en le copiant on avoit étrangement brouillé les faits qu'il raporte d'une manière plus claire & plus suivie. Voicy la suite de ces faits, telle qu'elle est dans Bayle. Diana prêcha son Sermon de S. Lucifer en 1640. & les Inquisiteurs de Sardaigne, (où ce Sermon avoit été prêché) le condamnerent la même année.

Notez que Bayle a omis de marquer quel étoit le point que ces Inquisiteurs trouvoient condamnable dans le Sermon de Diana. Aparemment Diana avoit revoqué en doute la sainteté de Lucifer de Cagliari, qui est communement reconnuë en Sardaigne, & qui avoit été soutenuë par un écrit publié en 1639. Quoiqu'il en soit, Diana fit un écrit pour la défense de son Sermon, prit les Inquisiteurs à partie, & enfin fut justifié par l'Inquisiteur General Diego, en 1653. Jusques là, il ne paroit point que les Jesuites en corps eussent pris par une requête solennelle la défense de leur Confrere, & le Dictionaire s'est certainement trompé en s'imaginant que le *Libellus Supplex* de ces Peres, regardât l'affaire de Diana. Voicy ce qui touche cette Requête, qui est de 1696. & qui concerne un autre fait qui n'a aucune liaison avec le premier. Les 14. premiers volumes des Vies des Saints, publiées en Flandres par les Bollandistes, furent condamnez par un Decret de l'Inquisition de Tolede, vers 1696. Dans l'un de ces volumes les Bollandistes disoient leur sentiment avec la liberté convenable à des Historiens, touchant l'origine des Carmes, qu'ils ne remontoient pas jusqu'à Elie. Les Carmes en conséquence du Decret de l'Inquisition de Tolede, présenterent une Requête au Roi d'Espagne, par laquelle ils suplioient Sa Majesté d'imposer silence à tous les Ecrivains de ses Etats, touchant cette question de l'anti-

quité des Religieux du Mont-Carmel, les Jesuites s'y
oposerent, & présenterent en cette même année 1696.
leur *Libellus Supplex*, qui est une Requête toute contraire à celle des Carmes. Les Jesuites dans cette Requête
montrent que les Peres-Carmes apuyent en vain leur
demande sur le Decret de l'Inquisition de Tolede, puisqu'il est certain qu'il a toûjours été permis de se pour-
voir contre ces sortes de Decrets, & que souvent même l'apologie que l'on fait d'un Livre condamné par
ce Tribunal est si forte & si convainquante, que les Inquisiteurs revoquent leur premiere Sentence. Pour prouver ce dernier fait, ils en donnent pour preuve, entre
plusieurs autres, l'issuë du long procés de Diana contre
les Inquisiteurs de Sardaigne. Voilà à-peu-près ce que
dit Bayle, par où on aperçoit aisément ce qu'il y a de
défectueux dans la maniére dont le Dictionaire énonce
ce fait.

DICTINIUS, *Prêtre du IV. siécle, qui fut accusé de
l'erreur de Priscillien, & condamné dans le Concile de
Langres. S. Ambroise écrivit en sa faveur, mais à la
charge qu'il condamneroit ce qu'il avoit fait, & qu'il
resteroit Prêtre toute sa vie. Dictinius n'executa point ce
qu'on demandoit de lui, il persevera dans son erreur, &
se fit ordonner Evêque d'Astorgues.... Il se présenta à
un Synode vers l'an 400. où aprés qu'il eut fait une retractation solennelle de ses erreurs, il fut absous. Saint
Leon fait mention de Dictinius dans sa Lettre à Turtibius
(Lisez, Turribius :) disant qu'il avoit écrit quelques
traitez pour l'erreur des Priscillianistes; mais en même tems
il fait connoître qu'il est mort Catholique, & qu'on peut
avoir de la veneration pour sa memoire, après sa retractation.* On ne cite que M. Du Pin, dont on a tiré cet
article. Je ne sçai d'où cet habile Critique a tiré ce qu'il
dit que Dictinius fut condamné dans un Concile *de Langres*. Il faut certainement *Saragosse*, au lieu de *Langres*.
Peut-être n'est-ce qu'une faute d'inattention : mais le mal
est, qu'elle a passé de la *Bibliotheque* de M. Du Pin, dans
plusieurs Editions de Moreri.

Saint Leon ne dit point absolument, comme on lui
fait dire icy, *qu'on peut avoir de la veneration pour la*

memoire de Dictinius : Mais il dit seulement, en con-
damnant quelques Priscillianistes qui s'authorisoient des
écrits erronez de Dictinius, que si ces gens-là croyent
que la memoire de Dictinius merite quelque égard, ils
doivent assûrement préferer les sentimens qu'il a eu
après son repentir, à ceux qu'il avoit suivis dans le
tems de son égarement, ce qui est fort different de ce
que dit le Dictionaire. Voicy les paroles de S. Leon :
Si aliquid memoriæ Dictinii tribuendum putant, repara-
nem ejus magis debent amare, quam lapsum.

On ne devoit pas ce me semble oublier de marquer
icy que quoy que Dictinius fût mort Catholique, néanmoins, ses Ouvrages furent encore condamnez, environ
un siécle & demi après sa mort, par le Concile de Brague, de l'an 563. Voyez *Concil. Braccarense II. c. 17.*
tom. 5. Cc. Labb. col. 859. Voyez aussi sur le fait de
Dictinius, le premier Concile de Tolede, *Tom. 2. Concil.*
col. 1229. & 1230.

St. DIDIER, *Evêque de Cahors..... Il fut élevé*
dans la Cour du Roy Dagobert.... Il succeda à son frere
Rustique, au gouvernement de l'Eglise de Cahors.... &
il la gouverna depuis l'an 635. jusqu'à l'année 660. Dans
l'article, *Cahors*, on met le commencement de l'Episcopat de saint Didier, à l'an 629. & sa mort à l'an 654.
Cette contradiction vient de ce que l'on a suivi dans
ces deux articles, les deux opinions oposées touchant
les années du regne de Dagobert. Saint Didier fut fait
Evêque la huitiéme année de Dagobert, au mois d'Avril,
& par conséquent en 629. Il mourut le 15. Novembre
dans la 26. année de son Episcopat, & par conséquent
en 654. Observez que dans la Vie de saint Didier donnée
par Messieurs de sainte Marthe, *in Episcop. Cadurc.* il
est dit qu'il mourut la 23. année de son Episcopat, mais
que c'est une faute. Voyez le P. Pagi, *ad an. 629. n. 10.*
& seq. & ad an. 654. n. 11. Voyez aussi l'art. Cahors
cy-dessus.

DIOCRE. Son Histoire est icy repetée inutilement,
puis qu'elle est fort au long dans l'article de saint *Brunon.*

DIODORE, *Prêtre de l'Eglise d'Antioche, fut disciple*
de Sylvain de Tarse, & Maitre de saint Jean Chrysos-

tôme & de Théodore de Mopsueste. Pendant l'absence de
Melece, exilé sous l'Empire de Valens, il prit soin de l'E-
glise d'Antioche. Quand Melece fut de retour il ordonna
Diodore Evêque de Tarse vers l'an 375. Diodore fut ac-
cusé après sa mort (par saint Cyrille d'Alexandrie, &c.)
d'avoir été l'un des Maîtres & des précurseurs de Nesto-
rius. Au contraire saint Athanase, saint Basile & saint
Chrysostome, qui avoient été ses Disciples, le loüent comme
un Evêque très-saint, & comme un défenseur invincible
de la Foy. Le premier Concile de Constantinople le compte
entre les Prélats qu'il propose pour regle de la créance Or-
thodoxe. Cet article a grand besoin d'être retouché.

1°. Pour peu qu'on eût fait attention à ce qu'on écrivoit, on auroit senti d'abord que saint Athanase, Evêque
en 326. au plûtard, n'avoit pû être disciple de Diodore,
qui ne fut Evêque qu'environ cinquante ans après lui.

2°. On cite à la fin de l'article, *saint Athanase*, mais
sans en marquer aucun endroit en particulier. Or il est
certain que saint Athanase n'a jamais fait la moindre
mention de Diodore de Tarse, & qu'il n'est pas possible de marquer aucun Ouvrage qui soit certainement
de ce Saint, dans lequel il ait seulement nommé Diodore.

3°. Il est vrai que Facundus Evêque d'Hermiane en Afrique, raporte une Lettre de saint Athanase à Diodore
Evêque de Tarse, mais on y devoit remarquer deux choses contraires à ce qu'avance le Dictionaire. La premiere
est que saint Athanase, ou l'Auteur de cette Lettre, quel
qu'il soit, bien loin de regarder Diodore comme son
maître, ne l'apelle au contraire que son Fils. Le titre en
est: *Domino meo Filio & amantissimo consacerdoti Epis-*
copo Tarsi Diodoro, Athanasius in Domino salutem. Et
dans le corps de la Lettre il lui dit: *Sicut Filius requies-*
cere me facis Patrem, &c. Il se regardoit donc comme
le Pere & le Maître de Diodore, & Diodore comme son
enfant & son Disciple. Remarquez que si Diodore avoit
été le Maître de saint Athanase, il falloit qu'il fût plus
vieux que lui de dix à douze ans au moins, & qu'ainsi
il eût plus de 90. ans, après l'an 375. Or saint Athanase
eût-il traité un Evêque de cet âge, & dont l'on suposoit
qu'il avoit été lui-même le *Disciple*, l'eût-il dis-je traité

ainſi, ſur tout cet Evêque n'étant point ſous la Juriſ-
diction?

La ſeconde choſe qu'on devoit remarquer avant de
citer cette Lettre, c'eſt qu'elle eſt indubitablement fauſſe.
En voici la preuve. Elle eſt adreſſée à Diodore déja *Evê-*
que de Tarſe. Or Diodore ne fut Evêque qu'après la
mort de ſaint Athanaſe. Car il ne le fut comme le Dictionaire le dit, & le fait eſt d'ailleurs certain, qu'après 375.
je montrerai même dans la ſuite qu'il ne l'a pas été avant
378. Cependant ſaint Athanaſe mourut en 373. Il eſt donc
évident que ce Saint n'a pû écrire à Diodore *Evêque*
de Tarſe. J'avouë que M. Hermant dans la *Vie de ſaint*
Jean Chryſoſtome, Liv. 1. Chap. 7. le P. de Montfaucon
dans ſon Edition de ſaint Athan. p. 129. & M. Du Pin
dans ſa *Bibliotheque*, IV. ſiécle, p. 706. ont ſupoſé comme un fait dont ils ne doutoient point, que cette Lettre
étoit & de ſaint Athanaſe, & adreſſée à Diodore déja
Evêque de Tarſe : mais il eſt évident qu'en cela ces habiles Critiques ſe ſont trompez. Ils n'ont pas comparé
enſemble les dates que je viens de marquer, de la mort
de ſaint Athanaſe & de l'Epiſcopat de Diodore. Le P.
Sirmond y avoit aparemment été trompé avant eux,
n'ayant fait aucune note là-deſſus dans ſon Edition de
Facundus. Comme le Dictionaire cite M. de Tillemont
ſur ce fait, j'ai eu la curioſité de le conſulter après coup,
& j'ai trouvé que cet habile homme s'eſt fort bien aperçû
que la Lettre en queſtion ne pouvoit être adreſſée à Diodore de Tarſe, pour les mêmes raiſons que je viens de
raporter. Il croit pourtant que cette Lettre eſt de S. Athanaſe, mais qu'elle étoit aparemment adreſſée à *Diodore Ev.*
& que Facundus a crû mal-à-propos que ce Diodore
étoit celui de Tarſe, au lieu que c'étoit *Diodore de Tyr.*
Cette conjecture eſt aſſez vrai-ſemblable, puiſque dans
cette Lettre il n'eſt fait mention que de ce qu'avoit fait
Diodore pour rétablir, & enſuite maintenir la Foy dans
la Ville de Tyr. *Cognovimus quanta gratia facta eſt in*
Tyro per tuam perſeverantiam ; & congaudemus tibi, quia
per te cognovit & Tyrus rectum verbum pietatis. Voyez
M. de Tillemont, Tom. 8. p. 803. Nous aprenons d'ailleurs de Rufin, *Hiſtor.* L. 2. C. 21. que ſaint Athanaſe
avoit

avoit fait ordonner un Diodore Evêque de Tyr.

4°. Diodore n'a point été *Evêque de Tarse vers l'an* 375. Car on convient que Melece d'Antioche *étant de retour* de son exil l'ordonna Evêque de Tarse. Or Théodoret, duquel on a tiré ce fait, ne met le retour de Melece qu'après la mort de l'Empereur Valens, & l'ordination de Diodore qu'après le retour de Melece. Valens d'ailleurs ne mourut, comme le Dictionaire le dit & que tous nos Critiques en conviennent qu'en 378. Diodore n'a donc pû être ordonné par Melece qu'à la fin de cette année. Voyez Théodoret, *Historia* L. 5. c. 2. 3. & 4. M. de Tillemont dit que Diodore pouvoit être Evêque dès 376. ce que l'on ne peut assûrer sans contredire Théodoret.

5°. Saint Basile n'a point été, non plus que saint Athase, disciple de Diodore. Saint Basile ayant eu occasion de recevoir chez lui Diodore, lui fit un fort bon accüeil: plusieurs personnes y trouverent à redire. Saint Basile, dans sa Lettre 82. rendit compte des raisons qui l'avoient obligé d'en user ainsi. *Je l'ai reçû d'abord*, dit-il, *comme un homme qui a été disciple du Bien-heureux Sylvain de Tarse, & maintenant je l'aime, parce qu'il a le don de la parole, & que beaucoup de gens qui l'écoutent en deviennent meilleurs.* Si saint Basile eût été disciple de Diodore, eût-il pû s'empêcher de le marquer icy ? N'étoit-ce pas la raison la plus plausible pour fermer la bouche à ceux qui trouvoient mauvais qu'il eût si bien reçû Diodore ? Pouvois-je, auroit dit saint Basile, refuser l'hospitalité à un homme auquel je suis obligé de ma premiere éducation, & qui a été mon maître ? Au reste le texte de saint Basile, si on l'examine de près, prouve que ce Saint, lorsqu'il reçût Diodore pour la premiere fois, ne connoissoit en lui d'autre qualité que celle d'avoir été l'éleve de Sylvain, *Diodorum, tanquam B. Sylvani alumnum primò suscepimus, nunc verò diligimus & complectimur. propter sermonis quam habet gratiam, per quam multi qui eum audiunt, meliores redduntur.*

DIOSCORE, *Diacre de l'Eglise Romaine, & Anti-Pape, fut mis sur le Siege de saint Pierre, & oposé au*

T

Pape Boniface II. l'an 529. Le Cardinal Baronius croit
qu'il est le même que le Pape Hormidas avoit envoyé Legat en Orient vers Justinien. Alaric Roy des Goths, apuyoit
cette élection. Il y a icy deux fautes considerables. 1°. On
met *Justinien*, au lieu de *Justin*. Il est vrai que dans
l'endroit que l'on cite de Baronius, on lit, au moins
dans l'impression d'Anvers, *Justinien* : Mais c'est une
faute évidente, & qui n'est aparemment que d'impression, puisque ce sçavant Cardinal avoit marqué, sous
l'an 519. la legation de Dioscore vers *Justin*, & qu'il en
avoit raporté les actes assez au long. Un critique habile
ne devoit pas ignorer que l'on ne peut joindre ensemble
le Pontificat d'Hormisdas & l'Empire de Justinien.
2°. C'est une autre faute, de dire qu'Alaric Roy des
Goths apuyoit l'élection de Dioscore. C'étoit Athalaric,
qui regnoit pour lors en Italie, & qui y étoit Roy des
Goths, & non Alaric qui avoit été tué plus de 20. ans
auparavant par le grand Clovis. Voyez les articles,
Alaric II. & *Athalaric*, dans le Dictionaire. Je renvoye
à ces deux articles, pour prevenir ce qu'on pourroit
m'objecter, que le mot, *Athalaricus*, peut être rendu
en François, par celui d'*Alaric*. Or, en consultant ces
deux articles, on verra que le Dictionaire n'a point
marqué *Athalaric* sous le nom d'*Alaric* ; & que par conséquent si l'on a prétendu le marquer icy sous ce nom,
on a jetté le Lecteur dans un embarras évident.

DISCIPLES. *On dit à la fin de cet article, que le 15.
Juillet est le jour au quel on celebroit autrefois la Fête
de la division des Apôtres, que l'on solennise encore dans
le College de Montaigu à Paris.* On fait encore aujour-
d'hui cette Fête au même jour dans le Diocese d'Orleans, sous le rit de *semidouble de trois Leçons*, & sous
ce titre : *Divisio Apostolorum ad Prædicandum.* Elle se
trouve dans tous les Breviaires imprimez de ce Diocese,
même dans celui de 1494.

DOCTEURS. *Il semble que ce nom n'ait été mis en
usage que dans le XII. siecle, en la place de celui de Maître. On attribuë l'établissement du Doctorat, avec celui
des autres degrez Scholastiques, de Bacheliers & de Li-
cenciez, tels que nous les voyons aujourd'hui, à Pierre*

Lombard. On dit la même chose dans l'article suivant. Cela posé, comment accorder le Dictionaire avec lui-même, qui a donné en quelques endroits la qualité de *Docteur,* à des gens morts assez long-tems avant que Pierre Lombard eût commencé à enseigner. Voyez par exemple au mot, *Arbrissel,* & vous y trouverez que le Dictionaire assure que *Robert d'Arbrissel, après avoir reçu le Bonnet de Docteur,* avant la fin du XI. siécle, retourna en Bretagne, &c.

DOCTORAT. *Rhenanus dit qu'environ l'an 1140. ceux qui lisoient publiquement le Livre des Sentences de Pierre Lombard, commencerent à être apellez Docteurs.* Je voudrois un témoin plus ancien que Rhenanus de ces faits qui lui sont antérieurs de près de quatre siécles. On ne trouve rien qui puisse persuader que le Livre des Sentences de Pierre Lombard fut déja composé en 1140. ou qu'on ait commencé à le lire publiquement dans les Ecoles avant l'an 1200.

DOM, *titre d'honneur, emprunté de l'Espagnol, qui signifie Seigneur..... Ce mot vient du Latin , Domus (* Lisez, *Domnus :) abregé de Dominus.* Ce terme n'est point emprunté de l'Espagnol, mais les Espagnols comme les autres l'ont tiré du Latin, *Domnus.* Ce mot de *Domnus* se trouve apliqué à des Evêques ou à d'autres personnes de consideration dans l'Occident, dès le V. siécle. Voyez le Glossaire Latin de M. du Cange, au mot *Domnus.* On cite icy, *Mem. Histor.* & un Lecteur n'en est pas plus sçavant.

DOMINICAINS, *Ordre Religieux, aprouvé par le Pape Innocent III. au Concile de Latran l'an 1212.* Lisez, 1215.

St. DOMINIQUE..... *Ce fut lui, qui persuada au Pape Honoré III. d'établir un Maître du Sacré Palais, sur qui les Pontifes pussent se décharger des discussions qui regardoient l'interprétation de l'Ecriture, & la Censure des Livres.* Ce qu'on apelle aujourd'hui, Maître du Sacré Palais, n'étoit dans son origine qu'un simple Lecteur en Théologie, c'est-à-dire, un Religieux qui expliquoit la Sainte Ecriture dans le Palais Pontifical, & qui y faisoit quelques autres Leçons de Théologie. Il n'est devenu Censeur des Livres que depuis l'invention de l'Imprimerie, & sa fonction consiste à en permettre ou à en empêcher l'impression.

DONI D'ATTICHI (*Loüis*) Evêque de *Riez* , puis d'*Autun* , mourut vers 1668. Il mourut le 2. Juillet de l'an 1664. comme il est marqué dans le *Diarium Mini-morum* du P. Thuillier, tom. 2. p. 2.

DORDOGNE, *Riviere, entre dans le Limosin , accruë par les eaux de la Luziege.* [Lisez, Luseje,] *de la Serre* [La Sére, car c'est le vrai nom, n'entre dans la Dordogne qu'au-dessous du Limousin , & non pas au-dessus, comme on le supose icy, elle ne s'y jette que dans le Querci.] *Ensuite passant par Limeil , Chatillon* , &c. Lisez, Limeüil, Castillon , &c.

DORE', [*Pierre*] *de l'Ordre de saint Dominique , étoit natif d'Orleans , selon La Croix Du Maine.* Quelques Ecrivains l'ont crû Flamand , mais il est très-certain qu'il étoit d'Orleans , comme il le dit lui-même dans plusieurs de ses Ouvrages. Il fut Licentié de la Faculté de Paris , en 1532. Depuis ce tems là il écrivit un assez grand nombre d'Ouvrages , & mourut selon le Peré Echard en 1569.

DOROTHE'E *Abbé , auteur de* 24. *Doctrines ou Ser-mons. On ne sçait pas bien en quel siecle il a vécu. Quelques auteurs le mettent sur la fin du IV. siecle , & quelques autres dans le VI. vers* 560. *Il vivoit dans le VII. siecle, car Jean son maître étoit disciple de Barsa-nusius Moine Egyptien, qui a fleuri, suivant Evagre, vers l'an* 550. *Dorothée aprés la mort de son maître Jean, établit un Monastere en Palestine, dont-il fut Superieur.* Dans l'article *Dosithée,* qui est à la page suivante, on ne met plus *Dorothée* dans le VII. siécle, mais dans le VI. Car on dit en parlant de Dosithée son Disciple , que ce *Dosithée* fut *Moine en Palestine, & disciple du fameux Dorothée, & vivoit au VI. siecle.* Cette seconde époque vaut mieux que l'autre. Dorothée avoit passé plusieurs années dans le Monastere avec Barsanufe, lequel mourut non pas vers l'an 550. mais au plûtard en 543. Evagre L. 4. c. 33. dit qu'il y avoit plus de 50. ans que Barsanufe ne paroissoit plus, quoique quelques-uns cruſſent qu'il étoit encore vivant. Evagre écrivoit cela en 593. Ainſi l'an 543. eſt proprement celui de la mort de Barſanufe. Doſithée mourut jeune & avant S. Dorothée ſon maître. Il faut donc les mettre tous deux dans le VI. ſiécle.

DRELINCOURT (*Charles*) *né à Sedan le* 10. *Juillet* 1795. Liſez, 1595.

DROIT CANONIQUE.... *La plus ancienne Collection Latine de Canons fut faite vers l'an* 460. *par l'autorité du Pape S. Leon. La ſeconde fut dreſſée par Denys le Petit, & parut environ l'an* 496. *La troiſiéme fut faite par S. Iſidore Evêque de Seville, vers l'an* 620. *La quatriéme vers* 790. *ſous le nom d'Iſidorus Peccator .....* *Environ l'an* 1020. *Burchard fit une nouvelle Collection.* Preſque tout ce qu'on dit des Collections de Canons dans cet article, eſt déja aux mots, *Canon, Concile, &c.* Voyez ce que j'en dis au mot, *Concile,* & vous trouverez que les Reviſeurs varient ſans ceſſe ſur les mêmes faits. C'eſt ſans fondement qu'on attribuë la premiere Collection à S. Leon & la troiſiéme à S. Iſidore de Seville : ils n'en ont ni fait ni fait faire aucune. Celle de Denys eſt poſterieure à l'an 500. & Burchard compoſa la ſienne vers 1010.

DUC (LE) ou DU DUÇ, *Jeſuite connu ſous le nom de Fronto Ducæus,* &c. Son nom n'étoit point le Duc, mais, *Du Duc.*

DUCAS, *Petit fils de Michel Ducas,* M. Du Pin n'a pas fait attention que ce Ducas étoit déja dans les éditions précédentes, & il lui a donné icy un article, ce qui fait qu'il y en a deux tout de ſuite du même Ducas. Il en faut retrancher un.

DUNS (*Jean*) *dit SCOT, fut Religieux de l'Ordre de S. François à la fin du XIII. ſiecle, & au commencement du XIV. Il fut nommé le Docteur ſubtil .... Il avoit compoſé un traité que nous n'avons plus contre l'opinion de Jean XXII. qui pretendoit que la beatitude des ames juſtes étoit differée juſqu'au jour du jugement. Dans ſon Livre de la Iuriſdiction Eccleſiaſtique il traite la queſtion agitée ſur ce ſujet en France l'an* 1329. *entre les Prelats & Pierre de Cugnieres, ſur les bornes de la Iur-*

risdiction Ecclesiastique. Celui qui a écrit ces deux derniers faits, les a aparemment écrit à la hâte, & seulement de mémoire, sans faire attention à ce qu'il écrivoit. Car il venoit de dire que Scot *mourut le 8. Novembre de l'an* 1308. Or comment un homme mort en 1308. a-t'il pû écrire sur ces questions agitées seulement environ 20. ans aprés sa mort?

En relisant une seconde fois cet article dans le Dictionaire, j'aperçois d'où vient cette faute. *Ce Théologien,* y dit-on, *fut le premier qui, sans s'aßujettir à suivre les principes d'aucun autre, prit des uns & des autres ce qu'il jugea à propos, & avança quantité de sentimens nouveaux, ce qui lui a fait donner la qualité de Docteur trés resolutif. Il avoit composé,* &c. Le Théologien surnommé *Doctor Resolutißimus,* est certainement Durand de S. Pourçain, lequel en effet a écrit sur les deux sujets en question. Toute la bevüe vient donc de ce que l'on a fait entrer dans l'article de Jean *Duns,* l'addition que M. Du Pin avoit faite pour un art. qui suit peu après, c'est-à-dire, pour celui de *Durand.* A ce propos voicy une Historiette. M. Du Pin dit un jour en Sorbonne, en 1702. que le Paradis des Auteurs étoit la composition, que la revision étoit leur Purgatoire, mais que de corriger les feüilles pendant l'impression, c'étoit leur Enfer. Je ne m'étonne pas si cet habile homme a tâté le moins qu'il lui a été possible de ce dernier état des Auteurs, & s'il s'est si constamment maintenu dans le premier: mais ses Ouvrages n'en sont pas sortis plus exacts de ses mains, & ils sont pleins de fautes qu'il n'auroit pas manqué de corriger, s'il en eût revû les feüilles. Celle que je reprens icy se trouve dans l'édition de 1712. comme dans celle de 1718.

DUPLEIX, *Historiographe de France, mourut en* 1661. *âgé de* 98. *ans.* Patin, qui avoit connu particulierement Dupleix, & qui l'avoit traité dans une maladie considerable en 1625. dit, *Lettre* 252. *Le bon-homme Dupleix âgé de* 91. *ans est mort.* Patin est l'homme du monde le plus sujet à caution dans les faits qu'il raporte, mais il me semble que sur un fait de la nature de celui-cy son témoignage n'est pas méprisable. C'est assez l'ordi-

naire des Médecins de s'informer de l'âge de ceux dont
ils ont soin dans leurs maladies.

DURAND, (*Guillaume*) *surnommé Speculator, mou-*
rut à Nicosie dans l'Isle de Chypre le 6. de Iuillet de
l'an 1296. d'où son corps fut raporté à Rome, & enterré
à la Minerve. Ce fait est tiré d'un Auteur qui vivoit
sous Pie V. près de 300. ans après la mort de Durand,
& qui n'a donné aucune preuve valable de ce qu'il avance
en ce point. Dans la Lettre 50. de Bonisiace VIII. ce
Pape en nommant un successeur à Guillaume pour l'E-
vêché de Mande marque expressément que Guillaume
étoit mort à Rome. Son Epitaphe marque que ce fut le
premier Novembre.

Le Rational, Rationale Divinorum Officiorum, est le
plus commun des Ouvrages de Durand, & a été imprimé
plusieurs fois. On ne devoit pas omettre que selon M.
Chevillier c'est le second Ouvrage qui soit sorti de l'imprimerie, depuis que l'on eu trouvé ce bel Art. L'impression du *Rational* fut faite à Mayence par Fauste,
en 1459. Voyez M. Chevillier, *de l'origine de l'Impri-*
merie, p. 13.

On cite, Bartel, *Hist. Praf. Region.* Lisez, *Histor.*
Prasulum Regiens. Bartel a écrit une Histoire des Evêques de Riés.

Le P. Echard dans ses *Scriptores Ord. Pradicat.* tom.
I. p. 480. dont je tire ces faits, prétend qu'il est fort
probable que Durand étoit Jacobin. Il n'en donne aucune preuve qui rende ce fait vrai-semblable. Observez
qu'avant Philippe de Bergame qui écrivoit à la fin du
XV. siécle, aucun Ecrivain n'a dit que Guillaume eût
été Religieux de l'Ordre de S. Dominique, & que son
Epitaphe même de 32. vers qui contient un fort grand
détail de ce qui le touche, n'en dit quoique ce soit.
Durand mourut âgé de 63. à 64. ans.

DURAND DE S. POURC,AIN *a écrit sur le VI.*
Livre des Sentences. Lis. *sur les IV. Livres,* &c. Il mourut, suivant le P. Echard, en 1334.

DURANTI.... *fut tué le* 10. *Février* 1489. Lis. 1589.

DURFORT, *Maison.* On y dit au n. 12. que *Iacques*
Henri, Duc de Duras mourut en 1704. *âgé de* 84. *ans.*

Cela ne se peut, son pere n'ayant été marié qu'en 1644. & lui n'en ayant été que le second fils, & n'étant par conséquent né au plûtôt qu'en 1626.

DUVAL, (*André*) *fut reçû Docteur en Théologie de la Faculté de Paris, le 15. Mars 1594. & pourvû de la Chaire de Theologie nouvellement établie par Henri IV. l'an 1596. Il mourut en 1638. âgé de 74. ans.* M. Du Pin dans sa Bibliothéque des Auteurs Ecclesiastiques n'a point donné d'article de M. Duval, cela est assez surprenant.

Le Pere Serry dans son Histoire de la Congrégation *de Auxiliis*, p. 318. 19. & 20. nous a donné deux Lettres qu'il prétend être de M. Duval, & il en tire quelques conséquences remarquables en faveur de l'opinion de son Ordre touchant les matiéres de la Grace, Voicy à quelle occasion elles furent écrites, ce qu'elles contiennent, & ce que le même Pere a crû être en droit d'en conclure. (Je dirai là-dessus mon avis en simple critique, sans prendre aucun parti sur ce qui touche le fond des matiéres *de Auxiliis*, sur lesquelles les faits que je discuterai, soit qu'ils soient vrays, soit qu'ils soient faux, ne décident rien. J'en ai usé de la même maniére cy-dessus, p. 95. & suivantes.)

1°. Mr. Rose (Antoine) Evêque de Senlis, étant à Rome en 1601. pendant que les disputes *de Auxiliis* s'y continuoient avec assez de chaleur, bien des gens lui demanderent quel étoit là-dessus le sentiment de la Faculté de Paris. Mr. de Senlis assura constamment que cette Faculté étoit favorable aux Jesuites, & que *de 35. Bacheliers ou environ* avec lesquels il étoit entré en Licence l'année précedente, 1600. il n'y en avoit point eu qui ne se fut déclaré dans ses Théses, en faveur de Molina. Ce bruit se répandit en fort peu de tems dans Rome, & la chose ayant été jusqu'aux oreilles de Clement VIII. ce Pape voulut sçavoir ces faits de M. l'Evêque de Senlis lui-même. Ce Prélat assura Sa Sainteté en présence de Mrs. de Creil & le Bossu, Docteurs de Sorbone, Consulteurs dans les Congregations, & fort oposez aux Jesuites, qu'il n'avoit rien avancé là-dessus qui ne fut très-veritable. Clement VIII. en fut *indigné*, si l'on en croit

le P.

le P. Serry, & ordonna à Messieurs de Crell & le Bossu d'en écrire au plûtôt à Paris. Ils le firent, & pour être bien informez de la verité ou de la fausseté du raport de M. Rose, ils s'adresserent à Monsieur Duval, qui leur fit aussi-tôt réponse. Sa Lettre est datée de Paris, du 20. Janvier 1602 En voicy la teneur. *J'ai un vrai chagrin de ce qu'un certain homme a eu la hardiesse de dire dans Rome, que nôtre Faculté a voulu decider quelque those en faveur de Molina: cela est faux; l'on n'a point parlé icy de ces matieres en public, & l'on n'en a rien dit, même en particulier, qu'avec de grands menagemens .... Ce que le même a raporté des 35. Bacheliers avec lesquels il a fait sa Licence, n'est pas moins faux. Il n'y a eu aucun d'eux qui n'ait soutenu la Predetermination avec S. Augustin & S. Thomas, ou au moins n'y en a-t'il eu aucun qui l'ait contredit. J'ai parlé à ceux d'entr'eux qui passent pour être plus habiles que les autres, & je leur ai demandé s'il leur étoit arrivé d'en dire quelque those en particulier. Ils m'ont répondu que non, & qu'ils étoient dans la resolution de ne rien faire là-dessus que ce que la Faculté leur ordonneroit. Au reste, pour ce qui est de moy, j'ai toûjours admis la Prédetermination, comme un sentiment qui établit très-bien les droits de Dieu sur la créature, & qui ne porte aucun préjudice à la liberté de l'homme, avec laquelle elle s'accorde parfaitement, au moins selon ma pensée. Nôtre Faculté attendra le Iugement du saint Pere dans cette matiere comme en toute autre. En attendant nous ferons en sorte par le moyen de nôtre Syndic, qu'aucun de nos Bacheliers ne soûtienne dans ses Theses quoique ce soit des opinions de Molina.* [J'ai traduit cette Lettre un peu servilement, de peur qu'on ne me reprochât de l'avoir alteré en quelque chose, en voulant lui donner un plus beau tour.]

2°. M. Rose étant revenu de Rome à Paris, y soûtint cette même année 1602. son Acte de Resompte. Voici ce qu'en dit la seconde Lettre de M. Duval, du 22. Juin 1602. *M. l'Evêque de Senlis a fait son Acte de Resompte, & il y a soûtenu quelques Theses, touchant la Grace Efficace, suivant les sentimens de Molina, & non suivant ceux de Bannez: ni le Doyen, ni le Syndic de*

V

la Faculté n'ont signé ses Theses : mais il les a fait imprimer, quoiqu'elles n'eussent point été signées, disant qu'il étoit Evêque, & qu'il avoit donné à Rome en présence du Pape, des preuves de sa capacité & de sa probité. Quelques Docteurs avoient dessein de s'oposer à son Acte à cause de ce qu'il y avoit mis, touchant la Grace Efficace ; mais la crainte d'un plus grand scandale les a retenu. En effet cela auroit fait du bruit & causé une espece de schisme dans la Faculté, au lieu que le tout a été assoupi par le silence que ces Docteurs ont gardé là-dessus..... Le Prelat a assez bien répondu..... Je n'y étois pas, j'etois allé ce jour là à la campagne. Plusieurs Evêques ont assisté à cet Acte, & quelques-uns d'entre eux n'ont pû aprouver la maniere dont M. Rose y déclama contre l'opinion de Bannez, qu'il traita de fausse, de ridicule, d'absurde, &c.

Le P. Serry conclut de ces deux Lettres, qu'il dit se trouver dans le Recuëil de Pegna, que la Faculté de Paris étoit favorable aux Dominicains & oposée aux Jesuites. Je ne pense pas que cette conséquence soit fort évidente, en suposant même que ces deux Lettres fussent de M. Duval ; mais sans m'arrêter à faire des reflexions inutiles là-dessus, je vais démontrer que ces deux Lettres sont deux piéces fausses, qu'elles ne peuvent être de M. Duval, & que les faits qui y sont raportez sont hors de toute vrai semblance.

4°. Je tirerai ma premiere preuve de ces paroles que la premiere Lettre fait dire à M. Duval : pour ce qui est de moy, j'ai toûjours admis la Prédetermination : *quod men interest, ego semper prædeterminationem admisi.* Ce fait est faux, & il est de notorieté publique que M. Duval a toûjours été très-oposé à la Prédetermination admise par les Théologiens de l'Ordre de saint Dominique. La Lettre qui supose le contraire, & qui fait dire à M. Duval qu'il a toûjours admis la Prédetermination, est donc une piéce suposée, & faussement attribuée à ce Docteur. Pour se convaincre de la justesse de cette conséquence, il n'y a qu'à comparer les sentimens oposez du faux & du vrai Duval sur cette question. Le faux Duval dit qu'il a *toûjours admis la Prédetermination :* le vrai

Duval au contraire, après avoir raporté, dans son Traité de la Grace, les raisons sur lesquelles les Dominicains apuyent ce sentiment, décide d'une maniere fort positive, qu'il faut absolument la rejetter : *Hæc Prædeterminationis Physicæ opinio omnino respuenda est.* Duval, *de Gratia, quæst.* 7. *art.* 3. *p.* 429. *col.* 2. Le premier asfûre que la Prédetermination s'accorde fort bien avec la Liberté : *Cum Libero Arbitrio bellè coheret :* L'autre assûre, *ibid.* qu'il faut la rejetter, parce qu'elle ne peut s'accorder avec la liberté : *Omnino respuenda est.* 1º. *Ex eo quod ipsa stare nequeat cum libertate arbitrii,* &c. Le faux Duval admet la Prédetermination, parce qu'elle est honorable à Dieu, duquel elle établit les droits sur la créature, *sua jura Deo tribuentem,* &c. Le vrai Duval soûtient au contraire, p. 421. que ce sentiment est injurieux à Dieu, qui seroit, dans ce systême, auteur du peché : *Sequetur Deum nos ad peccandum impellere, præmovere, & prædeterminare ; quod est Calvinianum, & bonitati divinæ apertè repugnans.* Et à la p. 435. en refutant ceux qui disent que le sentiment de la Grace Prédeterminante tient l'homme dans la subordination, & nourrit en lui l'humilité chrétienne, il répond que l'humilité chrétienne ne s'apuye point sur de fausses raisons, & qu'elle ne peut être fondée sur une opinion qui rüine absolument la liberté : *Humilitas Christiana non debet falsas rationes obtrudere..... Prædeterminatio liberum arbitrium omnino destruit, ut ostendimus.* Le faux Duval supose que la Prédetermination est le sentiment de saint Augustin & de saint Thomas : Le vrai Duval assûre au contraire que ce n'est qu'un sentiment de quelques nouveaux Théologiens : *Secunda opinia est quorumdam recentiorum, qui Prædeterminationem Physicam tuentur,* &c. Enfin le faux Duval se déclare oposé à Molina & disciple de Bannez ; au contraire le vrai Duval prend constamment parti pour Molina, Fonseca, Suarez, &c. & combat toûjours Bannez & les autres Théologiens qui pensent comme lui. Ainsi, dans son Traité, *de Actionibus Humanis,* en parlant de l'accord de la Grace & de la Liberté, il dit, p. 71. *Verior & probabilior opinia S. maris, Molina,* &c. Il dit la même chose dans son Traité de

la Grace, lors qu'examinant en quoy consiste son effi-
cacité, il se déclare encore pour Molina, p. 436. *Tertia
opinio cæteris probabilior est Bellarmini, Suaris, nec-non
Molina.* Enfin, il apelle toûjours Bannez & les autres
Ecrivains qui le suivent, ses *adversaires.* Cette oposition
si sensible, si constante, & d'ailleurs si considerable, qui
se trouve entre les vrais sentimens de M. Duval, & ceux
que les deux Lettres données sous son nom par le P.
Serry lui attribuent, sont une preuve évidente que ces
deux Lettres sont fausses, & qu'il n'en fut jamais
l'Auteur.

4°. Peut-être quelqu'un pourroit penser que M. Duval
aura pû changer de sentiment, & qu'ayant pendant douze
à quinze ans tenu le sentiment de Bannez, c'est-à-dire,
jusqu'après l'an 1602. il aura ensuite embrassé celui de
Molina. Si l'on prétendoit resoudre par là la difficulté
que je propose, il ne suffiroit pas de dire que M. Duval
a pû changer, mais il faudroit montrer par des faits
incontestables qu'il a changé en effet. Je vais prouver en
peu de mots que cela est hors de toute aparence. 1°. M.
Duval qui a fait imprimer lui-même les Traitez que je
viens de citer, *des Actes Humains & de la Grace,* dans
lesquels il combat si vivement les sentimens de Bannez,
n'y a pas mis un seul mot qui insinuë le moins du monde qu'il eût jamais varié là-dessus. 2°. Aucun Ecrivain,
pas même parmi les défenseurs du sentiment de Bannez,
n'a fait la moindre mention de ce prétendu changement
de M. Duval. Cependant, suposé que ce ce changement
eût été réel, il n'étoit gueres possible que ni M. Duval,
ni aucun autre Ecrivain n'en eût dit quelque chose. M.
Duval y auroit été obligé, n'eût-ce été que pour se justifier en ce point contre ceux à qui ce changement n'auroit pû manquer de déplaire. D'ailleurs, les Théologiens
ausquels une variation de cette importance auroit déplû,
eussent-ils pû ne la lui pas reprocher?

En effet ou l'on suposera que cette variation prétenduë a été inconnuë generalement, soit aux amis, soit
aux adversaires de M. Duval, ou l'on se retranchera à
dire que quoi qu'elle ne leur fut pas inconnuë, ils n'ont
pas eu occasion d'en parler: l'une & l'autre de ces su-

positions seroit également abfurde. M. Duval étoit Pro-
feffeur dès l'an 1596. & il avoit indubitablement donné
fes traitez des Actes Humains & de la Grace, ou au
moins l'un des deux avant la fin de l'an 1602. Il y auroit fuivi les opinions de Bannez & foutenu la Prédetermination, fuivant l'opinion que je refute icy, & il
n'auroit changé que depuis ce tems-là. Or, foit qu'il
eût changé peu aprés 1602. ou affez long-temps feulement aprés cette année, fon changement, fur une matiére de cette nature qui étoit agitée avec tant de fra-
cas depuis tant d'années, n'a pû être que fort éclatant,
n'étant pas poffible que ni fes anciens écoliers, ni fes
nouveaux Auditeurs, ni fes confreres, n'en fuffent bien
informez.

Les Jefuites aufquels ce changement ne pouvoit être
qu'un fujet de triomphe; les Dominicains aufquels il ne
pouvoit manquer d'être fort fenfible, ne pouvoient affu-
rément l'ignorer: mais pouvoient-ils s'en taire? Venons
à quelque détail fur ce fait.

Mr. Camus, Evêque de Belley dés 1609. & ami de
M. Duval duquel il avoit pû fçavoir les fentimens dés
l'an 1600. ou même plûtôt, remarque dans fes *Epitres
Theologiques*, tom. 1. p. 21. que l'opinion des Jefuites
touchant la Grace, *étoit apuyée de la plûpart des Sor-
boniftes*. Il affure la même chofe, p. 144. & le prouve
en citant Mrs. *Gamaches, Duval & Ifambert*, &c.
Pouvoit-il naturellement oublier de remarquer que M.
Duval, aprés avoir été long-tems adverfaire des Jefuites en ce point, avoit enfin changé & étoit entré dans
leurs fentimens?

Le Pere Pierre de Saint Joseph, Feüillent, & Apo-
logifte de Molina, a avancé à ce fujet, des faits remarquables, dans fa *Theologie du Temps*, imprimée en
1647. Je vais en faire ufage. Ce Pere aprés avoir prouvé
que les Univerfitez d'Alcala & de Seville en Efpagne,
de Boulogne en Italie, d'Ingolftadt, de Gretz, de Di-
linghen, de Virtzbourg, de Mayence, du Pont-à-Mouffon,
de Tréves & de Vienne en Allemagne, s'étoient décla-
rées pour Molina; ce Pere dis-je vient enfin à celle de
Paris, & voicy ce qu'il en dit, p. 58. *Je ne fçai pas fi*

La Sorbonne écrivit à Rome du temps de Clement VIII.
pour declarer à Sa Sainteté, le sentiment qu'elle avoit,
touchant la question de Auxiliis: mais je sçai bien qu'en-
tre tous les Professeurs qui y ont enseigné la Theologie
depuis cinquante ans, il n'y en a pas eu aucun qui ait
suivi les opinions de Bannés. Feu Messieurs Duval, Ga-
mache & Isambert enseignent ouvertement que la Pre-
determination Physique ruine la liberté. Et il ne faut
point douter qu'une infinité de Docteurs, qui ont été Dis-
ciples de ces grands Maîtres, ne soient dans le même
sentiment . . . . p. 59. Quand on considere que la Sorbonne
a toûjours suivi depuis cinquante ans, les opinions des
Jesuites contre Bannés, les personnes judicieuses qui sça-
vent le peu d'intelligence qu'il y a d'ailleurs entre ces deux
corps celebres (La Sorbonne & les Jesuites; *) avoüerent*
que cette seule consideration est trés puissante, pour faire
évanoüir tout ce qu'on peut dire au desavantage de Mo-
lina. Ce passage est décisif pour démontrer que jamais
M. Duval ne fut partisan de Bannez, & qu'il le fut au
contraire constamment de Molina. Mais, dira-t'on peut-
être, le P. Pierre de S. Joseph est-il un témoin rece-
vable? Oüi, pour deux raisons. La premiere est qu'il
n'a pû ignorer le fait qu'il atteste, & que d'ailleurs il
n'y a nul sujet de croire qu'il eût voulu mentir sur un
point sur lequel il n'ignoroit pas qu'il ne pût être dé-
menti & convaincu d'imposture par un grand nombre
de Docteurs & d'autres personnes de toutes conditions,
s'il eût raporté le fait contre la vérité. La seconde est, que
quoiqu'il y eût encore lors qu'il écrivoit, beaucoup de
gens dans la Faculté de Paris qui avoient été ou amis
ou même écoliers de Mr. Duval quarante-cinq ans
auparavant, dont quelques-uns mêmes étoient pour lors
fort oposez à Molina, aucun d'eux néanmoins n'a contesté le fait avancé par ce Feüillent au sujet de M. Duval
& de la Sorbonne. Les deffenseurs même de Jansenius,
qui maltraiterent en toute occasion ce Pere, n'oserent
pourtant s'inscrire en faux là-dessus. Il est donc évident
que M. Duval ne soûtint jamais la Predetermination, &
que la Lettre qui l'en fait deffenseur est une piece indubitablement fausse. Ces refléxions me conduisent in-

senfiblement à une seconde preuve, aussi forte que la précedente : la voicy.

5°. En faisant tant soit peu d'attention aux circonstances dans lesquelles le P. Serry supose que ces deux Lettres furent écrites par M. Duval, on sent aussi tôt qu'il n'a pas été possible qu'elles n'eussent été publiées par tout par les adversaires des Jesuites, & qu'il ne s'en fut repandu un trés grand nombre de copies. Le P. Serry en a été si convaincu, que, sans autre preuve que ces Lettres mêmes, il n'a point craint d'assurer que les artifices des Jesuites furent par là dissipez, aussi-bien que les faux bruits qu'ils avoient repandus au sujet de la Sorbonne, que M. Rose en fut couvert de confusion, & que *tout le monde* demeura convaincu à Rome que la Faculté de Paris favorisoit les Dominicains & regardoit la Prédetermination comme un sentiment soutenu par S. Augustin & par S. Thomas. *Eo Duvallii responso,* dit-il, *Societatis artes evanuerunt, non sine summo Episcopi Sylvanectensis dedecore : probatumque omnibus fuit Parisiensem Academiam in Prædicatorum doctrinam uti Augustinianam & Thomisticam inclinare.* Jusqu'icy tout vâ le mieux du monde, mais voicy un inconvenient auquel le P. Serry auroit dû penser : il en valoit la peine. Comment ces Lettres qui ont dû être si publiques, & que les adversaires des Jesuites n'ont pû manquer de conserver avec beaucoup de soin, mais sur tout, desquelles ils ont eu mille occasions de faire usage contre ces Peres : comment, dis-je, ces Lettres ont-elles été inconnuës jusqu'au temps où le P. Serry les a tirées, en 1700. de l'oubli general où elles étoient ? Par quel espece d'enchantement est-il arrivé que ni Lemos, ni Coronel, ni Messieurs de Creil & le Bossu, ni le Pere Gibieuf, ni depuis, Mrs. Arnauld, de Bourzeys, &c. n'en ont jamais fait la moindre mention dans leurs Recuëils ou dans les autres Ouvrages qu'ils ont publiez contre les Jesuites, pendant tout le cours du X V I I. siécle ? Est-il possible qu'ils n'en eussent aucune connoissance, ou que ne les ignorant pas ils n'en eussent pas tiré tout l'avantage qu'elles leur donnoient contre ces Peres ; lesquels d'ailleurs ne cessoient de soûtenir que la Faculté de Paris leur avoit toûjours été favorable ?

6°. La seconde Lettre attribuée à M. Duval, assure *que ni le Doyen ni le Syndic ne voulurent pas signer la Thése de Mr. de Senlis, qui la fit imprimer & qui la soûtint sans qu'elle eût été signée . . . . qu'il y repondit assez bien*, &c. Le premier fait est incroyable, car en ce cas M. l'Evêque de Senlis auroit soutenu sa Thése contre toutes les regles, & malgré la Faculté, ce qui n'a aucune vrai-semblance. En effet le Doyen (qui ne signe point les Théses à présent, & je ne sçai s'il les signoit autre-fois :) & le Syndic, donnent jour à chacun de ceux qui doivent soutenir, & il n'y a nulle aparence, ni qu'ils eussent donné jour à M. de Senlis pour soutenir une Thése qu'ils auroient refusé de signer, ni que le Prélat eu pû de son chef & malgré eux prendre un jour & y soutenir son Acte. Mais voicy quelqu'autre chose de plus positif contre le faux narré de cette Lettre prétenduë de M. Duval. Il est expressement marqué dans les Registres de la Faculté, sous l'an 1602. que M. de Senlis s'étant présenté pour faire sa Resompte (ce que nous apellons aujourd'hui, prendre le Bonnet :) la Faculté pour honorer le caractere & la dignité Episcopale, lui accorda de faire son Acte avec distinction, & tout autrement que les autres ne le faisoient ordinairement. Il fut donc resolu dans l'Assemblée que M. l'Evêque de Senlis *ne répondroit point à l'Acte* (remarquez le bien) mais *qu'il y présideroit*; que le *Chancelier de l'Université y argumenteroit, & sept Docteurs après lui, & ensuite les Bacheliers* suivant leur rang. Cela fut ainsi executé, *& plusieurs Evêques honorerent l'Acte de leur présence*. La Faculté pour conserver la mémoire de la solennité de cet Acte, fit mettre dans ses Registres sa deliberation & la maniere dont elle avoit été executée, en un mot elle y fit inscrire tout le détail de cette Action également celebre & singuliere. Ces faits tirez des Registres de la Faculté détruisent toutes les fausses particularitez contenuës dans la seconde Lettre en question, & prouvent très-clairement qu'elle vient, non de M. Duval, mais de quelque avanturier qui hazardoit des faits dont il n'avoit aucune connoissance.

J'ai

J'ai lû dans les Actes mêmes de la Faculté ce que j'en raporte icy.

7°. L'Auteur des deux Lettres donne à entendre que la Faculté étoit pour lors oposée aux Jesuites, mais oposée jusqu'à ce point, qu'on pouvoit se tenir assûré à Rome qu'elle donnéroit ordre à son Syndic *de ne laisser passer dans les Theses aucune des opinions de Molina*. Je voudrois que le P. Serry eût trouvé ailleurs de quoy apuyer ce fait. Ce que j'ai raporté cy-dessus, n. 3. semble démontrer le contraire. Observez que M. de Gamache en 1601. dictoit en Sorbonne son Commentaire sur la premiere partie de saint Thomas, dans lequel il prend ouvertement parti pour Molina: Que M. Ysambert, autre adversaire de la Prédetermination physique, étoit de la Licence de M. Rose, & qu'il fut Professeur dès 1602. & qu'ainsi pendant tout le tems que durerent encore les disputes *de Auxiliis*, les trois seuls Professeurs qui traitoient ces matieres dans les Ecoles de Sorbonne, ~~trois oposez aux Do~~ ~~~~ en 1601. & 1602. M. Froger, lequel fut ~~~~ enseignant la Philosophie au College du Cardinal le Moine, suivoit dans ses écrits, que j'ai entre les mains, les opinions de Molina: Que M. Asseline, qui se fit Religieux Feüillent, étant déja Docteur, enseignoit les mêmes sentimens dans la Philosophie qu'il dictoit à Paris vers le même tems, & qu'il fit imprimer étant Feüillent, & nommé pour lors Eustache de saint Paul en 1609. Observez encore que le P. Serry n'a déterré aucun défenseur du Système des Dominicains, dans la Faculté de Paris, depuis 1600. jusqu'à 1630. que le seul Pere Gibieuf, lequel en 1605. qu'il commença à étudier en Sorbonne, jusqu'au tems qu'il entra dans la Congregation de l'Oratoire, étant déja Docteur, en 1612. avoit été attaché à la Doctrine des Jesuites. Vous trouverez la preuve de ce dernier fait dans la Vie du Cardinal de Berulle, p. 842.

8°. Je conclus de tout ceci que les deux Lettres en question ne sont point de Monsieur Duval, & que le P. Serry doit renoncer à toutes les conséquences qu'il en tire, à moins qu'il n'en trouve ailleurs des preuves in-

X

contestables. Mais sur tout, il est obligé d'effacer la qualité de *Défenseur très-zelé de la Prémotion physique*, qu'il a donné gratuitement à Monsieur Duval, dans l'*Index* de son Histoire : *Duvallius Præmotionis physicæ vindex acerrimus.*

DYPTIQUES. Cet article est icy inutilement, étant déja à sa véritable place, au mot, *Diptyques.*

Voici quelques autres articles hors de place, pour remplir le reste de la page.

St. DENYS Aréopagite, pag. 721. col. 1. *St. Ephrem cite les Livres attribuez à St. Denys.* Lis. St. Ephrem d'Antioche. Cette addition est necessaire, parce qu'autrement, un Lecteur pourroit entendre St. Ephrem du IV. siécle, ami de St. Basile, & qui est plus connu de beaucoup que St. Ephrem d'Antioche qui vivoit au VI. siécle, & auquel d'ailleurs on ne donne (& c'est une faute :) aucun Ouvrage dans le Dictionaire.

DIACONIE. On cite *Marin.* Lis. Morin.

DIACRE.... *On trouve que les Diacres ont aussi quelquefois reconcilié les Penitens dans le cas de necessité.* Il faut ajoûter quelle étoit cette espece de reconciliation, & remarquer qu'elle n'étoit point sacramentelle. A la fin de cet article on cite saint Jerome, *au Livre des sept Ordres de l'Eglise.* Ce Livre n'est point de saint Jerome.

DOMINICAL. On cite uniquement, *Auss.* c. 24. Lis. Conc. Autissiodor. c. 42.

DOMME, *Bourg à deux lieuës de Sarlat.* Domme est une petite Ville à une lieuë de Sarlat.

DOYEN. On y supose que dans les Monasteres le Prevôt étoit avant l'Abbé, ce qui n'est pas veritable. On cite, Simon, du Cange, *Traité des Benefices, Glossaire Grec.* Lis. Simon, *Traité des Benefices.* (Il en faut marquer l'endroit) Du Cange, *Glossaire Grec.*

DUDON, *dans le XII. siécle.* Lis. XIII.

DUNOIS.... *Châteaudun, Frettenval, Marcheoir.* Lis. Fretteval, Marchénoir.

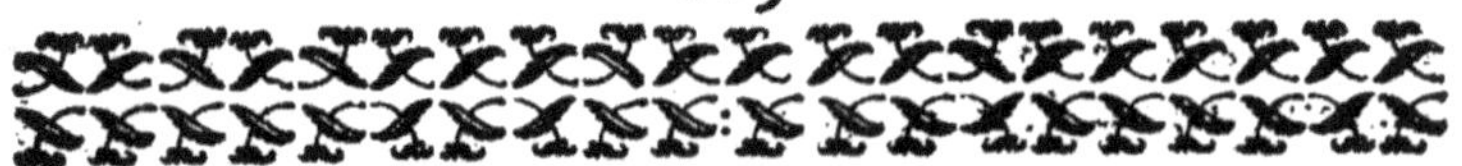

REMARQUES

SUR

DIFFERENS ARTICLES

DE LA LETTRE

E,

DU DICTIONAIRE

DE MORERI,

De l'Edition de 1718.

EARDULPHE, *Roy de Northumberlan.* Il est icy pour la seconde fois, étant au mot *Ardulfe*, au premier Tome. Icy on supose qu'il fut retabli en 800. sous *Ardulfe*, on dit que ce fut en 808. qui est la vraye date. On ne donne icy, comme dans l'autre endroit, aucun autre témoin des faits qu'on raporte de ce Prince, que Bede, mort plus de 160. ans auparavant. Remarquez que cet article se trouve pour la premiere fois dans l'Edition de 1718. Je ne sçaurois pourtant me persuader qu'il vienne de Monsieur Du Pin.

EBERARD *ou Everard de Bethune dans le XII. siécle, fut surnammé Gracista, parce qu'il composa une Grammaire Greeque,* &c. Il la composa en 1212. ainsi il le faut mettre au XIII. siécle.

EBERARD *d'Althaen:.... L'Ouvrage de cet Auteur est une continuation des Annales d'Henry Steron, qui*

*finiſſoit à l'an 1273. & un abregé de l'Hiſtoire du même
Auteur depuis l'an 1273. juſqu'à 1305.* Si l'Ouvrage de
Steron finiſſoit en 1273. Eberard n'a pû en faire un abregé
qui ſe terminât à 1305. Il faut donc, *eſt un Abregé des
Annales de Steron, qui finiſſent à l'an 1273. & une continuation de l'Hiſtoire du même Auteur depuis 1273.
juſqu'à 1305.*

EBERULPHE, *Chambellan de Chilperic I. s'attira la
haine de la Reine Fredegonde, parce qu'il l'accuſa d'a-
voir fait tuer le Roy Chilperic ſon Mari. Elle rejetta le
ſoupçon de ce crime ſur Eberulphe lui-même..... Eberulphe perit en* 548. Cette date eſt fauſſe par une pure
tranſpoſition de chifre. Liſez 584. Ce que l'on dit icy
après le Sueur, que l'on cite ſeul, qu'Eberulphe *s'attira
la haine de Fredegonde, parce qu'il l'accuſa d'avoir fait
tuer Chilperic,* eſt un fait avancé aparemment ſur une
ſimple conjecture ſans fondement, puiſque Gregoire de
Tours qui nous aprend que Fredegonde accuſa Eberulphe d'avoir fait aſſaſſiner Chilperic, ne dit point qu'Eberulphe eût accuſé Fredegonde de cet aſſaſſinat. Voyez
Gregoire de Tours, L. 7. c. 21. & 29.

EBON..... *fut mis ſur le Siege de l'Egliſe de Reims,
vers l'an* 622. *Il parut dans le Concile de Thionville, &
à l'Aſſemblée de Paris, l'an* 829. Le Concile de Thionville eſt de l'an 821. comme on le dit dans la ſuite Chronologique des Conciles, & par conſéquent la date de 822.
eſt fautive. Flodoard, L. 2. c. 19. dit qu'Ebon étant
déja Archevêque de Reims, y reçut le Pape Eſtienne en
816. Voyez le P. Pagi ſur cette année, n. 9. Il eſt vrai-
ſemblable qu'il fut fait Archevêque en 815.

On ſupoſe qu'Ebon fut dépoſé à Mets : ce fut à Thionville, en 835.

EBROIN, *Maire du Palais...... Lorſque Clotaire III.
fut mort en* 668. ou 675. *Ebroïn mit Thierri ſur le Trône ....
mais les Grands défererent la Couronne à Childeric II.
vers* 676..... *Après la mort de Childeric, &c. en* 677. &c.
Voyez cy-deſſus, pour rectifier ces dates, les articles
Clotaire III. & Childeric II.

Ebroin mourut en 683. ou 688. Ce fut en 681. L'Auteur de la Vie de ſaint Leger dit qu'Ebroin fut aſſaſſiné

la troisiéme année après qu'il eut fait mourir faint Leger. Or le Dictionaire place bien la mort de ce Saint,
à l'an 678. Ainfi celle d'Ebroïn doit conféquemment être
marquée à l'an 681. Voyez le P. Pagi fur cette année,
n. 27.

ECHIUS, *ou Eckius ..... fe trouva à la diete d'Auf-
bourg en 1538.* Lifez, 1530. *Il mourut en 1543. âgé de
57. ans.* C'eft donc une faute de dire qu'il étoit *né en*
1483. Il faut, 1486.

ECNOME *Montagne de Sicile, à prefent nommée, Ali-
cata.* Cet article eft icy mal-à-propos, étant déja au
mot, *Alicate.*

ECOLIERS, *Le Val des Ecoliers, Abbaïe.* Il faut retrancher cet article qui eft mieux au dernier tome, au
mot, *Val des Ecoliers.*

EGBERT, *Roy des Saxons Occidentaux d'Angleterre,
defcendant d'Iba, au commencement du IX. fiecle fut
retabli, & fucceda à Britrich qui le chaffa de fon Etat.
Il paffa fon exil en France à la Cour de Charlemagne,
depuis ayant fçû la mort de Britrich, il retourna dans
la Grand'Bretagne .... De divers Etats de Weftfec, de
Kent, de Northumbre, &c. il compofa un Royaume qui
eft celui d'Angleterre, de forte qu'il en eft confideré comme
le premier Souverain legitime. On met fa mort vers 837.
& on lui donne 37. ans de regne depuis fon retour de
France, & 32. fur les autres Etats. Ethelwolf fon fils lui
fucceda.* Cet article n'eft pas fort bon. 1º. On parle
d'abord du rétabliffement d'Egbert, fans avoir dit un
feul mot qui infinuë qu'il eût été détrôné. 2º. Au lieu
d'Iba, il faut, *Ina.* 3º. *Il fucceda à Britric qui le chaffa:*
il faut dire *qui l'avoit chaffé*, &c. autrement il faudra
fupofer qu'ayant déja fuccedé à Britrich, Brithrich le
chaffa, &c. 4º. On met fa mort en 836. (au tom. 1. p.
331. dans la fuite des Rois *d'Angleterre*,) & le commencement du regne de fon fucceffeur fous la même
année. 5º. Depuis 801. jufqu'à 836. on ne peut compter
37. ans de regne. 6º. Que veulent dire ces mots, *&*
32. ans fur les autres Etats ? Veut-on dire qu'après
avoir regné 32. ans fur les Etats defquels il compofa
depuis le Royaume d'Angleterre, il poffeda ce dernier

Royaume pendant 37. ans, & qu'ainsi il regna en tout, 69. ans ? Voicy la vraye suite de ces faits. Brithric voulut faire mourir Egbert, qui étoit arriere petit-fils du Roy Ina. Egbert se retira à la Cour d'Offa Roy des Merciens, mais n'y étant pas en seureté il passa en France. Brithric étant mort, ses sujets rapellerent Egbert en 802. (Pagi *ad an.* 802. n. 20.) Il fut Roy de toute la Grande-Bretagne en 827. & la nomma, Angleterre, suivant Usserius. [Pagi ad an. 827. n. 16.] & mourut en 837. Le P. Pagi sur cette année n. VIII. lui donne, aprés Guillaume de Malmesburi, 37. ans de regne & quelques mois, mais il est clair qu'il y a faute & que Malmesburi s'est trompé puisqu'il met la mort de ce Prince en 837. & son commencement à la 34e année de Charlemagne, & 12. ans avant la mort de ce Prince, ce qui caracterise certainement l'an 802. Il est vray que Malmesburi a joint ces deux époques à l'an 800. mais le P. Pagi convient que c'est une erreur. Il ne faut donc donner à Egbert que 35. ans & quelques mois de regne, dont 25. sur ses premiers Etats, & le reste sur toute l'Angleterre.

EGBERT *Anglois, Religieux de l'Ordre de S. Benoist, mourut en* 729. Ce Religieux est le même dont on venoit de donner un article trente lignes environ auparavant. Il mourut âgé d'environ 90. ans. Pitseus & Balæus lui attribuent quelques Ouvrages, mais sans aucune preuve valable.

EGBERT *Archevêque d'Yorck vivoit en* 766. On n'en donne point d'autre date. Il succeda dans ce Siege à Wilfride en 732. & mourut en 766. Pagi *ad an.* 761. n. 4.

EGBERT, *Abbé de Saint Florin . . . . . composa treize discours contre les Cathares ou Vaudois, où il refute dix de leurs erreurs tirées des Manichéens.* Il falloit désigner cet Ecrivain par le nom sous lequel il est plus connu, qui est, *Egbertus Schonaugiensis.* On a d'ailleurs eu tort de confondre icy les Cathares avec les Vaudois. C'étoient deux Sectes fort différentes, comme feu M. Bossuet Evêque de Meaux l'a démontré dans son *Histoire des Variations des Eglises Protestantes.* L. XI.

EGHMONT, *Bourg dans la Hollande,* &c. On l'a

remis une seconde fois au mot, *Egmont*, *Village*, &c.

EGIOQUE. Il étoit déja au premier Tome, sous *Ægioque*.

EHINGER.... *fit imprimer en 1614. les Canons de l'Eglise d'Orient sous le titre de Codex Canonum, &c. Cet Ouvrage avoit été imprimé en 1540. par les soins de Jean du Til ou Tilly.* Est-il possible qu'on ait pû ainsi méconnoître le celebre Jean du Tillet, Evêque de Meaux, qui fit imprimer cette collection en 1540. Le nom Latin, ~~Tillius~~, a fait faire cette bévûë à celui qui a mis cet article dans les éditions de Moreri antérieures à celles de Mr. Du Pin.

EISEINGREIN. On dit icy que *Flaccius Illyricus* dans son *Catalogus testium veritatis, entend par les Témoins de la verité, ceux de sa Secte*, & qu'au contraire Eiseingrein qui a donné un Ouvrage sous le même titre, entend par *les Témoins de la verité, les Catholiques qui sont demeurez dans le sein de l'Eglise Romaine, sous l'authorité du Pape.* Cela n'est pas exact. Un Lecteur en s'en tenant à ce que l'on dit icy, sera forcé de croire qu'*Illyricus* ne cite que des Protestans, ce qui est trés faux. Il cite les Apôtres & les Peres, ausquels il a mêlé quelquefois quelques Hérétiques, mais tous antérieurs à Luther. Son Livre au reste, n'est qu'un mauvais fatras de passages raportez sans jugement & sans ombre d'équité contre les Papes, les Evêques, le Clergé, les Moines, &c.

ELECTE. On donne dans cet article la Chronique de *Dexter*, comme une Chronique de poids. On devoit se souvenir que dans l'article *Dexter*, on avoit dit avec raison que c'est un fort mauvais Ouvrage, & qu'elle n'est point de *Dexter* dont elle porte le nom.

ELEUTHERE *Evêque de Tournay, naquit en 456. & fut élevé par S. Medard depuis Evêque de Noyon. Eleuthere fut élû Evêque de Tournay, vers 495. Il tint un Concile à Tournay en 527. & mourut le 30 Juin 532. Après sa mort, S. Medard Evêque de Noyon, prit soin de l'Eglise de Tournay, qu'il gouverna avec la sienne pendant 15. ans.* M. Baillet que l'on a copié icy ne dit point qu'Eleuthere ait été élevé par S. Medard, mais avec S. *Medard*, qui étoit à peu près de même âge que lui. La différence est considerable. Car un homme qui éleve un enfant, doit avoir au moins quinze à vingt ans plus que lui. Ainsi en lisant dans le Dictionaire qu'Eleuthere né en 456. fut élevé par saint Medard, on est obligé de croire que ce dernier étoit né vers 435. ou peu après. D'ailleurs on lui donne encore 15. ans de Vie après la mort d'Eleuthere que l'on fixe à 532. C'est par consequent donner environ 110. ans à saint Medard.

Au reste je ne sçai comment on accorde la date de 532. avec ce que l'on dit dans l'article de saint *Medard*, que l'Evêché *de Tournay étant venu à vaquer par la mort d'Eleuthere.... Saint Remi qui étoit le Métropolitain, & tous les Evêques de cette Province représenterent au Pape Horsmidas la necessité qu'il y avoit de donner cet Evêché à saint Medard..... Ce Pape ayant égard au besoin de cette Eglise, voulut que saint Medard eût soin de cet Evêché, sans quitter le sien.* On ajoûte que saint Medard mourut vers l'an 560. Voicy mes difficultez. 1°. Hormisdas mourut, comme on le dit dans son article, & la chose est d'ailleurs certaine, en 523. C'est donc suposer qu'Eleuthere mourut avant cette année-là. Comment ajuster cela avec l'autre date de la mort du même Eleuthere, que l'on place à 532. 2°. On supose icy que saint Medard succeda à Eleuthere du vivant du Pape Hormisdas, & qu'il ne mourut que vers 560. Quand on dit vers 560. cela s'entend de 560. au plûtôt, puis qu'on supose que ce ne fut qu'après l'execution de Chramne, brûlé vif dans une Cabanne par l'ordre de son Pere Clotaire, execution que l'on fixe à l'an 560. dans l'article *Chramne*, & qui n'est certainement point anterieure à cette année. C'est donc suposer que saint Medard gouverna l'Eglise de Tournay, après la mort d'Eleuthere, pendant plus de 37. ans. Comment accorder cela avec ce qu'on dit icy qu'il la gouverna *pendant 15. ans.* 3°. Icy l'on supose que saint Medard mourut en 547. & dans son article on supose que ce ne fut au plûtôt qu'en 560. M. Baillet n'est point tombé dans toutes ces contradictions. Il a suivi dans la Vie de saint Medard les dates qu'il avoit marquées dans celle de saint Eleuthere, theté, & il supose que saint Medard mourut en 548. après avoir gouverné l'Evêché de Tournay environ 15. ans. Je rectifierai dans l'article de S. *Medard*, les faits mal raportez par le Dictionaire.

ELIE I. *Patriarche de Jerusalem.* . . . . . *Le Lecteur Théodose*, &c. Lisez, Théodore le Lecteur, &c.

ELIE, *Archevêque de Marx*, &c. Il y a tout de suite à cette page 874. cinq Ecrivains du nom d'Elie, sans aucune date, pas même des siécles ausquels ils ont vécu.

ELIE, *dit de Coxida, persuada à l'Empereur Henry VII. de mettre Richard I. Roy d'Angleterre en liberté.* Lisez Henry VI.

ELIPAND, *Archevêque de Toledé* . . . . . Les Evêques de France écrivirent des Lettres à Elipand, dans lesquelles ils prouvoient que J. C. doit être apellé le propre Fils de Dieu, & qu'il ne peut point être dit Fils adoptif, *parce qu'il n'y a point de division ni de séparation des deux natures;* ajoûtez, mais que les deux natures, la Divine & l'Humaine, font unies en une seule personne, qui est toûjours apellée dans l'Ecriture & par l'Eglise, le Fils unique de Dieu. . . .

ELIZABETH *d'Autriche.* . . . . . *Après la mort de Charles IX. en* 1547. *elle se retira à Vienne.* Lis. en 1574.

ELIZABETH *de France, Reine d'Angleterre, fille de Philippe le Bel, née l'an* 1282. *mariée à Edoüard II. en* 1308 . . . . . *Après la mort de son Mari en* 1326. *elle fut accusée de vivre trop librement avec Roger de Mortemer. Le Roy fit couper la tête à ce dernier, & renferma sa mere dans un Château, où on lui avança ses jours très-justement, dit un Historien moderne, si ç'eût été par ordre d'un autre que de son fils. Elle mourut à Rosteing le* 31. *Novembre* 1357. Cette derniere date devoit suffire toute seule aux Reviseurs, pour sentir la fausseté du fait calomnieux que l'on raporte. Car enfin ce fait ne peut être vrai qu'en supofant, avec ceux qui l'ont forgé, que la Princesse mourut peu après 1326. Ainsi puisqu'il est constant qu'elle ne mourut qu'en 1357. étant âgée pour lors de 75. ans passez, il est clair que son fils ne lui fit point avancer ses jours pour l'accusation prétenduë intentée contre elle en 1326. Il est d'autant plus surpre

Y

nant que celui qui a fait l'article, ait ajoûté foy à cet Historien moderne qu'il ne nomme point, que nul des Auteurs indiquez dans les citations ne dit rien de ce fait, & qu'au contraire Messieurs de sainte Marthe, qui sont de ce nombre, ont remarqué qu'Elizabeth avoit été calomniée par quelques Ecrivains ennemis de la France.

Voicy les citations ; Froissart, *Histoire d'Angleterre.* Du Chesne L. 14. & 15. Walsingham, Polydore Virgile, Sainte Marthe, Mezeray, Le P. Anselme, &c. On voit bien que ces citations ne sont pas fort correctes, mais ce n'est pas à quoy je m'arrête. Observez seulement qu'on y attribuë mal-à-propos une Histoire d'Angleterre à Froissart, qui n'en fit jamais. Ce qu'il y a de plus remarquable est que Walsingham, Auteur le plus voisin de ces tems-là, marque sous l'an 1357. la mort d'Elizabeth, sans dire un seul mot qui puisse apuyer le fait que je conteste. Ni Froissart, ni Polydore Virgile, &c. n'en disent rien non plus. Meyer indiqué, & refuté par Messieurs de sainte Marthe, suposé que la Reine, enceinte pour lors, fut mise à mort dans la prison, en 1327. c'est justement 30. ans avant sa mort. Au reste, il n'apuye tout ce qu'il dit à ce sujet, que sur des Auteurs aussi modernes, à peu près que lui. Voyez-le dans ses *Annales Rerum Flandricarum*, sur l'an 1327. Remarquez encore que le Dictionaire place constamment dans les articles de *Philippe le Bel*, & d'*Edoüard II.* la mort d'Elizabeth à l'an 1357.

ELIZABETH) *de Valois avoit été promise en 1265. à Edoüard..... mais elle fut mariée l'année suivante,* &c. Lib. 1295.

St. ELOY:.... *fut fait Evêque de Noyon en 649.... assista au Concile de Châlons en 644... fut député avec saint Ouën vers l'an 651. pour aller au Concile de Rome qui fut tenu sous Martin II.... & mourut en 663.... Saint Ouën écrivit sa Vie, & la dédia à Redobert Evêque de Paris.* J'ai corrigé plusieurs de ces fautes à l'article *Dadon*.

Il me reste trois choses à retoucher. 1°. Le Concile auquel assista saint Eloy, n'est point de Châlons, *Catalaunense*, mais de Châlon sur Saône, *Cabilonense*. Ce

Concile ne fut point tenu en 644. mais, comme on l'a bien marqué à l'article, *Dadon*, en 650. 2°. Le Concile de Rome fût tenu en 649. non sous Martin II. mais sous Martin I. 3°. Saint Eloy mourut en 658. & son successeur Mummolen signa la même année un Privilege accordé par Emmon Archevêque de Sens, au Monastere de saint Pierre le Vif de la même Ville de Sens. Voyez les Peres Mabillon, *Annal. Ord. S. Bened. Tom. I. p. 450.* & Pagi, *ad an.* 665. n. 10. Je ne sçai ce qui a porté le P. Mabillon à reculer la mort de saint Eloy à l'an 659. après avoir dit que son successeur Mummolen avoit signé, étant *Evêque de Noyon*, le Privilege dont je viens de parler en 658.

ELVIRE, (*Eliberis,*) *Ville autrefois célebre en Espagne.... Les Canons du Concile qui y fut tenu vers 304. sont un témoignage de la rigueur de l'ancienne Eglise; car ils défendent de donner la Communion à l'article de la mort à ceux qui seroient tombez dans l'Idolatrie, à ceux qui par malefice auroient fait mourir quelqu'un, à ceux qui après la pénitence de la fornication, l'auroient derechef commise, à ceux qui accuseroient faussement un Evêque, un Prêtre, ou un Diacre,* &c. Cette reflexion ne me paroît pas juste: en voici la raison. Pour que des Canons puissent être sensément regardez comme une preuve certaine de l'esprit & de la discipline de l'Eglise ancienne, il faut qu'ils ayent été d'un usage universel & d'une durée considerable. Or ces Canons rigoureux du Concile d'Elvire ne furent jamais ni universellement reçûs, ni long-tems en usage. Ce Concile fut tenu vers 304. & vingt & un an après, le Concile Général tenu à Nicée, ordonna tout le contraire de ce que les Canons d'Elvire prescrivent touchant ce refus total de l'Absolution & de la Communion à l'article de la mort. *Quant aux mourans,* dit le 13. Canon de Nicée, *on gardera toûjours la Loy ancienne & Canonique; ensorte que si quelqu'un se trouve à l'article de la mort, il ne sera point privé du dernier Viatique qui est si necessaire.* Ensuite il étend cela generalement à tous les mourans, &c. J'ai remarqué ailleurs au mot, *Absolution,* que M. Witasse a fort bien démontré que jamais les grandes Eglises n'ont

refusé l'Absolution, ni conséquemment la Communion
-même aux plus grands pecheurs, lors qu'ils donnoient
des marques de leur repentir. Observez que ce n'est
point icy un adouciſſement du Concile de Nicée, mais
que les Evêques de cette ſainte Aſſemblée, leſquels aſſû-
rément étoient bien inſtruits des regles de la Diſcipline
Eccleſiaſtique, ſupoſent comme un fait notoire, que ce
qu'ils ſtatuoient n'étoit que *l'ancienne Loy Canonique ſur*
ce point. Il y a même beaucoup d'aparence qu'ils eurent
deſſein par là de s'opoſer à quelques Evêques particuliers, qui pouſſoient la ſeverité au-delà de ſes juſtes bornes. C'eſt un défaut fort ordinaire à bien des gens, de
conclure dans ces ſortes de matieres, d'un fait particulier, & d'en tirer une conſéquence générale : mais c'eſt
un défaut duquel un Critique judicieux doit toûjours ſe
donner beaucoup de garde.

Remarquons que le Dictionaire varie quelquefois ſur
l'Epoque de ce Concile. Au mot, *Celibat*, on le met *ſur*
la fin du III. ſiécle ; & dans la ſuite Chronologique des
Conciles, p. 469. on le recule juſqu'à l'an 306.

EMANUEL COMNENE *Empereur. . . . . rechercha*
l'alliance d'Agnès qui fut mariée en 1180. à Alexis commnè-
ne. Emmanuel mourut la même année. Liſ. 1180.

EMBOLISME, *troiſiéme Lunaiſon que l'on ajoûte au*
bout de trois ans à l'année Lunaire. Liſez, treiziéme
Lunaiſon.

EMERI *que quelques Auteurs nomment de la Garde,*
& les autres de Châlus. . . . avoit fait un grand progrès
dans la Juriſprudence, qu'il avoit étudiée ſous Jean An-
dré. . . . . En 1322. Jean XXII. lui donna l'Archevêché
de Ravenne . . . . Il fut fait Cardinal par Clement VI.
en 1342. & mourut vers l'an 1349. Le vrai nom de ce
Cardinal eſt, *Aymeric de Chalus*, & il a été confondu
mal-à-propos par quelques Auteurs avec Eſtienne *de la*
Garde. Aymeric fut Chanoine de Limoges vers 1314.
& peu après Archidiacre *d'au-delà Vienne* dans l'Egliſe
de Tours. Les autres dates ſont bien marquées dans
le Dictionaire. Il mourut en 1349. Il ne fut jamais diſciple de Jean André, mais ſon ami & ſon bienfaiteur.
Voyez M. Baluze, *Vita Pap. Aven.* p. 840.

ENGELBERT *dans le XII. siecle , vers 1350. Ces*
deux dates, d'ailleurs incompatibles, font toutes deux
fausses. Il faut, *dans le XIII. siecle, vers 1250.*

EPHESE. p. 906. col. 1. En parlant du Concile d'E-
phese *on dit que S. Cyrille fit sçavoir à Jean de Jerusalem.* Jean étoit mort il y avoit plus de 15. ans : il faut,
à Juvenal de Jerusalem.

S. EPHREM. On y dit *que ses Ouvrages furent donnez au public par Gerard Vossius vers la fin du siecle
passé.* Il falloit remarquer que cette expression qui étoit
bonne quand Moreri s'en est servi avant la fin du XVII.
siecle, fait maintenant un anachronisme d'un siecle entier. La premiere édition de Vossius est de 1593.

S. EPIPHANE .... *On a encore de lui une Lettre ,
où il parle d'un voile où étoit peinte l'Image de I. C.
qu'il avoit fait déchirer.* La Lettre en question porte ,
j'ai fait déchirer un rideau, sur lequel étoit peinte une
Image, comme de J. C. ou de quelque Saint, car je
ne me souviens pas bien, qu'elle étoit cette représentation. *Velum depictum habens imaginem , quasi Christi,
vel Sancti cujusdam. Non enim satis memini cujus imago
fuerit.*

*Il avoit beaucoup d'érudition, mais point de discerne-
ment, ni de justesse d'esprit .... il étoit fort credule &
fort peu exact.* Celui qui a mis cecy devoit se souvenir
que *M.* Du Pin qu'il copioit, avoit dit dans sa déclaration, n. 7. *J'avouë que j'ai parlé de quelques Peres ,
en des termes qui marquent trop peu le respect que j'ai
pour eux .... Je voudrois n'avoir pas dit de S. Epiphane
qu'il n'avoit point de discernement,* &c. Voyez ce que
c'est que cette déclaration de M. Du Pin, cy-dessous à
l'article, *Etienne I. Pape.*

EPIPHANE, *fils de Carpocrates.* On doit retrancher
tout cet article, & y mettre seulement un simple renvoi
au mot, *Carpocrates,* où l'on a dit tout ce qu'on repete
icy fort inutilement.

EPIPHANE (*Epiphanes*) *Scholastique dans le V. siecle, ami de Cassiodere.* Lisez, dans le VI. siecle.

ERCONVALDE, *Evêque de Londres.* Il est encore
au mot, *Erkenwald.* Icy on dit qu'il mourut en 692.

on 1693. Dans l'autre article on dit que ce fut en 689.
Les premieres dates sont bonnes. Dans le second article il y a une faute de chifre. On y met l'Ordination
d'Erconvald en 975. au lieu de 675.

ERYTHRAEUS. Il est une seconde fois sous son
nom de, *Rossi*, avec quelque variation. On dit icy qu'il
vivoit encore en 1650. Sous *Rossi*, on dit qu'il mourut
en 1647. âgé de 70. ans.

ESMENDREVILLE, (*Jean du Bosc*) . . . . Il est déja
au mot, *Bosc*.

ESSEENS, *Secte celebre parmi les Juifs. Josephe dit
qu'un certain Judas fut Auteur de cette Secte des Esséens
ou Esseniens*, &c. Josephe ne dit point cela ; mais après
avoir parlé de la Secte des Esseniens, il fait mention
d'une autre Secte fort différente, de laquelle il dit qu'un
certain Judas & un autre nommé Sadoc furent les Auteurs. Le Dictionaire le marque fort bien au mot, *Judas Gaulonite*.

ESTAMPES, *Ville*. Voicy les citations qui sont à la
fin de cet article. S. Bernard. Gaguin. Mezeral. God.
Chron. Morign. *Antiquitez d'Estampes*. Je ne sçai ce que
veut dire, *God*. Est-ce Godeau, Godefroi, Godart, ou
quelqu'autre, &c ? Je ne sçai pas non plus si celui qui
a mis ces citations n'auroit pas peut-être copié icy une
faute qui est échapée à l'Auteur de la, *Methode pour
étudier l'Histoire*, lequel p. 161. du 2. vol. de son Ouvrage, a mis dans sa liste des Historiens qui ont écrit
touchant les Villes de France, MORIGNY : *Antiquitez
d'Estampes*. Il a cru que *Morigni* étoit un personnage,
Auteur du Livre intitulé, *Antiquitez d'Estampes*. Cependant *Morigni* est le nom d'une Abbaïe fort près
d'Estampes, dont le P. Fleureau Barnabite a donné
l'Histoire conjointement avec celle de la Ville d'Estampes
sous ce titre : *Antiquitez d'Estampes & de Morigni*. L'Auteur a lû aparemment ce titre un peu à la hâte, & a crû
qu'il y avoit, *Antiquitez d'Estampes*, de Morigny, &
s'est imaginé que Morigny étoit le nom de celui qui
avoit donné au public les *Antiquitez d'Estampes*. Cette
faute est aussi dans la seconde édition de la même *Methode pour étudier l'Histoire*. Le Dictionaire devoit met-

re en italique, *Morign.* qui auroit marqué la chronique de l'Abbaïe de Morigny : *Morigniacenſe Chronicon.*

ETHELBALD, Roy d'Angleterre, *mourut vers* 850.
Liſez, 860.

ETHELBERT, *Roy de Kent en Angleterre, parvint
au Trône vers l'an* 560. & *mourut l'an* 617. *après* 50.
ou 53. *ans de Regne.* Bede dit qu'il mourut en 616.
après 56. ans de regne. Pagi, *ad an.* 613. n. 9.

ETHON. Il étoit déja ſous, *Aëthon.*

ETIENNE I. du nom, Pape, *ſucceda à Lucius l'an*
254. *ou* 255. Le P. Pagi croit que ce fut en 253. Voyez ce
Pere *ad an.* 255. n. 3. M. de Tillemont tom. 4. p. 28.
eſt de même avis.

Quelque temps après, *deux Evêques d'Eſpagne ; Baſi-
lide Evêque de Lyon,* &c. Liſez, de Leon.

On n'eſt pas bien certain ſi le Pape Etienne a genera-
*lement prononcé que le Baptême de tous les Heretiques ,
en quelque forme qu'il fut donné, étoit valide, & s'il a
raſtreint ſon Decret au ſeul Baptême conferé au nom de
la Trinité.* Le ſentiment qu'on peut apeller unanime
parmi les Catholiques, eſt que S. Etienne n'a point a-
prouvé le Baptême des hérétiques qui ne ſuivoient pas
dans l'adminiſtration de ce Sacrement, la pratique de
toute l'Egliſe, c'eſt-à-dire, leſquels ou ne Baptiſoient pas
avec de l'eau, ou ne prononçoient pas les paroles qui
renferment l'invocation de la Très-Sainte Trinité. De
là vient que M. Du Pin ayant avancé dans le premier
tome de ſa *Bibliotheque,* le fait que le Dictionaire ſupoſe, icy, & ayant enſuite ajoûté dans la *Reponſe aux Remarques* des Bénédictins de S. *Vanne,* p. 272. qu'il
étoit fort probable que le Pape Etienne avoit erré, &c.
beaucoup de Catholiques, même parmi les Sçavans du
premier ordre, (entre les autres feu M. Boſſuet Evêque de Meaux,) en furent ſcandaliſez. Feu M. l'Archevêque de Paris, obligea M. Du Pin de ſe retracter là-
deſſus, auſſi bien que ſur quantité d'autres points. Voyez
l'*Ordonnance* de ce Prélat, de l'an 1693. par laquelle il
condamne tous ce qui avoit paru juſques là de l'Ouvrage de M. Du Pin, & la *Déclaration de* M. Du Pin, imprimée avec cette même *Ordonnance.* M. Du Pin y re-

connoît d'abord, qu'il lui est *échapé des expressions capables de donner quelque scandale au Lecteur*, &c. Il ajoûte au n. 5. *Je ne puis que je ne désavoüe la liberté que je me suis donné de parler de quelques Saints Papes avec trop peu de respect, & entr'autres de S. Estienne, duquel j'ai dit qu'il étoit très probable, qu'il étoit tombé dans l'erreur*, &c. Après un tel désaveu, comment M. Du Pin a-t'il pû se resoudre à renouveller ce scandale, en mettant ou souffrant que l'on remis dans le Dictionaire, le fait que je releve icy ? Observéz qu'il ne s'agit icy de rien moins que de l'infaillibilité de l'Eglise, que les Protestans ont attaqué par ce mauvais raisonnement. Toute l'Eglise étoit partagée au tems du Pape Etienne sur le Baptême des hérétiques. Une partie de l'Eglise erroit avec S. Cyprien en disant qu'il falloit les rebaptiser tous sans exception : l'autre partie erroit en soutenant qu'il n'en falloit jamais rebaptiser, pas même ceux qui avoient reçû ce Sacrement dans des Sectes où l'on ne l'administroit point suivant la maniére prescrite par J. C. & suivie par les Apôtres. Il n'y avoit point d'Eglises qui fissent distinction des Hérétiques baptisez suivant la forme essentiele. Donc toute l'Eglise étoit dans l'erreur. Les Catholiques ont fort bien repondu à cette prétention de nos Protestans, en montrant que S. Etienne & les Eglises qui pensoient comme lui, ne reconnoissoient pour bon & valable que le Baptême donné suivant la forme ordinaire de l'Eglise. Voyez le P. Alexandre *Dissertatione XIV. ad Histor 3. saculi.*

Observez que le Dictionaire nomme huit fois Etienne dans cet article, sans lui donner une seule fois la qualité de Saint. Il faut au moins à la tête de l'article mettre, *Saint Etienne I.* &c.

ETIENNE II. nommé quelquefois III. ?. . *Il excuse un Prêtre, qui, dans la necessité, n'ayant point d'eau, auroit* (lisez, avoit) *baptisé avec du vin, & insinue qu'il croit ce Baptême valable, par ces termes : Infantes sic permaneant in ipso Baptismo.* Il falloit au moins remarquer que d'habiles gens croïent que ces mots, *Infantes*, &c. ne sont point icy à leur place, & qu'ils ont été ajoûtez à la décision de ce Pape. Voicy le Canon

non entier : *si in vino quis, propterea quòd aquam non habebat, omnino periclitantem infantem baptisavit, nullà si exinde ascribatur culpa. (Infantes sic permaneant in ipso baptismo.) Nam si aqua adfuit presens, ille Presbyter excommunicetur.* Il est clair que ces paroles qui sont icy en parenthese interrompent la suite de la décision. D'ailleurs il ne s'agissoit que du cas particulier d'un enfant, & la parenthese parle de plusieurs en disant *que ces enfans demeurent ainsi dans ce Baptême* qu'ils ont reçû. Cette même clause se trouve dans les Canons suivans, & il y a aparence qu'un ignorant copiste, soit par negligence ou autrement, l'a inserée icy hors de sa place. Voyez ce Decret, Tom. 6. Concil. Labb. p. 1652.

On supose icy que la réponse du Pape dont il s'agit fut donnée à *Cressy.* Il falloit dire à *Quierzi* ; car le titre porte, *apud Carisiacum.* Voyez cy-dessus mes Remarques au mot, *Creci,* n. 1.

ETIENNE II. *Patriarche de Constantinople, succeda l'an 930. à Nicolas, l'an 933.* Aparamment il faut, *& mourut l'an 933.* Dans la suite Chronologique on marque son élection à l'an 925. & sa mort à l'an 928. Les premieres dates, c'est-à-dire, de 930. & 933. sont les veritables.

ESTIENNE *Evêque de Tournay, étoit François de nation* (Orleanois) & *prit l'habit de Chanoine Regulier dans l'Abbaïe de sainte Everte* (Euverte) *d'Orleans en* 1165. *où la reforme de saint Victor avoit été établie en* 1158. *par Robert* (Roger) *qui en fut le premier Abbé. Depuis cette reforme, Estienne lui succeda, & l'Abbaïe,* &c. Lisez, *le premier Abbé, depuis cette reforme. Estienne,* &c.

ETIENNE, (Robert.....) *Les Editions de Robert Etienne étoient souvent exemptes de fautes d'impression, on remarque entre-autres que dans son Nouveau Testament Grec, imprimé in seize en* 1549. *il ne s'y trouve pas une faute Typographique.* Ce fait passe pour vrai du texte Grec, mais je ne sçai s'il est bien assûré. Il est constant que dans la Préface Latine, dans l'endroit même où Etienne dit qu'il n'a pas laissé passer une Lettre déplacée, il s'en trouve une. Il y a *pulres libri,* au lieu de *plures.*

Z

St. EUCHER, *Evêque de Lyon*. . . . . *se renferma dans la solitude de Lerins, d'où il fut tiré pour être chargé du gouvernement de l'Eglise de Lyon*. Il paroît que la solitude d'où il fut tiré n'étoit point *Lerins*, mais l'Isle de *Lero*, voisine de celle de Lerins. Voyez le Card. Noris, *Histor. Pelagiana*, L. 2. c. 13. Il mourut en 454. Le même Cardinal croit que saint Eucher étoit mort avant 452. *Ibidem*.

EUDOXE. . . . . *Les Ariens lui donnerent l'Evêché de Germanicus*. Lis. de *Germanicie*. *Il mourut en 370. après avoir tenu le Siege de Constantinople 19. ans selon Socrate*. Lis. 10.

EUGIPPE ou EGIPPE, *Afriquain vivoit du tems de saint Fulgence, qui lui écrivit quelques Epitres. Il composa un Livre intitulé, Thresor, ou Recüeil de saint Augustin*. Voyez l'article suivant.

EUGIPPE *Abbé de Lucullano près de Naples dans le XVI. siécle, vers l'an 625. avoit été Disciple du Pape Gelase I. au raport de saint Isidore de Seville. Il composa la Vie de saint Severin, & la dédia à Paschase Diacre. Vossius confond cet Abbé avec l'autre Eugippe qui étoit d'Afrique; mais il est plus vrai-semblable qu'ils sont dif-férens*. On cite M. Du Pin, *Bibliot. VI. siécle*.

Remarquez d'abord que l'on fait vivre ce second Eugippe sous trois dates différentes que la longue vie de Mathusalem ne pourroit réünir dans un même homme : sçavoir, le XVI. siécle, le VII. & le V. Dans l'Edit. de 1712. on met le VI. & non le XVI. mais on y fait, comme icy, Eugippe Disciple de Gelase, & vivant encore environ 130. ans après la mort de ce Pape, en 625. Le Catalogue attribué à saint Isidore (qui ne marque point, comme on le supose icy , qu'Eugippe eût été Disciple de Gelase :) place cet Abbé vers 511. & cette date est bonne.

Pour ce qui est de sçavoir s'il faut admettre deux Ecrivains du nom d'Eugippe, ou si ces deux ne sont que le même comme le prétend Vossius, la chose n'est pas sans difficulté. M. Du Pin auquel on nous renvoye croit qu'il est plus probable qu'il ne faut point les distinguer. Ce sentiment me paroît préferable à celui du Dictionnaire. Le Pere de sainte Marthe a suivi ce sentiment dans sa *Vie de Cassiodore*, L. 3. n. 10.

St. EUSEBE *Prêtre*. On y dit qu'Henschenius a publié la Vie de ce Saint *en* 1612. C'est une faute, mais je ne sçai pas la veritable date. ~~On y ......~~

EUSTASE, *Abbé de Luxeu* ou Luxeüil, *vint au monde sur la fin du Regne de Clotaire I. l'an 590. Lis. 560.*

EUSTHATIUS, *Moine.... condamné à Gangres vers l'an 370..... Le Concile de Gangres fut assemblé en 324. contre cet Imposteur.* Cette seconde date est fautive, & la premiere est bonne. Il faut retrancher l'extrait que l'on donne icy des Canons du Concile de *Gangres,* & renvoyer au mot *Gangres* où la même chose se trouve assez au long.

EUSTOCHIUS, *Patriarche de Ierusalem, fut mis en 584. en la place de Macaire, mais Macaire ayant donné une profession de foy orthodoxe, fut retabli. Après sa mort Eustochius lui succeda encore, & envoya ses deputez au V. Synode general. Il mourut en 561.* La premiere date de 584. est une faute d'impression, pour 548. Observez que le V. Concile est de 553. On supose donc icy que Macaire fut chassé en 548. que quelque tems après il fut rétabli, & qu'il mourut avant 553. ensorte qu'Eustochius lui ayant succedé avant ce tems-là, envoya ses députez au V. Concile, & mourut en 561. Dans la suite des Patriarches de Jerusalem on supose que Macaire ne fut point rétabli. Au mot *Macaire,* on supose qu'il le fut, mais on ne marque point en quelle année, on y dit seulement qu'il gouverna son Eglise pendant quatre ans, depuis son rétablissement. Voicy comme il faut corriger tout cela. Pierre étant mort en 544. Macaire fut mis à sa place la même année : il fut chassé en 552. & Eustochius fut fait Patriarche, & envoya ses députez l'année suivante au V. Concile. Macaire fut rétabli en 563. & mourut vers l'an 571. & eut Jean IV. pour successeur, & non Eustochius, dont on ne trouve plus rien après l'an 563. Jean mourut en 593. Voyez le P. Pagi sur les années, 546. n. IX. 548. IX. 561. III. 571. IV. 595. VI. Il faut corriger sur ce que je dis icy, la suite Chronologique des Patriarches de Jerusalem, depuis Pierre jusqu'à Jean, lequel mourut en 593.

EUTROPE *Evêque d'Orange .... signa la Lettre de Fauste de Riez & écrivit contre le Prêtre Lucide. Il n'est point vrai qu'Eutrope ait écrit contre le Prêtre Lucide. Il faut, signa la Lettre que Fauste écrivit contre Lucide.*

EUTYCHIEN, *Pape .... succeda le 4. Iuin de l'an 275. à Felix .... Il mourut le 8. Decembre de l'an 283.* Voilà ce que portoit l'article d'Eutychien dans les éditions de Moreri antérieures à celle de 1712. M. Du Pin dans les éditions de 1712. & de 1718. y a ajoûté cette note critique : *Eutychien succeda à Felix l'an 275. & ne gouverna, suivant Eusebe qu'environ 10. mois : ou un an & un mois suivant les anciens catalogues du P. Mabillon. Le catalogue de Bucherius, & le Livre Pontifical lui donnent 8. ans, 2. mois & 3. jours ; mais il vaut mieux s'en tenir au calcul d'Eusebe, & des anciens catalogues qui lui donnent Caïus pour successeur en 276.* Voyez mes remarques au mot Caïus, p. 16. Sans repeter ce que j'y dis, j'observerai icy que le calcul d'Eusebe sur le tems de Pontificat qu'il donne à Eutychien, est défectueux. Eusebe a donné huit ans de Pontificat à Sixte II. Tous nos Critiques conviennent qu'en cela il s'est trompé, & que Sixte n'a pas tenu le Siége pendant 13. mois. Le sentiment le plus ordinaire ne lui en donne pas 12. acomplis. M. Du Pin lui-même, dans le Dictionaire, dit, au mot, *Sixte* II. que ce Pape ne gouverna l'Eglise qu'un an, moins 18. jours. Cette premiere faute d'Eusebe l'a fait tomber dans une seconde, en l'obligeant de retrancher sur un autre Pape les sept années qu'il donnoit de trop à Sixte, & c'est sur Eutychien qu'il a fait tomber ce retranchement. M. Du Pin qui n'a pas suivi le calcul d'Eusebe sur les années de Sixte, devoit donc prendre garde qu'il étoit obligé de l'abandonner encore en quelqu'autre article, afin de remplir ce vuide de sept ans qui étoit une suite nécessaire du retranchement d'autant d'années qu'il faisoit sur le Pontificat de

Sixte, & qu'il n'y en avoit aucun autre où il pût les remplacer que celui d'Eutychien. Cependant il s'est attaché à suivre le calcul d'Eusebe sur le Pontificat d'Eutychien, aparemment faute d'avoir comparé la durée qu'il lui donnoit, avec celle qu'il assignoit à ses trois Prédécesseurs & à ses deux Successeurs. Il s'est encore moins donné la peine de confronter chacun de ces articles, avec la suite Chronologique des Papes, qui se trouve au mot *Rome*. Il faut donc retrancher la note de M. Du Pin. *L'Epoque du commencement d'Eutychien en 275. & de sa mort en 283. paroît trop bien établie, pour nous arrêter à Eusebe qui lui donne huit ou dix mois,* (huit dans sa Chronique, & dix dans son Histoire, L. 7. c. 32.) *au lieu de huit ans.* C'est ce que dit M. de Tillemont tom. 4. dans sa *seconde note sur Saint Felix Pape*, p. 688. Le P. Pagi suit la même époque de huit ans pour la durée du Pontificat d'Eutychien, aussi-bien que M. de Valois dans sa premiere note sur le c. 32. du 7. Livre de l'Histoire d'Eusebe : & M. Fleury, *Hist.* L. 8. n. 13.

EUTYQUE *Patriarche de Constantinople en 553. . . . Il fut chassé en 565. & Iean le Scholastique fut mis en sa place, mais après la mort de ce dernier, arrivée l'an 577. Eutyque fut retabli . . . . . . & mourut le 6. Avril, l'an 582.* Toutes ces dates sont bonnes, & il faut retoucher là-dessus ce qu'on dit de contraire en differens autres articles. Par exemple, dans la *suite Chronologique* des Patriarches de Constantinople, on met la mort de Jean & le rétablissement d'Eutyque en 578. & la mort de ce dernier en 586. Dans l'article *Conon*, cy-dessus, j'ai remarqué qu'on plaçoit mal Conon, au commencement du VII. siécle, & j'ai ajoûté que l'on datoit mieux dans l'article *Philoponus*, la conférence où Conon soutint ses erreurs en présence de Jean, en la mettant à l'an 578. Je me suis trompé en cela, cette conférence n'ayant pû se tenir au plûtard qu'en 577. Le Dictionaire se trompe donc à l'article *Philoponus*, aussi-bien que dans celui de *Iean dit le Scholastique*, & dans ces articles il faut 577. au lieu de 578.

SUPLEMENT.

CAHORS. *D'Offat*, lifez, d'Offa.

CALATRAVA, *Ville d'Espagne, fut bâtie en 1212. L'ordre Militaire nommé de Calatrava fut inftitué dans cette Ville.* Il s'enfuit de là que cet ordre n'a été inftitué qu'après 1212. Cependant on venoit de dire dans l'article précédent, qu'il avoit été inftitué en 1158. aprouvé par Alexandre III. en 1164. & confirmé par Innocent III. en 1198. Calatrava n'étoit pour lors qu'un Château; ainfi il faut retoucher ces mots, *inftitué dans cette Ville.*

CALENDRINO. On cite, *Gerimbart.* Lifez, *Garimbert.*

CALENTIO ..... *Petrus Galerianus.* Lifez, *Pierius Valerianus.*

CALVI (*Lafaro....*) *dans le XV. Siécle.* Lif. *XVI.*

Page 41. col. 1. ligne derniere. *Lanigev.* Lifez. *Laingæus.*

Ibid. col. 2. l. 28. Arnauld *Bouffel*, Lif. *Rouffel.*

Page 65. c. 2. l. 44. Eugene *de Taeidt.* Lif. *de Tolede.*

Page 66. col. 1. l. 31. *Haligbarii.* Lif. *Halitgarii.*

CAPREOLE *de Carthage....* *Befula*; Lif. *Beffula.*

CASSADER. Je penfe qu'il faut, *Caffadore.*

CASSIODORE .... *mourut âgé de plus de 90. ans.* Il dit dans la Préface de fon traité *de Orthographia*, qu'il avoit pour lors 93. ans.

CASTIGLIONE, [Chriftophle,] eft une feconde fois au mot, *Caftillioni.*

CASTILLON, *petite Ville dans le Perigord,* Caftillon n'eft point dans le Perigord. On le remet mal-à-propos fous le nom défiguré de *Châtillon, Bourg ou petite Ville de Perigord.* On y ajoûte : *Ce lieu eft aux confins de la Guyenne propre, & du Bazadois.* C'eft fa vraye pofition. Pour y entrer en venant du Perigord on paffe une Riviere qui fait la féparation du Perigord & du Bourdelois.

CASTILLON *de Medoc.* On le remet mal au mot *Châtillon de Medoc.*

CHABOT, *Maison*, p. 209. n. 13. *Pierre de Pierre-buffieres, Vicomte de Châteauneuf en Perigord.* Lis. en Limousin.

CERIOLAN. Il est une seconde fois sous, *Furio.*

CERNITIS, a composé *Concilia.* Lis. *Consilia.*

CHAFFRE, *Abbé de Cormeri.* Lis. de Carmeri.

CHARTIER (*Matthieu…..*) *Monthelon.* Lis. Montholon.

CHARTRES. p. 287. col. 2. l. 13. *Prévôt d'Ingre.* Lis. *d'Ingré.*

CHATILLON *sur Loire….. Sandre Rivieret* Lis. Saudre.

CHELLES (*Jean de…..*) XII. *Siécle.* Lis. XI.

CHIFFRE….. *Planade.* Lis. Planudez.

CHOSROE'S *succéda à Cabade en* 532. & *mourut en* 580. Lis. 531. & 579. Voyez mes Remarques au mot, *Cabade.*

CLERMONT *de Vivonne….. Sacerdeoni.* Lis. Scardeoni.

COLBERT, p. 433. col. 1. On nomme un des fils M. de Seignelay, *Comte de Ligni.* Lis. de Lignières.

COLONNE (*Estienne…..*) *de Palestine.* Lisez, Palestrine.

CONRAD II….. *Archev. de Colonne.* Lis. Cologne.

COSTA (*Emmanuel…..*) *Aspileveta* Lis. Aspilcueta.

CRESPET…. *mourut en* 1595. Lis. 1594.

CREUSE… *passa à Altu.* Lis. Ahun.

CRINITUS, *vivoit vers* 1304. Lis. 1504.

CROCUS… *Cette Herbe.* Lis. cette Nymphe.

DANDERY…. *Théodorat.* Lis. Théodora.

DARIES… *en* 585. Lis. 1585.

EDOUARD *Prince de Portugal….. Catherine femme de Jean Duc de Bretagne.* Lis. Duc de Bragance.

ESCARS, *Maison*, au lieu de, *la Peruse.* Lis. toûjours, *de Peruse.*

ESPRIT. [Ordre du saint] p. 961. col. 2. l. 5. *Loüis de Rousselet, Marquis de Châteauneuf.* Lis. de Château-renaut.

ESSIDEVIL, *Bourg*, &c. Lis. Essideüil, petite Ville,&c.

STEING , (*Pierre d'*) [illegible] Urbain V. [illegible]
homma *Camerlingue* , &c. Il ne le [illegible] jamais. Voyez Mr.
Baluze , *Vita Papar. Aven.* Tom. 1. p. 922. 1303. & 1439.

ESTELLA. Cet article eſt une ſeconde fois , & en
la veritable place , au mot , *Stella* : Mais les deux articles n'en valent pas un bon.

EVAGRE *Auteur Grec.* On cite *Grenade.* Liſez ,
Gennade.

EUDOXIENS ſoûtenoient que le fils n'étoit pas ſemblable *de volonté à ſon Pere.* Retranchez ces deux mots ,
de volonté.

EXALTATION *de la ſainte Croix.* Retranchez tout
cet article , qui eſt déja au mot , *Croix* , & encore ſous ,
Choſroés II. & ſous , *Heraclius.*

EYMOTIERS. Liſ. Eymoûtiers.

FIN.

Fautes à corriger dans les Remarques.

Page 17. ligne 26. Voyez ſur *ſes* faits , liſez , ces. Item ,
page 40. ligne 27.

P. 18. Calliſte. Il eſt apellé indifféremment Calliſte ou
Callixte par les Anciens , ainſi ce n'eſt point un nom défiguré comme je l'ai ſupoſé avec le Dictionaire.

P. 28. l. 26. *Schiſmatis.* Liſ. *Schiſmaticis.*

P. 45. l. 5. *au 3. Avril.* liſ. au 2. d'Avril.

P. 65. l. dern. dans le VII. Siécle. Liſ. VI.

P. 76. l. 3. *Enfin en 1411.* Liſ. 1311.

P. 92. l. dern. *Leon IV.* Liſ. VI.

P. 96. l. 6. *ce qui peut.* Liſ. ce qu'il peut.

P. 106. A la fin de l'art. *Conon* , ajoûté , Voyez ci-
deſſous l'article , *Eutyque.*

P. 112. l. 3. *en 10. vol.* Liſ. en 12. vol.